Klaus-Jürgen Johannsen • Der Junge aus Gettorf

Klaus-Jürgen Johannsen

Der Junge aus Gettorf

Eine erlebnisreiche Kindheit

FOUQUÉ PUBLISHERS NEW YORK

Copyright ©2011 by Fouqué Publishers New York
Originally published as *Der Junge aus Gettorf, 2010*
by August von Goethe Literaturverlag

All rights reserved,
including the right of reproduction,
in whole or in part,
in any form

First American Edition
Printed on acid-free paper

Library of Congress Cataloging-in-Publication Data
Johannsen, Klaus-Jürgen
Der Junge aus Gettorf / Klaus-Jürgen Johannsen
1st American ed.

ISBN 978-0-578-08555-5

Vorwort

Durch die Erzählungen meiner Mutter habe ich erfahren, daß mein Vater nie ein richtiges Familienleben kennengelernt hat. Sein richtiger Vater ist im ersten Weltkrieg gefallen und seine Mutter mußte die Kinder alleine erziehen und versorgen, was nicht einfach war. Mein Vater hatte noch einen Bruder und zwei Schwestern. Die Mutter war sehr streng und hatte besonders mit den beiden Jungen große Schwierigkeiten. Sie hatte deshalb auch wieder geheiratet, was der Familie aber auch nicht sehr geholfen hat. Der neue Vater war der oberste Führer der Adventisten- Gemeinde und war deshalb fast nie zu Hause. Er betreute alle Gemeinden auf der ganzen Welt. Die Erziehung der Kinder lag also weiterhin in den Händen der Mutter, womit sie aber schlecht fertig wurde. Deshalb schrieb sie alle Sünden der beiden Jungs auf und immer wenn der Stiefvater nach Hause kam, wurde ihm die Liste der Sünden präsentiert. Der hatte dann die Aufgabe, die Jungs erst einmal zu verprügeln. Für jede Sünde gab es bestimmte Stockschläge und die Mutter schaute zu. Als die Jungs größer wurden, erlernten sie den Beruf des Bauschlossers. Nun waren sie endlich in der Lage, die immer verschlossene Speisekammer zu öffnen, um ihren immer währenden Hunger zu stillen. Vor den Prügeleien des Stiefvaters brauchten sie sich auch nicht mehr so zu fürchten, da sie mittlerweile schon kräftig waren und sich wehren konnten. Elterliche Liebe hat mein Vater somit überhaupt nicht kennengelernt. Heute kann ich verstehen, warum mein Vater so wurde, wie er war. Da hatte ich es doch besser. Ich habe die Mutterliebe erlebt und das hat mich geprägt, wofür ich sehr dankbar bin. Manche werden beim Lesen dieses Buches wohl denken, daß es nicht gerade eine schöne Kinderzeit war, voller Entbehrungen und Armut. Ich muß dazu sagen, daß ich als Kind das gar nicht so empfunden habe. Es war für mich einfach ganz normal, weil ich nichts anderes kannte. Heute muß ich sagen, daß es doch eine schöne und erlebnisreiche Kinderzeit war. Es hat mich sehr geprägt und ich habe viel gelernt, was mir viel geholfen hat, mit meinem späteren Leben zurechtzukommen. Vor allem habe ich gelernt, daß man im Leben nichts geschenkt bekommt, sondern für alles, was man gerne erreichen oder haben möchte, auch viel arbeiten und kämpfen muß. Nie aufzugeben und immer zu überlegen, wie man etwas hinkriegt, was doch manchmal ziemlich aussichtslos erscheint. Wie man auch mit wenigen Mitteln sich doch ein relativ schönes Leben ermöglichen kann. Nicht zu verzweifeln, wenn mal etwas nicht gelingt, sondern weiterkämpft und nach einem Ausweg sucht. Ich habe gelernt, mit Tieren umzugehen, sie zu lieben und zu versorgen. Mit wenig zufrieden zu sein und nie etwas Eßbares wegzuwerfen, weil es immer noch Tiere gibt, die auch von unseren Resten leben können und uns dann mit ihrer Anwesenheit erfreuen. Die Schönheiten der Natur zu erkennen und zu erleben. Auch habe ich gelernt, nie zu sagen: „Es geht nicht". Oder: „Ich kann es nicht", sondern immer nach einem gangbaren Weg zu suchen. Das Wort „Neid" ist für mich ein Fremdwort. Wenn es anderen Menschen besser ging als mir, habe ich eher danach gestrebt, es auch zu erreichen. Meine Mutter hat uns beigebracht, daß Armut nicht gleichzusetzen ist mit schmutzig oder unordentlich sein. Jeder kann sich und seine Umgebung ordentlich, aufgeräumt und sauber erhalten. Das hat nichts mit Armut zu tun. Ich habe mich lange mit dem Gedanken beschäftigt, meine Erlebnisse mal aufzuschreiben und wünsche mir, daß sich doch viele darin wiederfinden, die eine ähnliche Kindheit hatten.

Unsere neue Wohnung in Gettorf bei Familie Clausen

Meine Eltern lebten in Kiel in der Küterstrasse 16 zur Untermiete. Sie hatten nur ein kleines Zimmer. Da ich schon unterwegs war, bemühten sie sich ernsthaft um eine Wohnung. Es war aber keine zu bekommen. So geschah es dann auch, daß ich in diesem Zimmer am 8. Juni 1939 geboren wurde. Nach den Erzählungen meiner Mutter war es eine schwere Zeit für sie. Zwar hat die Wohnungsinhaberin ihr sehr geholfen, sie durfte auch die Küche mitbenutzen, aber es gab doch viele Probleme. Die Wohnung war in der zweiten Etage und der Kinderwagen mußte immer hinunter- und wieder heraufgetragen werden.
Das war sicher nicht einfach, denn Papa ging schon früh morgens zur Arbeit und kam erst spät wieder nach Hause. Er arbeitete in der Schiffsmotorenfabrik von Bohn und Kähler in der Deliusstrasse.

Mutti erzählte uns oft von ihren Spaziergängen am kleinen Kiel und im Schloßpark. So ging die Zeit dahin und sie hatten immer noch keine Wohnung gefunden. Es wurde Weihnachten, das erste Weihnachten in der Fremde. Mutti kam nämlich aus dem Harz und Papa aus Schleswig, und in Hannover hatten sie sich kennengelernt und geheiratet. Nun lebten sie hier in Kiel und hatten nur ein Zimmer, aber einen kleinen Tannenbaum haben sie sich trotzdem aufgestellt und geschmückt.
Es sollte noch bis zum Frühjahr 1940 dauern, bis sie in der Zeitung eine Anzeige fanden, daß eine Familie Clausen in Gettorf eine kleine Wohnung zu vermieten hat. Papa fuhr dann gleich mit dem Zug nach Gettorf, denn ein Telefon hatte zu der Zeit kaum jemand. In Gettorf angekommen fragte er nach dem Weg. Die Wohnung war 1,5 km vom Dorf entfernt, am Hasenberg. So richtig auf dem Lande bei einem Kleinbauern, der aber ein sehr großes Haus hatte. Als Papa sich bei Familie Clausen vorgestellt hatte, besichtigte er die Wohnung. Sie war nicht sehr groß, nur eine Wohnküche und ein Schlafzimmer. Keine Wasserleitung, kein Bad, keine Toilette, nur ein Kohleherd. Das einzig Fortschrittliche an dieser Wohnung war das elektrische Licht. Also nichts, worüber man sich hätte freuen

können. Hinzu kam noch, daß der Weg ins Dorf zum Bahnhof und zur Schule fast 1,5 km lang war. Da Papa seine Arbeit in Kiel hatte, mußte er jeden Morgen und Abend 1,5 km zum Bahnhof laufen und dann mit dem Zug nach Kiel fahren. Trotzdem hat er die Wohnung genommen. Ich weiß nicht, was er sich dabei gedacht hatte.

Mutti ist zwar auch auf dem Lande groß geworden, aber es war ein großes Gut im Harz, wo viel Leben war. Und nun diese Einsamkeit. Mutti hat dann nur zugestimmt, weil die Wohnung zu ebener Erde war und es in dem Zimmer in der Stadt wirklich nicht mehr ging.
Bevor sie im April 1940 nach Gettorf zogen, mußten noch die Möbel gekauft werden, denn sie hatten ja nichts, weil sie bisher in einem möblierten Zimmer gewohnt hatten. Sie kauften sich ein komplettes Schlafzimmer und dazu ein großes Kinderbett und Gardinen für zwei Fenster. Für viel mehr reichte das Geld nicht. Das Zimmer war schon tapeziert, nicht mehr neu, aber es ging soweit. Der Holzfußboden war vor langer Zeit mal lackiert gewesen, das war an einigen Stellen noch zu erkennen. Eine Heizung oder ein Ofen waren auch nicht vorhanden. Naja, es war nun mal so. Als die Möbel geliefert wurden, mußten sie auch aufgestellt werden. Für die Gardinen wurden Messingstangen angebracht und um die Ehebetten herum lag eine Bettumrandung. Über den Betten an der Wand hing ein Bild, auf dem zwei Kinder auf einer Brücke standen, die über einen Bach führte. Darüber schwebte ein Schutzengel mit großen Flügeln. Zwischen den Fenstern stand die Spiegelkommode, auf der eine sehr schöne Garnitur aus orangefarbenem Kristallglas stand. In der Mitte stand eine ebenso schöne ovale Schale mit vier Füßen, die aber aus honigfarbenem geschliffenem Kristallglas bestand. Diese Schale existiert heute noch und steht bei meiner Schwester Hilde im Schlafzimmer. Dies waren die einzigen wertvollen Sachen, die wir hatten. Im großen und ganzen sah das Schlafzimmer doch ganz gut aus.
In der Küche war es schon ganz anders. Es war eigentlich keine richtige Küche, sondern ein schmales langes Zimmer, auch mit einem Holzfußboden, der aber noch nie Farbe gesehen hatte. Er mußte einmal in der Woche geschrubbt werden. Dazu nahm Mutti immer grüne Seife und tat etwas Sakrotan ins Wasser zum Desinfizieren. Die Decke und Wände waren mit weißer Kalkfarbe gestrichen. Die

Wände waren zusätzlich mit einer sehr aufdringlichen blauen Farbe mit einem Lappen gewickelt worden. Das sah grausig aus.
Unsere Wohnungstür führte direkt in die Küche. Gleich rechts neben der Tür stand ein Stuhl und gleich dahinter ein Sofa. Es war eigentlich nur eine Liege, auf der ein paar Sofakissen und eine Wolldecke lagen. Hier hat Papa immer geschlafen, wenn er von der Arbeit kam. Gegenüber an der Schlafzimmerseite stand ein großer Küchenherd, der drei Feuerstellen in verschiedenen Größen hatte, die mit Eisenringen abgedeckt waren. Die Eisenringe dienten dazu, die Feuerstelle zu vergrößern oder zu verkleinern, je nachdem wieviel Hitze man brauchte. Sogar einen Backofen hatte der Herd. Dieser Küchenherd war die einzige Heizquelle der Wohnung. Wenn es morgens schneller warm werden sollte, machte Mutti immer die Backofentür auf. Das half sehr. Rechts neben dem Herd stand eine Wasserbank, auf der zwei graue emaillierte Wassereimer mit Frischwasser standen, und unter der Wasserbank stand der Eimer für Schmutzwasser. Rechts neben der Wasserbank hatten wir noch einen Hocker, bei dem man die Sitzfläche hochklappen konnte. Darunter war eine Waschschüssel eingelassen. Hier haben wir uns immer gewaschen. Das mußte in der Woche reichen. Sonnabends war dann der große Badetag in der Zinkwanne, einschließlich des warmen Wassers, das auf dem Herd hergestellt wurde.
Das Frischwasser holten wir von der Pumpe, die auf der Rückseite des Hauses stand, genau vor Frau Clausens Küchentür. Das war ein weiter Weg um das halbe Haus herum. Links neben der Schlafzimmertür zum Fenster hin stand ein alter Küchenschrank. Er hatte so einen Aufsatz, der in der Mitte eine Ausbuchtung hatte, wo der Brotkasten stand. Hinter den drei Türflügeln, die eine Glasscheibe hatten, stand das Eßgeschirr. Der Unterschrank hatte auch drei Türen. Hier wurden die Kochtöpfe und die Bratpfanne aufbewahrt. Dann waren da noch drei Schubläden. In zwei Schubladen waren die Bestecke und die dritte Schublade war für Kleinkram bestimmt, was man immer mal brauchte, aber nirgends unterbringen konnte, wie Streichhölzer, Gummiringe, Heftzwecken, Zettel, Nägel, Schraubenzieher und vieles mehr.

Oben auf dem Schrank stand ein Volksempfänger. Es war ein kleiner schwarzer Kasten, der in der Mitte so ein Loch hatte. Dahinter

verbarg sich der Lautsprecher. Darunter waren drei Knöpfe zum Ein- und Ausschalten, um die Lautstärke einzustellen und den Sender zu suchen. Das ganze nannte sich Radio. Damals war es eine Pflicht, so ein Radio zu haben, das galt auch für die ärmste Familie, damit auch jeder die Reden Hitlers hören konnte. Das war ihm sehr wichtig. Ich habe aber nie so eine Rede gehört. Mutti hat das Radio nur angestellt, wenn es dort Operettenlieder gab. Dann hat sie immer mitgesungen. Sie hatte eine sehr schöne Stimme. Dadurch lernte ich auch viele Lieder und hab sie mit ihr mitgesungen. Das war immer sehr schön.
An der linken Wand war das Fenster. Es hatte nur eine kleine Scheibengardine. Direkt davor stand der Küchentisch mit vier Stühlen. Der Tisch hatte vorne eine lange Schublade, die man herausziehen konnte. Darin waren zwei große Schüsseln eingelassen, in denen man das Geschirr abspülen konnte. Wenn die Arbeit beendet war, wurde die Schublade wieder eingeschoben und wir hatten wieder einen schönen Eßtisch. Der Tisch war die einzige Arbeitsfläche, auf der sich alles abspielte, wie Essen vorbereiten, Schularbeiten machen oder auch nähen.

Das Bauernhaus der Familie Clausen

Das Bauernhaus der Familie Clausen war sehr groß. Auf der Nordseite des mit Schiefer gedeckten Daches befanden sich zwei spitze Dachgauben.
In der rechten Dachgaube war das Küchenfenster von Familie Mordhorst, während in der linken Dachgaube eine große Luke war, die zum Heuboden führte. Die linke Hälfte des Hauses war der landwirtschaftlich genutzte Teil mit einem großen Scheunentor, hinter dem sich die große Diele befand. Links neben dem Scheunentor waren zwei eiserne Fenster mit kleinen Scheiben, die zum Kuhstall gehörten. Hier konnten vier bis fünf Kühe untergebracht werden.
Dahinter waren der Schweinestall und dann der Hühnerstall. An der Giebelseite waren eine Jauchekuhle und der Misthaufen und

dahinter war der große Hühnerhagen. Neben der Jauchekuhle am Knick war unser Toilettenhäuschen aus Holz, das nur von uns und der Familie Mordhorst benutzt wurde. Zum Glück war dazwischen ein Drahtzaun, denn die Jauchekuhle sah sehr gefährlich aus. Am Ende der Diele zur Südseite hin war noch ein großes Scheunentor. Rechts daneben war die Klüterkammer, in der sich allerhand Werkzeuge, Geräte und Pferdegeschirr befanden. Daneben war noch eine Tür zu einem Flur, der bis in Clausens Küche führte.

Die rechte Hälfte des Hauses war der Wohnbereich mit drei Wohnungen. Links neben der Haustür war unsere Wohnung. Zuerst kam die Küche mit einem Fenster und das Schlafzimmer, das an die Diele grenzte, mit zwei Fenstern. Rechts neben der Haustür war das Schlafzimmer von Frau Clausen mit zwei Fenstern. Die alte einflügelige Haustür hatte in der oberen Hälfte zwei Scheiben, die mit einer Gardine geschmückt waren.

Wenn man den Flur betrat, war gleich links unsere Wohnung. Rechts führte eine Tür zu Clausens Schlafzimmer, das aber immer abgeschlossen war. Nur einmal stand die Tür offen, als Frau Clausen saubergemacht hatte. Ich erinnere mich noch an den schönen lackierten Holzfußboden. So etwas hatte ich noch nie gesehen. Ganz anders als bei uns. Vor den Fenstern stand ein Bett, in dem ein junger Mann lag, der krank und schwer behindert war. Ich glaube, daß er Albert hieß und ein Verwandter von Clausens war. Frau Clausen hat ihn gepflegt. Er konnte wohl nicht aufstehen und hat an der Wand, an der das Bett stand, die ganze Tapete abgerissen. Ich glaube, daß Frau Clausen es nicht leicht mit ihm hatte. Ich glaube auch, das Frau Clausen diese Aufgabe auf sich genommen hatte, um nicht ein Zimmer an die Flüchtlinge abgeben zu müssen, wie es bei vielen Familien geschah, die eine größere Wohnung hatten, besonders bei den Bauern.
Am Ende des Flures war die Wohnungstür von Frau Clausen, die direkt in die große Küche führte. Es war so eine richtige Bauernküche mit einem großen Küchenherd, wie er überall bei den Bauern anzutreffen war. Daneben stand eine große Holzkiste, mit einem Deckel, auf dem man auch sitzen konnte.
Der Küchenherd stand an der rechten Wand und gleich dahinter war die Tür zur guten Stube, die ich nie gesehen habe, aber die ich mir gut vorstellen konnte. Sie war bestimmt auch so schön mit alten Möbeln eingerichtet wie die Stube von Frau Mordhorst. Gerade vor, an der Südseite, waren zwei Fenster und dazwischen die Hoftür. Auf dem Hof vor dem Küchenfenster stand die alte Pumpe, wo wir immer unser Wasser holen mußten. Da hatte Frau Clausen es doch viel besser. An der linken Seite, gleich neben dem Fenster, war die große Speisekammer, in die man auch hineingehen konnte.

Zwischen Speisekammer und Wohnungstür war ein langer dunkler Flur, der zur Diele führte. Dieser Flur war unser Luftschutzraum, wo wir uns immer versammeln durften, wenn es Fliegeralarm gab. Hier waren wir einigermaßen sicher vor den Granatsplittern, die doch in erheblicher Menge vom Himmel fielen, wenn die Flak auf die Flugzeuge geschossen hatte. Familie Clausen hatte auch eine Tochter. Sie hieß Elsa und war genauso alt wie ich. Sonst gab es keine anderen Kinder in unserem Alter. Frau Clausen sprach nur plattdeutsch, auch mit Elsa. Herrn Clausen haben wir nie kennengelernt, weil er zu der Zeit schon im Krieg war.

Zwischen der Wohnungs- und Schlafzimmertür von Frau Clausen ging eine Treppe hinauf zum Kornboden, auf dem auch die Wohnung von Familie Mordhorst war. Wenn man nach links über den Boden ging, war die große Küche mit der großen Dachgaube. An der rechten Seite der Küche war auch so ein Küchenherd, wie wir ihn hatten. Daneben stand die große Holzkiste, auf der man auch sitzen konnte. Vor dem Fenster stand auch so ein Waschtisch, wie wir ihn hatten. An der linken Seite stand der Küchenschrank. Das war schon alles.

Mordhorst hatten zwei Kinder, die aber schon älter waren. Heini war ungefähr zehn Jahre älter als ich und Leni war noch zwei Jahre älter als Heini. Herr Mordhorst war Zimmermann von Beruf. Er hatte einmal zu Weihnachten für Heini ein richtig großes Schaukelpferd geschnitzt. Es sah aus wie ein richtiges Pferd mit Sattel und Zaumzeug. Dieses Pferd stand auf dem Boden und wir durften auch darauf schaukeln.

Das Wohn- und Schlafzimmer befand sich auf der anderen Seite des Bodens an der westlichen Giebelseite des Hauses. Ein Kinderzimmer hatten sie aber auch nicht. Die Kinder schliefen wie wir auch mit den Eltern im Schlafzimmer. Das Wohnzimmer war mit schönen alten Stilmöbeln mit vielen Schnitzereien eingerichtet. Auf dem Holzfußboden lag ein dicker Orientteppich, auf dem ein großer runder Tisch stand, unter dem wir immer spielen durften, wenn wir sie mal besuchten. Auch einen schönen Kachelofen hatten sie, der eine behagliche Wärme ausstrahlte. So etwas kannten wir gar nicht. Aber als Kinder empfanden wir es überhaupt nicht so, daß es bei uns primitiver aussah.

Das war nun eben mal so. Herr Mordhorst war schon älter und brauchte deshalb auch nicht in den Krieg. Er hat Mutti sehr viel geholfen, als Papa im Krieg war.

Hinter dem Haus waren die Gärten. Jeder hatte einen Streifen von ungefähr 10 m Breite und 30 m Länge. Dazwischen war ein schmaler Weg. Am Ende der Gärten war ein Knick. Unser Garten war gleich rechts. In der Mitte war der Garten von Mordhorst und ganz links der von Frau Clausen. Auf der linken Seite von Frau Clausens

Garten, ganz oben, war der Apfelhof mit großen Apfelbäumen. Ein Garten war früher sehr wichtig für jede Familie. Es hat doch sehr geholfen, weil man sich mit Gemüse selbst versorgen konnte. Was nicht gleich verbraucht wurde, konnte man in Weckgläsern einkochen für den Winter. Heutzutage, wo man alles billig kaufen kann, wird der Garten eher als Freizeitvergnügen genutzt.

Vor dem Haus bis zur Straße hin war ein großes Rasenrondell, auf dem in der Mitte eine riesige Rotbuche stand, und ringsherum gab es einige Blumenrabatte. Links daneben war ein breiter Weg bis zur Straße, auf dem auch Pferdewagen fahren konnten. Daneben war ein großer Teich, in dem aber keine Fische waren. Auf der rechten Seite neben der Gartenanlage war eine breite Lindenallee mit großen Lindenbäumen, sie führte bis zur Straße. Das war besonders bei stürmischem Wetter sehr schön, wenn das Rauschen so laut war, daß wir morgens davon aufwachten. Das hat mich als Kind so beeindruckt, daß ich auch heute noch bei jedem Sturm an diese Zeit denken muß. Das vergesse ich nie.

Auf der anderen Straßenseite stand ein ganz kleines Haus, in dem es nur einen großen Raum gab. Es stand immer leer. Die Tür und die Scheiben waren zum größten Teil kaputt. Wer darin einmal gewohnt hatte, weiß ich nicht. Wir haben oft darin gespielt. Es gab dort auch viele Schwalbennester an der Decke. Da haben wir immer die Schwalben beobachten können, wenn sie durch die kaputten Scheiben segelten und ihre Jungen gefüttert haben. Später hat sich in dem Haus ein Bürstenbinder eine Werkstatt eingerichtet. Es war ein sehr netter Mann. Wir durften ihm oft bei der Arbeit zusehen, wie er seine Bürsten und Besen hergestellt hat.

Am Ende der Lindenallee, auf der anderen Straßenseite, begann ein großer, freier Platz, an dessen Ende ein altes Stallgebäude stand. Es war wohl noch ein Überbleibsel der alten Ziegelei, das vielleicht früher als Werkstattgebäude genutzt worden war. Der untere Teil bestand aus gemauerten Wänden, die noch sehr stabil aussahen, während das Obergeschoß nur ein Bretterverschlag war, an dem die Stürme schon einigen Schaden angerichtet hatten, aber als Lagerraum für Holz und sonstige Dinge noch gut zu gebrauchen war.

Den oberen Teil konnte man durch eine außen angebrachte Treppe erreichen. Das Gebäude war in drei Teile aufgeteilt worden. Den linken Teil hatte Frau Clausen für sich in Anspruch genommen. Der mittlere Teil gehörte Mordhorst und der rechte Teil war uns zugesprochen worden. Im Anschluß daran hatten wir einen großen Hühnerhagen, in dem auch drei Kaninchenställe standen, in denen sechs Kaninchen zu Hause waren.

Manchmal wurden sie auch herausgelassen und konnten mit den Hühnern frei in dem großen Gehege herumlaufen. Schwierig wurde es nur, sie am Abend wieder einzufangen. Die ungewohnte Freiheit ließ sie schnell wieder zu Wildkaninchen werden, die überhaupt nichts davon hielten, wieder in kleine Kästen eingesperrt zu werden.

Dagegen hatten es die Hühner viel besser. Sie hatten innerhalb des Gebäudes noch einen großen Stall mit einer Luke in der Wand, durch die sie rein- und rausgehen konnten, wann immer sie es wollten. Wenn es dunkel wurde, sind die Hühner ganz von allein in den Stall gegangen, dann wurde die Luke geschlossen, damit kein Marder oder Fuchs hinein konnte. Im Stall an der Rückwand waren mehrere Holzstangen angebracht, auf denen sich die Hühner setzten, um zu schlafen. An der linken Wand waren in einem Regal 25 Holzfächer mit etwas Stroh drin. Es waren die Nester, in denen die Hühner ihre Eier legten.

Hinter dem Stall gab es einen riesigen Trümmerhaufen. Das waren die Überreste der alten Ziegelei. Nur in der Mitte dieser Trümmer war noch ein Tunnelgewölbe zu erkennen. Es war ein Teil des alten Brennofens und noch völlig in Takt. Hier konnte man prima spielen, was wir natürlich nicht durften. Denn Mutti sagte immer: „Es ist viel zu gefährlich, der Tunnel könne leicht einstürzen." Das sahen wir Kinder ganz anders. Es ist auch nie etwas passiert.

Die Ziegelei war aufgegeben worden, weil hier wohl die Tonvorräte zu Ende gingen. Überall auf den Wiesen in der Gegend waren noch Abbruchkanten zu erkennen, wo der Ton ausgegraben wurde. Auch kleine Tümpel waren dadurch entstanden. Auf Köpkes Koppel gab es noch etwa 50 m Schienen, auf denen eine alte verrostete Lore stand, mit der man noch fahren konnte. Heute spielen die Kinder mit Knetgummi. Wir hatten ähnliches, nämlich Ton, und das in großen Mengen. Überall an den Abbruchkanten konnte man ihn ausgraben und mit etwas Wasser weichkneten. Wir konnten damit

Töpfe, Tiere und andere Figuren herstellen. Wenn sie dann in der Sonne getrocknet waren, wurden sie steinhart.

Gegenüber dem Trümmergelände stand ein riesiger aus Holz gebauter Trockenschuppen, der etwa 20 m x 50 m groß war. Das sehr hohe und spitze Dach war mit roten Dachpfannen gedeckt und reichte bis etwa 1,50 m zur Erde herunter. Es waren schon viele Dachpfannen kaputt oder fehlten ganz.

Dadurch war es in dem Schuppen auch nicht sehr dunkel. Die Seitenwände waren mit einem rostigen Drahtgitter verkleidet, das auch schon sehr kaputt war. In diesem Schuppen wurden früher die Ziegel aufbewahrt. Heute diente er nur noch als Abstellplatz für Ackergeräte. Auch Buschholz und anderes Feuerholz wurde hier gelagert. Für uns war es besonders bei Regenwetter der ideale Spielplatz. Da der Fußboden aus Sand war, konnte man hier auch schön buddeln, wie in einer riesigen Sandkiste. An den ca. 5 m hohen Querbalken hatten Herr Mordhorst und Heini mit langen Eisenketten eine Schaukel angebaut. Eigentlich war sie für die größeren Jungs gebaut worden, denn für uns kleineren Kinder war sie doch ganz schön gefährlich. Heini Mordhorst und sein Schulfreund Hannes Matzen hatten immer viel Blödsinn im Kopf. Als sie mich auf die Schaukel setzten, versuchten sie, mich so hoch wie möglich zu schaukeln, daß ich bald das Dach berühren konnte. Ich hatte höllische Angst und war heilfroh, als ich es überstanden hatte.

Zwischen der Scheune und dem Trümmerhaufen war ein kleiner Teich von etwa 40 m^2, in dem es auch Fische gab. Er gehörte zu unserem Spielbereich und war unser Wasserspender für alle Dinge, die Kinder so brauchten. Zur Zeit des Ziegelbetriebes diente der Teich auch zur Wasserversorgung, denn zum Backen der Ziegelsteine wurde viel Wasser gebraucht und eine öffentliche Wasserversorgung gab es noch nicht. Jetzt kamen auch die Kühe hierher, um zu trinken.

Der Fotograf

Meine Erinnerung beginnt etwa im Jahre 1943, als mein Vater zur Wehrmacht eingezogen wurde, besser gesagt, erst als er nach der Grundausbildung noch einmal für zwei Wochen nach Hause durfte. Er hatte eine schöne Uniform an und sah ganz toll aus. Ich erinnere mich noch an den Tag, als ein Fotograf aus dem Dorf zu uns kommen sollte, um uns zu fotografieren. Was das zu bedeuten hatte, konnten wir uns nicht vorstellen, denn wir hatten noch nie einen Fotografen gesehen. Mutti versuchte es uns zu erklären und sagte: „Wir müssen uns nun unser bestes Zeug anziehen, damit es auch ein schönes Bild werden kann."
Na ja, viel Auswahl hatten wir ja nicht, aber Mutti hatte schon rechtzeitig alles gewaschen und gebügelt. Ich hatte einen langen dunklen Mantel an und darunter lange Strümpfe, die ich überhaupt nicht mochte, weil man dazu ein Leibchen tragen mußte, an dem die Strümpfe mit Strippen befestigt wurden.
Das war etwas für Mädchen, aber doch nicht für einen Jungen. Eine lange Hose hatte ich nicht, die alles hätte verdecken können. Und dazu noch die langschäftigen Schnürschuhe, die das Mädchenhafte noch betonten. Auf dem Kopf mußte ich immer eine Baskenmütze tragen, weil die Haare so viele Wirbel hatten und sie immer zu Berge standen. Das konnte Papa überhaupt nicht leiden. Wenn ich die Baskenmütze nicht tragen wollte, schmierte er meine Haare mit Haarpomade ein, damit sie schön glatt am Kopf klebten. Das war auch schrecklich. Ich sah fast aus wie Max Raabe in blond.

Meine Schwester Hilde war ein Jahr jünger als ich und hatte sehr dünne, fast weiße Haare. Sie hatte ein kariertes Kleid an mit einem weißen Kragen, dazu lange dunkle Gamaschenhosen, die die Schuhe bis zur Hälfte abdeckten. Sie hatte einen Bubikopfhaarschnitt und auf dem Kopf waren die Haare mit einem Kamm eingewickelt. Das nannte man Hahnenkamm.

Meine Schwester Trautchen war ein Jahr jünger als Hilde und hatte dunkelblonde, dicke Haare. Natürlich hatte sie auch die

Bubikopffrisur, aber statt des Hahnenkamms trug sie eine Schleife mitten auf dem Kopf. Sie war auch etwas dicker, nicht so spiddelig wie Hilde. Wenn man die beiden so nebeneinander stehen sah, hatten sie doch viel Ähnlichkeit mit Max und Moritz. Trautchen hatte einen hellen Pulli an und darüber einen Trägerrock und darunter genau so eine Gamaschenhose wie Hilde sie anhatte.

Mutti trug ein Mantelkleid aus dickem Stoff und mit einem offenem Kragen, das von vorne in ganzer Länge geknöpft war. Dazu einen schönen Ledergürtel. Sie war eine junge, schöne Frau, trotz der drei Kinder und des gerade nicht einfachen Lebens, das sie hatte. Papa zog natürlich seine schöne neue Uniform an. Dies alles weiß ich von einem Photo, das auf dem Nachtschrank stand.

Es war ein schöner, sonniger Tag, gerade richtig zum Fotografieren. Die Aufnahmen mußten nämlich draußen gemacht werden, weil der Fotograf dafür kein Studio hatte. Das war früher auf dem Land so üblich. Er kam mit dem Fahrrad und hatte einen großen Koffer auf dem Gepäckträger, in dem alle seine Utensilien waren, die er brauchte. Wir gingen mit ihm ein Stück zurück des Weges bis zum

Hasenberg. An der Pforte zu Brügmanns Koppel mußten wir uns aufstellen. Papa und Mutti standen hinten und wir drei Kinder davor. Der Fotograf baute langsam seine Kamera auf. Es war nicht so eine Kamera wie man sie heute hat, sondern ein großer, quadratischer Holzkasten mit einer Linse an der Vorderseite. Die Fotos wurden auf Glasplatten gemacht, die er nach jedem Foto auswechseln mußte. Wenn er das Bild einstellte, verschwand er immer unter einem schwarzen Tuch und gab die Befehle, wann wir still stehen und lächeln mußten. Es war schon eine spannende Sache, aber richtig verstanden haben wir es nicht.

Der Abschied von Papa

Mein Vater war noch ungefähr zwei Wochen bei uns, die aber nicht unbedingt erlebnisreich verliefen. Durch Erzählungen meiner Mutter und auch aus eigenen Erinnerungen hatte ich schon damals das Gefühl, daß mein Vater keine Gefühle für uns Kinder hatte. Wir waren eben nur Kinder, mit denen er nichts anfangen konnte. Er hat mich nie bei meinem Namen genannt. Ich war für ihn nur immer der Bengel. Er hat sich auch nie mit mir unterhalten. Es ging immer nur über meine Mutter, wie zum Beispiel: „Was hat der Bengel jetzt schon wieder angestellt?" oder: „Wo ist der Bengel schon wieder?" Auch habe ich nie auf seinem Schoß gesessen. Dafür war nach seiner Meinung die Mutter zuständig.
Mutti war dagegen ganz anders. Es verging wohl kaum ein Tag, an dem sie uns nicht auf ihren Schoß nahm und mit uns gesungen hat. Sie war wirklich lieb und wir waren für sie immer der Mittelpunkt. So kam es dann auch, daß wir schon von klein auf keine Beziehung zu unserem Vater hatten. Es war eher Angst als Respekt. Wenn uns etwas fehlte oder wir Sorgen hatten, gingen wir immer zu Mutti. Sie war immer für uns da. Es gab auch oft Streit zwischen Mutti und Papa. Mutti mußte immer alles alleine machen. Ich habe nie erlebt, daß Papa uns einmal gebadet oder angezogen hat. Auch hat er nie geholfen beim Essen kochen. Er hat immer nur verlangt.

Wenn Mutti nicht gewesen wäre, hätten wir nie erfahren, was Liebe ist. So kann ich heute sagen, daß wir trotz aller Not, die uns noch bevorstand, eine schöne erlebnisreiche Kindheit hatten.

Papas Urlaub ging nun langsam zu Ende. Das hatten wir bisher noch nicht erlebt, daß er den ganzen Tag zu Hause war. Es war vorher doch schöner, als er noch zur Arbeit ging, da sahen wir ihn nur am Abend für kurze Zeit.
Trotzdem haben wir uns gefreut, wenn wir ihm abends ein Stückchen entgegengehen durften, wenn er von der Arbeit kam. Warum, weiß ich nicht, aber als Kind sieht man vieles nicht so tragisch. Mein Vater wurde relativ spät eingezogen, weil er in einem Rüstungsbetrieb gearbeitet hat. Obwohl dort jede Woche die Betriebe von einer Kommission nach wehrfähigen Männern durchsucht wurden, gelang es ihm immer, sich unsichtbar zu machen.
Er hatte nämlich die Aufgabe, Maschinenteile von der Motorenbau Fabrik Bohn und Kähler in Kiel in der Deliusstraße zur Howalt Werft zu fahren und war immer rechtzeitig verschwunden. Herr Clausen wurde schon viel früher eingezogen als mein Vater. Später habe ich erfahren, daß die beiden keine großen Freunde waren und sich auch geprügelt haben. Wie gut, daß wir so etwas nicht miterleben mußten.

An Papas letztem Urlaubstag zog er sich schon am Morgen seine Uniform an. Wir haben noch zusammen Frühstück gegessen. Dann sagte er zu uns: „So Kinder, ich muß euch nun leider verlassen, aber ich komme bald wieder." Mutti weinte. Wir wußten aber nicht warum. Es war uns nicht klar, daß dies ein Abschied für eine lange Zeit werden sollte. Wir begleiteten Papa noch ein Stück bis zum Hasenberg. Dann nahm er Mutti noch einmal in den Arm. Mutti weinte wieder. Dann ging Papa alleine weiter. Wir winkten ihm so lange nach, bis wir ihn nicht mehr sehen konnten. Als wir langsam wieder nach Hause gingen, sagte Mutti: „Kinder wir haben noch ein Bild von Papa, das werden wir auf den Nachttisch stellen, dann könnt ihr ihn immer sehen." Es war ein schönes Bild, auf dem Papa in Uniform zu sehen war. Immer vor dem Schlafengehen haben wir uns das Bild angesehen. Trotzdem wurde unsere Erinnerung an ihn immer schwächer.

Wilhelmine, unser Hausmädchen

Zu Hitlers Zeiten mußten die Mädchen nach der Schulzeit ein Pflichtjahr absolvieren, weil sie nicht wie die Jungen der Wehrpflicht unterlagen. Die Mädchen mußten dieses Jahr in kinderreichen Familien oder anderen sozialen Einrichtungen verbringen.

Dies war für uns ein großes Glück, denn wir gehörten zu den kinderreichen Familien, da wir drei Kinder waren. Meine Mutter hatte somit eine große Hilfe. Unser Mädchen hieß Wilhelmine. Sie wohnte ganz in unserer Nähe und kam jeden Morgen zu uns und abends ging sie erst nach Hause, wenn sie nicht mehr gebraucht wurde.
Wir mochten sie alle sehr gern und es entwickelte sich eine innige Freundschaft mit Mutti. Die Freundschaft hielt viele Jahrzehnte und zu Muttis 80. Geburtstag kam auch Wilhelmine. Das war eine große Freude. Wilhelmine war eine sehr resolute Frau, aber sehr lieb.
Eines Tages, es war ein sehr schöner und warmer Sommertag und

ein Sonnabend, da kam Wilhelmine auf die Idee, sie könnte uns ja auch draußen baden. Sonnabends war immer Badetag. Das war früher so üblich. In unserer kleinen Küche war es ja auch immer sehr eng. Mutti war begeistert von dieser Idee, wir eher weniger. Denn neben unserer Haustür waren die Fenster von Frau Clausens Schlafzimmer und da wohnte auch Elsa. Sie war genauso alt wie ich. Wenn sie nun zuguckte! Das war mir schon damals sehr peinlich, aber Wilhelmine war das egal. Sie holte die große Zinkwanne und füllte sie halb voll mit Wasser. Mutti machte das heiße Wasser. Es machte doch viel Spaß und Elsa kam auch nicht zum Zuschauen. Das haben wir dann auch öfters gemacht. Wilhelmine kannte viele schöne Spiele und hat uns auch viele Geschichten vorgelesen.

Einmal hat uns auch unsere Oma, die Mutter von Mutti, aus Gardelegen, für zwei Tage besucht. Das war unsere einzige Oma, die wir kennengelernt haben. Wir kannten sie schon von einem Foto her. Als Oma wieder nach Hause fuhr, hatte Mutti sie begleitet und blieb dann für ein paar Tage in Gardelegen. Wilhelmine hat dann auch bei uns geschlafen.

Leider wurde Wilhelmine krank und ihre Schwester Christine ist für sie eingesprungen. Das waren schreckliche Tage. Sie hatte rote Haare und war sehr herrisch. Wir mochten sie überhaupt nicht. Bei

ihr mußten wir nachmittags 1,5 Stunden Mittagschlaf machen und das bei schönstem Wetter. Das kannten wir nun überhaupt nicht. Wir mußten uns ausziehen und ins Bett legen. Schlafen konnten wir auch nicht. Sie ließ uns keine Minute früher aufstehen. Das war schrecklich. Von Frau Clausen kannten wir das mit dem Mittagsschlaf schon, aber Elsa war das ja gewohnt. Für uns war das eine Qual. Abends mußten wir auch ganz früh ins Bett, zu einer Zeit, zu der wir sonst noch draußen spielen durften.
Das schlimmste dabei war, daß wir ganz still sein mußten. Sie ließ die Schlafzimmertür immer einen Spalt offen, damit sie ja auch alles hören konnte. Alle Augenblicke kam sie ins Zimmer und sagte: „Ich habe was gehört. Wenn ihr nicht ruhig seid, müßt ihr morgen früh länger im Bett bleiben." Grausam!

Morgens beim Frühstück ging es weiter. Sie hatte von zu Haus eine Marmelade mitgebracht, auf die sie sehr stolz war. Die Marmelade war so widerlich süß, daß man sie unmöglich essen konnte. Wir mußten aber. Alles, was sie geschmiert hatte, mußte aufgegessen werden. Nach zwei Tagen war Wilhelmine wieder da. Wir waren überglücklich, sie endlich wieder zu haben. Christine hat sich dann noch bei ihr beklagt, wie schwer sie es mit uns hatte. Am nächsten Tag kam auch Mutti wieder. Nun konnte nichts mehr schiefgehen.

Wie ich den Krieg erlebte

In einiger Entfernung von Clausens Haus gab es eine Flakstellung, das heißt eine Fliegerabwehrkanone. Diese nördliche Stellung stand auf einer Anhöhe von Adlerhorst in einer früheren Sandkuhle, die zum Gut Augustenhof gehörte
Das war ungefähr einen Kilometer von uns entfernt, also nicht sehr weit. Wenn hier geschossen wurde, konnte man es sehr gut hören. Die zweite Flakstellung befand sich etwa drei Kilometer in südlicher Richtung auf einer Wiese vor dem Bauernhof von Holländer in Tüttendorf.

Wenn nun bei einem Fliegerangriff die Kanonen anfingen zu schießen, geschah dies alles über unser Haus hinweg. Man kann sich da leicht vorstellen, was bei uns los war. Der ganze Himmel war hell erleuchtet von den riesigen Suchscheinwerfern der Flakstellungen. Die Lichtstreifen, die den ganzen Nachthimmel überzogen, sahen aus wie Muttis Schnittmuster. Manchmal konnte man sehen, wie ein Flugzeug in so einen Lichtstrahl geriet und beschossen wurde. Fliegeralarm gab es immer, wenn Kiel von den englischen Bombern angegriffen wurde, die vom Westen herkamen.

Wenn es Entwarnung gab und es noch nicht so spät war, durften wir nach draußen gehen und nachsehen, was geschehen war. Wir sind dann zu Köpkes Koppel gegangen und auf die Pforte geklettert. Dort hatten wir eine schöne freie Sicht in Richtung Kiel. Die Flammen der brennenden Häuser waren so hoch, daß man sie bis nach Gettorf sehen konnte. Der ganze Himmel war rot. Für uns war das alles eine sehr spannende Sache. Was da wirklich vorging und welches Leid damit verbunden war, konnten wir überhaupt nicht erfassen. Da wir keinen Bunker hatten, stellte Frau Clausen ihren Flur, der von der Küche zur Diele führte, zur Verfügung. Da hatten wir wenigstens etwas Schutz vor den Granatsplittern, die doch in erheblichen Mengen vom Himmel fielen. Die meisten Angriffe kamen mitten in der Nacht, als wir schon lange schliefen. Mutti hat uns dann aus dem Schlaf gerissen und im Galopp ging es rüber zu Frau Clausen. Noch ganz verschlafen wußten wir überhaupt nicht, wie uns geschah. Ich glaube, es war Mutti und Mordhorst sehr unangenehm, Frau Clausen jedes Mal belästigen zu müssen, und Frau Clausen war auch nicht gerade begeistert von dieser Situation.
Da hatte Herr Mordhorst eine Idee. Er sagte: „Wir können doch das alte Gewölbe vom Brennofen der Ziegelei zu einem Bunker ausbauen." Damit waren alle einverstanden und sogar begeistert. Auf dem Gewölbe lag noch eine Menge Schutt, der einen zusätzlichen Schutz bot. Alle halfen mit, das Innere des Gewölbes von Schuttresten zu reinigen. Herr Mordhorst, der Zimmermann war, baute eine große Kiste, die mit Stroh gefüllt wurde. Hier konnten wir Kinder weiterschlafen, bis der Fliegerangriff vorüber war. Für die Erwachsenen baute er eine lange Holzbank auf der alle sitzen konnten. Auch ein kleiner Tisch war vorhanden, auf dem

eine Kerze brannte. Vor dem Eingang baute Herr Mordhorst eine Bretterwand mit einer Tür. Es war ein gelungenes Bauwerk und alle waren stolz darauf. Nun hatten wir einen richtigen Bunker, der zwar nicht vor Bomben schützte, aber doch vor den Splittern, die auch sehr gefährlich waren. Mit Bomben hatten wir in dieser Gegend wohl auch nicht zu rechnen.

Einmal wäre es aber doch fast passiert. Wir hatten Fliegeralarm mitten am Tag. Die Bomber flogen in großer Höhe von Westen kommend über uns hinweg in Richtung Kiel wie schon viele Male vorher auch. Aber an jenem Tag war es anders als sonst. Wir saßen wieder in unserem schönen Bunker. Plötzlich gab es einen riesigen Knall. Der ganze Bunker erzitterte. Was war passiert? Als wir nach einiger Zeit wieder herauskamen, um nachzuschauen, war nichts zu sehen. Das Haus war auch noch heil. Aber hinter dem Haus im Garten war ein riesengroßes Loch. Hier war eine Bombe explodiert. Herr Mordhorst meinte, daß es nur ein Versehen sein konnte und die Bombe zu früh abgeworfen wurde. Der Angriff galt nämlich der Levensauer Hochbrücke, die nur neun Kilometer von uns entfernt war. Da auf der Brücke vier Flakgeschütze standen, mußten die Flugzeuge ihre Bomben aus sehr großer Höhe abwerfen, die dann vom Wind abgedriftet wurden. Das konnte man später an den vielen Bombentrichtern sehen, die rings um die Brücke herum entstanden waren.

Der einzige Nachteil an unserem Bunker war, daß er hundert Meter von unserem Haus entfernt war. Immer wenn es Fliegeralarm gab, mußte es schnell gehen. Wenn für die Nacht wieder Angriffe angesagt waren, sind wir noch angezogen ins Bett gegangen. Trotzdem war es schlimm, so aus dem Schlaf gerissen zu werden und dann den Weg zum Bunker zu rennen.

Der nächste Tag nach einem Fliegerangriff war für uns Kinder immer besonders spannend. Überall lagen kleine Granatsplitter herum, die wir mit Begeisterung gesammelt haben. Besonders bei Frau Mordhorst auf dem Boden lagen immer viele Splitter, die einfach durch das Schieferdach geflogen sind. Die Splitter waren nicht sehr groß, man konnte sie gut in der Hand halten. Sie waren aber sehr zackig und hatten scharfe Kanten. Man mußte aufpassen, daß man sich nicht verletzte. Mutti war überhaupt nicht davon begeistert, daß wir damit spielten. Sie waren ganz schwarz und glänzten so schön. Dann gab es da noch die vielen blanken Staniolstreifen, die überall herumlagen. Sie waren ungefähr einen Meter lang. Ein tolles Spielzeug für uns. Mutti sagte uns, daß die Streifen von den Bombern abgeworfen wurden, um das Radar der Flakstellung zu stören.

Es war an einem schönen, warmen Sommertag, so um die Mittagszeit, und wir spielten vor der Haustür, als plötzlich ein sehr starkes Rauschen zu hören war, das immer näher kam. Und da sahen wir es auch schon! Ein riesiger englischer Bomber schwebte ziemlich langsam heran. Er flog so niedrig, daß er die Baumspitzen der großen Linden berührte. Viele kleine Äste flogen durch die Gegend. Wir dachten, daß er gleich auf das Haus stürzen würde. Aber er schaffte es gerade noch darüber hinwegzukommen. An der Seite des Flugzeugs stand eine Tür offen und zwei Soldaten winkten uns zu. Sie konnten aber nicht abspringen, weil es dafür schon zu spät war. Wir liefen um das Haus herum, weil wir dachten, daß das Flugzeug dort abstürzen würde. Aber es war nicht so, es flog weiter. Es schaffte es noch drei Kilometer weiter bis nach Tüttendorf. Dort, genau vor der Flakstellung auf einer großen Wiese, schlug das Flugzeug auf und explodierte. Keiner der Soldaten hat das Unglück überlebt. Nur eine unversehrte englische Bibel wurde in den Trümmern gefunden.

Man nahm an, daß dort ein Militärseelsorger mitgeflogen war. Dies alles berichtete uns Heini Mordhorst, der mit dem Fahrrad dort hingefahren war. Das war das Schrecklichste, was ich bisher erlebt hatte. Ich mußte noch lange darüber nachdenken, daß niemand den armen Menschen helfen konnte. Zum ersten Mal mußte ich miterleben, wie Menschen sterben mußten. Da schien der Krieg doch nicht mehr so spannend zu sein. Das wurde mir in meinem jungen Leben zum ersten Mal so richtig bewußt. Ich mußte daran denken, wie es wohl Papa gehen würde. Er war ja auch im Krieg.

Eines Tages, es war kurz vor Ende des Krieges, erhielten wir einen überraschenden Besuch. Es war Onkel Heini, der Bruder meines Vaters. Onkel Heini war Bootsmann bei der Marine. Mutti war sehr erfreut und nahm ihn in die Arme. Sie schrak zurück, denn seine Uniform war ganz naß.
Mutti fragte: „Wo kommst du her und warum bist du so naß?" Er sagte: „Wir sind in Kiel eingelaufen, da hab ich die Gelegenheit genutzt und bin abgehauen. Leider konnte ich nicht über die Brücke kommen, sie war stark bewacht. Da mußte ich durch den Kanal schwimmen. Kannst du mich für eine Weile bei dir aufnehmen?"
Mutti sagte zu, obwohl sie große Angst hatte, denn es war sehr gefährlich so etwas zu machen. Es war klar, daß sie ihr Leben riskierte. Fahnenflüchtige wurden sofort erschossen, wenn man sie einfing. Aber Mutti konnte auch damit rechnen, daß ihr das gleiche Schicksal drohte. Dann waren da noch die ständigen Kontrollen der Soldaten von der Flakstellung, die ja nicht weit entfernt war. Es gab also viel zu besprechen, wie man das Problem bewältigen konnte.
Onkel Heini brachte seinen Karabiner mit, den Mutti im Kleiderschrank versteckte. Keiner im Haus durfte erfahren, daß Onkel Heini bei uns wohnte. Immer wenn jemand an die Tür klopfte, versteckte Onkel Heini sich im Kleiderschrank, wo er auch manchmal schlief. Mutti hatte ihm mit Wolldecken dort einen Schlafplatz hergerichtet. Es war für Mutti nicht einfach uns Kindern beizubringen, auf keinen Fall darüber mit jemand zu sprechen. Auch Elsa durfte davon nichts wissen, weil Mutti kein besonders gutes Verhältnis zu Frau Clausen hatte. Das lag wohl daran, daß die Männer im Streit miteinander lagen.
Drei Wochen war Onkel Heini bei uns. Es war für uns alle nicht

einfach und führte zu vielen Einschränkungen. Aber schließlich ist alles gut gegangen, keiner hat etwas gemerkt. Auch die Soldaten von der Flakstellung sind während dieser Zeit nicht bei uns gewesen. Onkel Heini wurde es aber langsam zu gefährlich, noch länger bei uns zu bleiben, und er verabschiedete sich von uns und bedankte sich für die große Hilfe. Als er Mutti in die Arme nahm, sagte er: „Es ist besser für euch und auch für mich. Das werde ich nie vergessen, was du für mich getan hast." Wo er dann geblieben ist, haben wir erst nach dem Krieg erfahren. Seinen Karabiner hat er aber bei uns gelassen.

Heini Mordhorst, der über uns wohnte, kam öfter zu uns herunter, um angeblich mit uns zu spielen. Er war 14 Jahre alt und hatte wohl Gefallen an Mutti gefunden, denn Mutti war eine junge, hübsche Frau. Wir konnten es noch nicht so beurteilen, aber heute weiß ich es von den Fotos her. Jedenfalls suchte Heini immer einen Grund, uns zu besuchen. In Wirklichkeit wollte er sich nur mit Mutti unterhalten. Er hat aber auch oft mit uns herumgetobt und das manchmal sehr übertrieben, so daß Mutti auch mal schimpfen mußte. Das hat ihn aber nicht sehr bekümmert.
Irgendwann kam es dann, daß Mutti ihm von dem Karabiner erzählte, den Onkel Heini zurückgelassen hatte. Heini wollte ihn unbedingt mal sehen. Er ließ nicht locker, bis Mutti sich schließlich überreden ließ und ihm das Gewehr zeigte. Heini war begeistert und wollte natürlich auch einmal damit schießen, was Mutti ihm natürlich nicht erlauben konnte. Er bettelte so lange, bis Mutti nachgab und ihm versprach, daß er morgen früh das Gewehr einmal ausprobieren dürfe.
Heini war am nächsten Morgen schon um 8:00 Uhr an der Tür. Er hatte seinen Freund Hannes Matzen mitgebracht. Wir schliefen noch. Mutti gab ihnen das Gewehr und auch die Munition dazu. Es dauerte dann auch nicht lange, da hörten wir die Schüsse.
Mutti lief herunter zum Stall, wo die beiden Jungs mit Begeisterung auf unseren Kaninchenstall schossen, der im Hühnerhagen stand. Er war von außen mit Blech verkleidet und hatte von der Seite ein paar schöne Löcher. Ein Wunder, daß die Kaninchen diesen Anschlag überlebt hatten. Es waren ziemlich große Patronen, die etwa 7 cm lang und 1 cm dick waren und einen riesigen Knall erzeugten.

Das hörten auch die Soldaten der Flakstellung von Augustenhof. Der Kommandant und ein Soldat kamen herunter, um nach dem Rechten zu sehen.
Jetzt wurde es Mutti erst bewußt, welch große Dummheit es war, den Jungs das Gewehr zu geben. Zum Glück war der Kommandant ein sehr freundlicher Mann. Er kannte Mutti schon von früheren Besuchen und mochte sie wohl auch leiden. Er sagte: „Sie wissen doch, daß Sie so ein Gewehr nicht haben dürfen. Woher haben Sie es?" Mutti sagte: „Mein Mann hat es beim letzten Urlaub vergessen." Der Kommandant sagte: „ Wissen Sie, daß sich auch Ihr Mann strafbar gemacht hat?" Erst als Mutti ihm erzählte, daß Papa in der Ukraine ist, lenkte er ein und sagte: „Nun gut, wollen wir es gut sein lassen, aber sein Sie in Zukunft vorsichtiger." Mutti sagte: „Das ging ja noch mal gut" und war heilfroh, daß die Sache so gut ausgegangen war.

Die Soldaten, die in der Heimat Dienst tun durften, waren immer peinlich darauf bedacht, sich mit Soldaten, die an der Front waren, gut zu stellen. Denn sie hatten große Angst, durch irgendwelche Beschwerden auch an die Front geschickt zu werden.

Herr Schlüter, die große Hilfe von Frau Clausen

Auf so einem Bauernhof, wenn er auch klein war, gab es immer viel zu tun. Das konnte Frau Clausen unmöglich alleine schaffen. Ihr Mann war ja auch im Krieg. Dafür hatte sie Herrn Schlüter, der auf dem Hasenberg wohnte. Er kam jeden Tag und half ihr bei der Arbeit. Herr Schlüter brauchte nicht in den Krieg, weil er schon zu alt war. Er erledigte viele kleine Arbeiten, die Frau Clausen so nicht machen konnte, wie Holz hacken, Kuhstall ausmisten und Kühe füttern, die Brennnesseln abmähen, die überall wuchsen und vieles andere mehr. Auch im Garten hat er mitgeholfen und viele kleinere Reparaturen gemacht. Er war einfach überall zu sehen.
Für größere Arbeiten, wie die Ernte, kam ein Lohnunternehmer,

der auch die nötigen Maschinen mitbrachte. Auch hatte sie noch andere Helfer. Wenn das Heu und das Korn eingefahren werden mußte, kam jemand mit einem Leiterwagen, der von zwei Pferden gezogen wurde. Der Leiterwagen wurde so hoch vollgeladen, daß das Heu oder Korn festgebunden werden mußte, damit es nicht herunterkippte. Dazu wurden zwei Taue von vorne über die Ladung nach hinten gespannt, wo sie auf eine lange Walze aufgewickelt wurden. In der Walze waren Löcher, in die man Hölzer stecken konnte, um die Walze zu drehen. Damit wurden die Taue gespannt und so festgezogen, daß die Ladung nicht mehr abkippen konnte. An diese Taue konnte man sich gut anhängen und mitfahren. Das durften wir zwar nicht, aber der Bauer konnte es ja nicht sehen. Auf dem Hof angekommen, wurde der Leiterwagen rückwärts bis an die Diele geschoben. Oben im Giebel über dem Scheunentor war eine Luke, durch die das Heu dann mit einer Heugabel nach oben auf den Heuboden gereicht wurde. Auf dem Boden stand ein Mann, der das Heu entgegennahm und verstaute. Das war für uns Kinder immer eine spannende Sache.

Eines Morgens wachten wir durch lautes Klopfen, das aus der Diele kam, auf. Unser Schlafzimmer war nämlich genau neben der Diele. Mutti sagte uns, daß heute das Korn gedroschen würde. Wir hatten es an diesem Morgen sehr eilig mit dem Frühstück, denn das mußten wir unbedingt sehen. In der Diele war das Stroh, an denen noch die Kornähren dran waren, auf dem Fußboden ausgebreitet. Zwei Männer schlugen mit einem Dreschflegel im Takt auf das Stroh, so daß das Korn ausgedroschen wurde. Das hörte sich toll an, wie die Männer im gleichen Rhythmus immer einer nach dem anderen auf das Stroh schlugen.
So ein Dreschflegel besteht aus zwei dicken Holzstielen, einem langen und einem kurzen Stück. Das kurze Ende war mit dem langen Stück mit einem Lederriemen verbunden. Das kurze Ende war der Teil, der auf dem Boden aufschlug. Wenn das Korn ausgedroschen war, wurde das Stroh weggeräumt und das Korn zusammengefegt. Um die Spreu vom Korn zu trennen, wurde das Korn im Wind mit der Schaufel in die Luft geworfen. Der Wind wehte die Spreu weg und das Korn fiel zu Boden. Es mußte nun nur noch durchgesiebt werden. Das war schon eine sehr mühsame Arbeit.

Der Buschhacker

Nachdem man in Schleswig-Holstein fast alle Wälder abgeholzt hatte, wurde der Mutterboden durch den ständigen Wind allmählich abgetragen. Um das zu verhindern, begann man vor gut zweihundert Jahren die Felder mit einem Erdwall einzuzäunen. Auf diese Wälle wurden dann Sträucher und auch Bäume in vielen Arten angepflanzt. Das war ein hervorragender Windschutz.
Man nannte diese Wälle „Knicks". Damit die Knicks aber immer schön dicht wuchsen, mußten sie alle acht bis zwölf Jahre abgeholzt werden, damit sie wieder neu austreiben konnten. Das geschah immer im Herbst und Winter, wenn die Sträucher kein Laub mehr hatten. So hatten die Bauern immer genügend Holz zum Heizen.

In diesem Herbst wurde auch bei Clausen ein Knick abgeholzt. Das war eine schwere Arbeit, denn Maschinen gab es dafür nicht. Die dünneren Zweige wurden mit einem Reißeisen abgeschnitten. Das war ein dicker Stiel, etwa ein Meter lang, an dessen unterem Ende eine gebogene scharfe Klinge war. Man setzte die Klinge kurz über dem Boden an den Zweig an und zog sie mit einem Ruck schräg nach oben. Die dickeren Zweige mußten aber abgesägt werden.
Danach wurde das Buschholz auf einen Pferdewagen geladen und zum Haus gefahren und auf der kleinen Gänsewiese abgeladen. Das war ein riesiger Haufen von Buschholz, der nun kleingehackt werden mußte. Weil diese Menge niemand bewältigen konnte, hat Frau Clausen einen Buschhacker bestellt.
Eines Morgens kam der Lohnunternehmer Stuhr mit diesem Ungetüm von Buschhacker, der von einem Landsbulldock gezogen wurde, bei uns an und stellte sich direkt vor unserer Haustür auf. Der Buschhacker wurde von dem Landsbulldock durch lange Treibriemen angetrieben. Das sah sehr gefährlich aus. Herr Stuhr paßte aber auf, daß wir nicht in die Nähe dieser Riemen kamen. Für uns war das eine spannende Sache. So etwas hatten wir noch nicht gesehen. Besonders schön war der Krach, den diese Maschine erzeugte.

Der Buschhacker hatte am hinteren Ende einen großen Trichter, in den das Buschholz hineingesteckt wurde und vorne aus einem Rohr im hohen Bogen und kleingehackt unter lautem Getöse wieder herausflog. Einen halben Tag dauerte dieser Krach. Mutti war schon ganz nervös, aber für uns war es ein tolles Erlebnis.

Als alles fertig war, wurde das gehackte Holz in den großen Trockenschuppen gefahren und zu einem großen Haufen aufgeschichtet, auf dem wir auch prima herumtoben konnten. Davon war Frau Clausen aber nicht begeistert. Wir mußten immer aufpassen, daß sie uns nicht erwischte. Manchmal haben wir uns auch etwas von dem Buschholz geholt. Es war besonders gut zum Feuermachen zu gebrauchen. Ich weiß nicht, ob Frau Clausen das gemerkt hat, aber es war ja ein so großer Haufen, daß es bestimmt nicht aufgefallen ist.

Die Störche

Auf dem Dach von Frau Clausen gab es ein großes Storchennest. Als Unterlage hatten sie ein altes Wagenrad befestigt, worauf die Störche ihr Nest gebaut hatten. Es wurde jedes Jahr etwas höher, weil die Störche nie das Nest vom Vorjahr benutzen, sondern jedes Mal ein neues Nest obendrauf bauten. Das hatte den Nachteil, daß mit der Höhe des Nestes auch die Windanfälligkeit größer wurde. Jedes Frühjahr, bevor die Störche kamen, mußte das Nest kontrolliert werden, ob die Winterstürme Schäden angerichtet hatten. Die mußten dann ausgebessert werden. Da Frau Clausen das nicht selber machen konnte, mußte der Dachdecker kommen. Frau Clausen achtete sehr darauf, daß dies nicht vergessen wurde.

Wenn dann die Störche endlich aus dem Süden kamen, haben sie erstmal für Aufregung gesorgt. Da sie fast nie zur gleichen Zeit ankamen, gab es immer eine große Begrüßung, wenn der zweite ankam. Sie klapperten mit den Schnäbeln und berührten sich dabei. Es sah aus wie ein Hochzeitstanz. Dieses Klappern sollten wir den ganzen Sommer über hören, denn die Störche machen es bei jeder Begrüßung.

Als die erste Begrüßung vorüber war, fingen sie schon an, kleine Zweige herbeizuschaffen, um das Nest wieder herzurichten. Man konnte stundenlang dabei zusehen. Es machte uns allen viel Freude.

Nach einiger Zeit wurde es ruhiger. Ein Storch blieb immer im Nest sitzen. Es war sicher, sie hatten Eier gelegt und waren am Brüten. Nun mußten wir warten. Wieviele Storchenkinder würde es wohl in diesem Jahr geben?

Es dauerte dann eine ganze Zeit, bis wir eines Morgens sahen, daß beide Storcheneltern pausenlos hin- und herflogen und Futter für die Jungen brachten. Sie waren geschlüpft, aber sehen konnten wir sie noch nicht, dazu waren sie noch viel zu klein. Aber das Klappern wurde immer mehr, so daß wir öfters schon morgens davon aufwachten. Unser erster Weg war immer nach draußen, um nach den Störchen zu sehen.

Es waren dieses Jahr zwei junge Störche, die ihre Eltern mit dem Klappern ihrer Schnäbel begrüßten. Die Storcheneltern hatten viel zu tun, um ihre Jungen satt zu kriegen. Das war wohl auch kein Problem, denn Frösche gab es genug. Ganz in der Nähe gab es ein großes Moor, wo sie auch hinflogen. Es war immer wieder ein schöner Anblick, wenn die großen Vögel angeschwebt kamen.

Für die Familie Mordhorst war das Klappern der Störche manchmal ganz schön nervig, denn sie wohnten ja auf dem Boden direkt unter dem Storchennest.
Manchmal, wenn die Störche ihr Futter auf Clausens Wiese suchten, konnten wir ganz nahe an sie herankommen. Sie hatten überhaupt keine Angst. Elsa wollte so gern auch eine Schwester oder einen Bruder haben und rief dann den Störchen zu: „Storch, Storch, Bester, schenk mir eine Schwester." Oder: „Storch, Storch Guter, schenk mir einen Bruder." Wenn die Störche dann losflogen, dachte sie, die Störche wollten ihr jetzt bestimmt einen Bruder oder eine Schwester holen. Ich weiß nicht, warum sie unbedingt einen Bruder haben wollte. Sie hatte doch mich.

Der Sturm und die Nägel im Baumstamm

Eines Morgens wurden wir durch einen sehr starken Sturm geweckt. Vom Schieferdach fielen immer wieder einzelne Platten herunter, wirbelten durch die Luft und zerschellten mit Getöse auf der Erde. Von den großen Bäumen flogen die trockenen Äste und Zweige durch die Luft. Der gesamte Vorgarten sah aus wie ein Trümmerfeld.
Mutti ließ uns nicht nach draußen, weil es viel zu gefährlich wäre, sagte sie. Aber am Fenster durften wir uns alles ansehen – wie die Bäume hin- und hergeweht wurden. Das ohrenbetäubende Getöse des Sturmes hörte sich ganz toll an. Wie gerne wäre ich da einmal nach draußen gegangen. Der Sturm wollte gar nicht wieder aufhören. Wenn wir auch drin bleiben mußten, wurde es uns doch nicht langweilig. So ein spannendes Wetter hatten wir noch nicht erlebt.

Von einer Linde war ein ganz dicker Ast abgebrochen. Wir dachten immer, daß auch bald unser klappriges Toilettenhäuschen angeweht käme. Es hatte uns aber nicht den Gefallen getan. Es stand geschützt am Knick. Selbst das Storchennest hielt dem Sturm stand.
Was für uns nur Vergnügen war, bedeutete für Frau Clausen viel Ärger und Arbeit. Ein Dachdecker mußte kommen, um die Beschädigungen der Schieferabdeckung wieder instand zu setzen, damit es keine Wasserschäden gäbe. Es gab auch viel Aufräumarbeiten im Garten rings um das ganze Haus herum. Frau Clausen entschied sich auch, die stark beschädigte Linde fällen zu lassen. Am nächsten Tag kam Herr Schlüter mit einem Helfer und machte sich daran, die beschädigte Linde zu fällen.
Sie schafften es aber nicht an einem Tag und auch an den nächsten Tagen hatten sie keine Zeit dazu. Die Baumkrone war schon zersägt und der Stamm lag daneben und wartete darauf, zerteilt zu werden.

Für uns war es natürlich wieder ein neuer Spielplatz und für Heini Mordhorst und sein Freund Hannes Matzen die Gelegenheit, sich wieder einen Blödsinn auszudenken. Wie immer fiel ihnen auch diesmal wieder etwas ein.

Heini gab mir eine Hand voll großer Nägel und einen Hammer: „Ich hab eine ganz tolle Arbeit für dich", sagte er und zeigte mir, wie man die Nägel in den Baumstamm schlug. Er sagte dann noch: „Du mußt darauf achten, daß die Nägel schön gleichmäßig und mit nicht zu großem Abstand voneinander eingeschlagen werden. Die Nägel dürfen danach auch nicht mehr zu sehen sein." Ich habe mich sehr gefreut, daß ich diese wichtige Arbeit für Heini machen durfte. Dann sagte er noch: „Wenn die Nägel alle sind, kannst du noch mehr von mir bekommen. Ich habe genug davon" und: „Du darfst niemand davon erzählen, sonst bekommen wir Ärger, es ist eine geheime Sache."

Ich hab das nicht so ganz verstanden, aber ich dachte, Heini wollte mir damit eine Freude machen. Ich machte mich gleich an die Arbeit und hatte viel Spaß daran. Ein paar Tage später kam Herr Schlüter mit seinen Helfern wieder, um den Baum zu zersägen. Schon beim ersten Schnitt trafen sie auf die Nägel und drei Zähne der Säge brachen ab. Der Ärger war groß und sie berichteten es Frau Clausen. Sie wurde wütend und sagte: „Wer macht bloß so etwas? Wenn ich den in die Finger kriege, der kann was erleben." Sie hatte natürlich Heini Mordhorst in Verdacht. Wer sonst könnte auf so eine verrückte Idee kommen. Sie nahm ihn sich zur Brust, aber der stritt alles ab. Jetzt kam ich an die Reihe, denn es gab ja niemand sonst, der es hätte machen können. Die Mädchen auf keinen Fall. Ich mußte dann leider zugeben, daß ich es war, mir blieb nichts anderes übrig. Ich hab Heini Mordhorst aber nicht verraten. Ich hatte mich schon mit einer heftigen Strafe abgefunden, als Frau Clausen sagte: „Es war nicht gut, daß du so etwas gemacht hast, mach es nicht wieder." Ihr war inzwischen klargeworden, daß Heini Mordhorst der Übeltäter war. Ich war heilfroh, daß die Sache so gut ausgegangen war.

Die Wäscheklammern

Mutti war gerade dabei, ihre gewaschene Wäsche auf die Leine zum Trocknen aufzuhängen, als sie feststellen mußte, daß die Wäscheklammern zur Neige gingen. Das war gar nicht gut. Da die Wäscheklammern früher aus Holz waren, hatten sie auch keine lange Lebensdauer. Wäsche ohne Klammern aufzuhängen war nicht ratsam, weil sie sonst leicht vom Wind heruntergeweht werden konnte. Aber was machen? Zu kaufen gab es keine Klammern mehr, selbst wenn man das Geld dazu hatte.

Als Mutti so in Gedanken versunken ihrer Arbeit nachging, kam Herr Mordhorst vorbei. Er hatte sie schon eine Weile beobachtet, wie sie versuchte, mit den wenigen Klammern recht viel Wäsche zu befestigen. Er sagte zu Mutti: „Ich sehe Ihr Problem und glaube, daß ich Ihnen helfen kann. Es wird aber ein paar Tage dauern. Ich werde Ihnen ein paar Klammern machen." Mutti war skeptisch, aber bei Herrn Mordhorst wußte man es ja nie, bis jetzt hat er immer alles geschafft, was er sich vorgenommen hatte.

Er hatte in seinem Stall eine kleine Tischlerwerkstatt eingerichtet, mit allem was dazugehört. Da er von Beruf Zimmermann war, konnte er auch praktische Dinge selber herstellen. Auch sein Sohn Heini war darin sehr begabt und half seinem Vater oft bei seinen Arbeiten. Heute wollten sie Wäscheklammern machen. Sie gingen zum Knick und suchten sich 2 cm dicke gerade Zweige vom Haselnußstrauch. Als sie genügend Zweige gefunden hatten, machten sie sich an die Arbeit.
Zuerst mußten die Zweige in 10 cm lange Stücke geschnitten werden. Dann wurde von diesen Hölzern die Rinde in 6 cm Länge entfernt. Aus diesem entrindeten Teil wurde dann ein gleichlanger schmaler Keil herausgeschnitten. Dieser V-förmige Schlitz mußte am Ende noch mit einer Pfeile etwas geweitet werden, damit die Klammern auch einen festen Halt auf der Leine hatten. Nun brauchte nur noch die Klammer mit Sandpapier schön glatt geschliffen werden und fertig war die Wäscheklammer „Marke Eigenbau". Die beiden hatten so viel Spaß daran gefunden, daß sie auch für sich selbst und für Frau Clausen welche machten. Mutti hat sich sehr darüber gefreut. Endlich hatte sie genügend Klammern und noch dazu solche schönen, wie sie kein anderer hatte.

Das Katapult

Heini und sein Freund Hannes Matzen waren mal wieder in der Werkstatt von Heinis Vater am Rumbasteln. Neugierig wie ich nun mal war, wollte ich wissen, was sie da machten. Heini sagte: „Es wird unsere Kanone. Man kann auch Katapult dazu sagen. Damit haben früher die Ritter eine Burg angegriffen." Ich konnte mir überhaupt nichts darunter vorstellen.

Sie hatten sich eine große Astgabel, die an der Spitze noch einen ein Meter langen Pfahl hatte, aus dem Knick geholt. Sie sah etwa so aus wie ein Ypsilon. Die beiden Enden der Astgabel waren ein Meter lang. Aus einem alten Gummischlauch eines Autoreifens schnitten

sie zwei Streifen von fünf Zentimeter Breite und zwei Meter fünfzig Länge, die sie an beiden Seiten der Astgabel befestigten. Die Enden der Gummibänder wurden dann mit einem großen Lederstück von zwanzig mal vierzig Zentimeter verbunden. Das war der Halter für die Geschosse. Das Geschütz sah gewaltig aus, aber ich konnte mir immer noch nicht vorstellen, wie sie damit schießen wollten.
Nun ging es auf Clausens Koppel, hier sollte die große Schlacht stattfinden. Als Ziel sollte ich den Deckel vom Waschkessel mitnehmen. Auf der Koppel angekommen, gruben sie ein etwa achtzig Zentimeter tiefes Loch, steckten den Pfahl der Astgabel hinein und füllten das Loch mit Steinen und Erde wieder auf. Es mußte sehr fest angestampft werden, damit die Gabel beim Spannen der Gummibänder nicht umkippen konnte.

Ich sollte vom alten Brennofen halbe Ziegelsteine holen, die wollten sie als Geschosse verwenden. Hannes wollte schon mal einen Schuß ausprobieren. Er legte einen halben Ziegelstein in die Lederschlaufe und wollte die Gummibänder spannen, aber er schaffte es nicht.
Das Gummi war wohl zu dick, aber mit Heinis Hilfe schafften sie es, es ganz lang auszuziehen. Auf Kommando ließen beide gleichzeitig los. Im hohen Bogen flog der Stein über zwanzig Meter weit. Sie waren begeistert und ich staunte nur.
Ich durfte die Steine immer wieder holen, dabei mußte ich nur aufpassen, daß ich nicht in ihre Schußlinie geriet. Als sie das eine Weile gemacht hatten, meinte Heini: „Wir müßten ein Ziel haben, das würde bestimmt mehr Spaß machen." „Wir haben doch den Deckel vom Waschkessel", meinte Hannes. „Den stellen wir dort hinten auf." Aber der Deckel wollte nicht stehenbleiben. Da hatten sie die Idee, daß ich den Deckel festhalten könne. Ich fand die Idee gar nicht so schlecht, so konnte ich doch auch ein wenig bei dem Spaß mitmachen. Ein komisches Gefühl hatte ich aber trotzdem.

Nun ging es los. Es folgte Schuß auf Schuß, aber immer weit daneben. So machte es mir auch noch Spaß, aber als die Steine immer näher bei mir einschlugen, bekam ich es doch mit der Angst zu tun und lief weg.

Nicht auszudenken, wenn mich ein Stein getroffen hätte. Mutti habe ich davon nichts erzählt. Wenn sie das gewußt hätte, hätte sie Heini bestimmt verprügelt.

Unser Spielplatz

Es gibt nichts Schöneres als Kind auf dem Lande aufzuwachsen. Man hat eine viel innigere Verbindung zur Natur und lernt von Kind an, damit zu leben. Man lernt Achtung vor den Tieren zu haben, die uns ernähren und daß man alles, was wir essen, auch selber herstellen muß. Man sieht, wie schwer die Bauern arbeiten müssen, um das alles zu ermöglichen und dabei auch noch glücklich sind.
Diese Umgebung war unser Spielplatz und wir hatten immer das Gefühl, daß wir nie lästig geworden sind. Wir waren immer dabei und hatten die größte Freiheit der Welt. Jeden Tag gab es was Neues

zu erleben und zu entdecken. Langeweile haben wir nie gehabt, obwohl wir nur vier Kinder waren.

Da war Elsa, die Tochter von Frau Clausen, ich selbst und meine beiden Schwestern, Hilde und Trautchen. Mit Trautchen hatten wir immer ein paar Probleme, weil sie die Jüngste war und deshalb auch nicht alles so mitmachen konnte. Sie war auch etwas dicklich und konnte nicht so schnell laufen wie wir.

Wenn wir nicht mit ihr spielen wollten, liefen wir weg und sie lief heulend hinterher. Da sie es nie schaffte, uns zu finden, lief sie zu Mutti und beschwerte sich: „Die Anderen sind wieder weggelaufen." Mutti hat das aber nicht sehr ernst genommen und sagte dann zu ihr: „Geh wieder raus und ruf nach ihnen, dann werden sie sich schon melden." Naja, sie glaubte es dann auch und stellte sich vor die Haustür und rief immer: „Andern, wo seid ihr?" und das mit viel Ausdauer. Wir haben sie natürlich erst einmal längere Zeit rufen lassen, weil wir es sehr lustig fanden.

Trautchen hatte immer Schrammen im Gesicht, an der Stirn, an der Nase und am Kinn. Das kam daher, weil sie sich beim Hinfallen nicht mit den Händen abstützte, sondern die Hände nach hinten riß und dadurch immer aufs Gesicht fiel.
Früher war es so üblich, daß wir Kinder immer von Mutti gerufen wurden, wenn wir nach Hause kommen sollten oder wenn sie nur wissen wollte, wo wir waren. Das hat auch Frau Clausen mit Elsa gemacht. Abends hörte sich das immer so an: „Elsa, rin kom, Pische moken un to Bett." Das war immer sehr lustig.

Die Maler bei Frau Clausen

Weil wir so weit vom Dorf entfernt wohnten, hatten wir auch kaum Kontakt mit anderen Menschen. Höchstens einmal der Postbote, und der auch nur, wenn jemand wirklich einen Brief bekam und das

war eher selten. Reklame wie heute gab es nicht. Ein- bis zweimal im Jahr kam der Schornsteinfeger. Manchmal auch ein Handwerker oder Helfer für Frau Clausen. Andere Kinder kamen so gut wie gar nicht in unsere Gegend.
So war es auch etwas ganz Besonderes, als eines Morgens zwei Maler mit einer großen Schotschekarre bei uns auftauchten. Sie wollten bei Frau Clausen die Küche streichen. Das konnte interessant werden. Ich hatte noch nie einen Maler gesehen und schon gar nicht bei der Arbeit, wenn eine Küche gestrichen wurde. Da mußte ich natürlich zugucken.

Die Karre war ein eigenartiges Gefährt. Es war eigentlich eine große Kiste, mit zwei großen Rädern an der Seite. Damit die Karre nicht umkippen konnte, hatte sie vorne und hinten zwei Stützen. Zum Anheben und Schieben der Karre waren an der Rückseite zwei ein Meter lange Holme.
Auf diese Karre hatten die Maler ihr Material, Eimer und Trittleitern geladen. Das mußte früher alles zu Fuß erledigt werden, denn ein Auto hatte fast keiner.

Die Farbe mußten die Maler sich früher noch selber herstellen. Das war nicht besonders schwierig. Sie brauchten dazu nur etwas Wasser, Kreide und Faßleim. Der Faßleim war eine glibbrige Masse, die erst mit der Hand schlankgeschlagen werden mußte, damit man sie mit der Kreidemasse verrühren konnte. Fertig war die Farbe.

Gestrichen wurde die Farbe mit der Deckenbürste von der Trittleiter aus. Rollen und Streichstöcke waren noch nicht erfunden.
In der Mittagspause saßen die Maler auf einer Bank vor dem Küchenfenster in der Sonne und ich nervte sie wohl mit meinen vielen Fragen.
An der Wand hing ein dicker aufgerollter Wasserschlauch. Der hatte an einem Ende eine Spritzdüse und am anderen Ende war eine Schwengelpumpe mit einem Ansaugschlauch befestigt. Es war eine Feuerspritze für den Notfall.

Die Maler brauchten für ihre Arbeit so eine Spritze nicht, aber sie kamen auf eine Idee, wie sie mich loswerden könnten. Sie hängten den Ansaugschlauch in den Brunnen der Pumpe.
Dann sagten sie zu mir: „Komm mal her, wir machen ein schönes Spiel mit dir." Sie setzten mich auf die Karre, mit dem Rücken zur Pumpe, damit ich ihr Vorhaben nicht durchschauen konnte. Einer der Maler fing an zu pumpen und der andere richtete die Spritze auf meinen Rücken. Mit hohem Druck schoß der Wasserstrahl auf meinen Rücken und ich flog in hohem Bogen fast drei Meter weit von der Karre. Das tat ganz schön weh. Heulend lief ich nach Hause und Mutti hat mich noch ausgeschimpft, weil ich so dreckig war.

Papas Zigaretten und die Holzlieferung

Papa hatte schon lange nichts mehr von sich hören lassen. Wahrscheinlich hatte er keine Zeit oder die Verhältnisse ließen es nicht zu. Doch eines Tages kam ganz überraschend ein kleines Päckchen. Voller Erwartung sahen wir Mutti zu, wie sie das Päckchen öffnete. Welch eine Enttäuschung. In dem Päckchen waren nur Zigaretten und ein kurzer Brief. Was sollten wir nur mit Zigaretten? In dem Brief erklärte Papa, daß er sich das Rauchen abgewöhnt hätte und er würde in gewissen Abständen die Zigaretten nach Hause schicken, wenn es möglich wäre. Mutti solle die Zigaretten gut aufheben. Was er sonst noch in dem Brief geschrieben hatte, weiß ich nicht mehr. Wahrscheinlich keinen Gruß oder sonst irgendetwas Liebes, sonst hätte Mutti es erzählt. Mutti war auch etwas enttäuscht, aber sie hat sich nichts anmerken lassen.

Mutti hat dann einen Nachttisch ausgeräumt und darin die Zigaretten aufgestapelt. Mit der Zeit wurde der Schrank immer voller. Mutti machte sich Gedanken, was Papa wohl mit den Zigaretten anfangen wollte, wenn er doch nicht mehr rauchte. Manchmal nahm sie eine und legte sie auf den Herd, wo sie langsam verdampfte. Sie setzte sich dann daneben und sagte: „Es riecht so schön nach Mann." Für uns völlig unverständlich.

Schon bald kam Mutti die Idee, daß man die Zigaretten doch auch als Tauschmittel gebrauchen könnte. Das Geld war knapp und nicht viel wert, aber für Zigaretten konnte man alles bekommen. Der Winter stand vor der Tür und wir hatten nichts mehr zum Heizen. Mutti sagte: „Egal, was Papa dazu sagt, ich werde es mit den Zigaretten versuchen."

Am nächsten Tag setzte sie sich aufs Fahrrad und fuhr nach Lindau zum Förster. Das waren ungefähr fünf Kilometer. Der Förster war sofort einverstanden und sagte: „Für Zigaretten können Sie so viel Holz haben wie Sie wollen." Er gab Mutti einen ganzen Baum. Der stand aber noch. Was nun? Der Förster tröstete sie und sagte: „Fragen Sie doch mal Herrn Andersch, der ist Fuhrunternehmer und wohnt hier im Ort. Der wird Ihnen sicher weiterhelfen können." Mutti ging zu Herrn Andersch und fragte ihn, ob er ihr aus der Not helfen und den Baum absägen könne. „Aber selbstverständlich", sagte Herr Andersch, als er hörte, daß Mutti nur mit Zigaretten bezahlen könne.
„Dafür säge ich den Baum auch klein und fahre ihn direkt bis vor ihre Stalltür. Morgen Vormittag können Sie damit rechnen." Mutti

war überglücklich über diesen großen Erfolg. Alle Sorgen waren mit einemmal vorbei.

Am nächsten Vormittag warteten wir voller Ungeduld auf den Holztransport. Als wir Mutti keine Ruhe ließen, erlaubte sie uns dem Transporter entgegenzugehen, aber nur bis zum Hasenberg. Es dauerte dann noch eine Weile, bis ein Pferdewagen vollbeladen mit Holz um die Ecke bog. Als Herr Andersch uns sah, hielt er an und fragte uns, ob wir mitfahren wollten. Was für eine Frage, natürlich wollten wir. „Oder möchte einer vielleicht auf dem Pferd reiten?" Natürlich wollte ich reiten, das war mein größter Wunsch. „Geht in Ordnung", sagte Herr Andersch und hob mich auf den Rücken des Pferdes. Das Pferd war unheimlich breit, aber es fühlte sich gut an. Einen Sattel hatte das Pferd nicht. Ich sollte mich mit den Füßen am Pferdegeschirr abstützen, nur waren meine Beine viel zu kurz. Langsam bekam ich doch Bedenken, wie das wohl werden sollte. Meine Schwestern durften bei Herrn Andersch auf dem Bock sitzen. Nun ging es los. Zuerst schön langsam, aber dann immer schneller. Ich rutschte hin und her und hielt mich krampfhaft am Geschirr fest. Zum Glück waren es nur zweihundert Meter. Ich war heilfroh, als ich es überstanden hatte, aber ein tolles Erlebnis war es trotzdem.

Herr Andersch brachte das Holz direkt bis vor unsere Stalltür, wie er es versprochen hatte. Es war ein riesiger Berg Holz, der würde sicher viel länger reichen als nur einen Winter, meinte Mutti. Als sie noch überlegte, wie sie es wohl schaffen sollte, das ganze Holz kleinzuhacken, bot sich Herr Mordhorst an, ihr dabei zu helfen und Heini versprach auch zu helfen.
Herr Mordhorst bekam dafür natürlich auch Zigaretten und Heini einen extra großen Kuchen. Nun waren endgültig alle Sorgen vorbei und der Winter konnte kommen. Die Zigaretten im Nachtschrank waren bei diesem Unternehmen bis auf ein Drittel geschrumpft. Es war erstaunlich, was man mit Zigaretten doch alles erreichen konnte.

Der Apfelhof

Ganz oben links neben Frau Clausens Garten war der Apfelhof. Wir nannten ihn so, weil dort viele große und alte Apfelbäume standen. Darunter wuchs nur Gras, das manchmal sehr hoch war. Die Äpfel waren sehr groß und grün und schmeckten prima. Leider waren diese Äpfel aber nicht für uns bestimmt. Frau Clausen paßte immer sehr darauf auf, daß wir nicht dorthin gingen. Sie konnte von ihrem Küchenfenster aus alles sehr genau überblicken. Aber irgendwie mußten wir an die Äpfel kommen. Wir, das waren meine Schwestern Hilde, Trautchen und ich.
An der linken Seite des Apfelhofes war ein Knick, der die Grenze zu Bauer Köpkes Wiese bildete. Wir gingen nun über diese Wiese und konnten durch eine Lücke im Knick direkt auf den Apfelhof kommen. Durch das hohe Gras waren wir auch einigermaßen gut geschützt. Wenn bloß nicht Frau Clausen käme. Diese Angst saß uns im Nacken. Es war also nicht ganz einfach, an die Äpfel zu kommen.

Trautchen war etwas mutiger oder auch dümmer. Sie ging gleich los, ohne sich im hohen Gras zu bücken, und sammelte die Äpfel

in ihre Schürze. Wir mußten früher alle eine Schürze tragen. Das kam wohl daher, daß meine Mutter eine alte „Singer" Nähmaschine bekommen hatte und das Nähen von Schürzen ihre ersten Erfolge waren. Als wir sahen, daß Trautchen so mutig am Sammeln war, wagten Hilde und ich uns auch auf den Apfelhof. In aller Eile und immer einen Blick zu Frau Clausens Küchenfenster gerichtet, füllten auch wir unsere Schürze.
Plötzlich kam das befürchtete Unheil. Frau Clausen kam laut schimpfend den Gartenweg hochgerannt. Hilde und ich machten uns auf die Flucht durch den Zaun. Wir haben keine Äpfel verloren und waren sehr stolz darauf.

Was aber machte unsere kleine, mutige oder – wie wir es sahen – dumme Schwester Trautchen? Sie kam uns nicht nachgerannt, sondern ging schnurstracks mit ihrer Schürze voller Äpfel und erhobenen Hauptes den Gartenweg entlang und Frau Clausen entgegen. Trautchen nahm überhaupt keine Notiz von der aufgebrachten Frau Clausen und ging stolz an ihr vorbei.
Frau Clausen hat ihr aber dann doch die Äpfel abgenommen. Hilde und ich brachten unsere Äpfel ohne Verlust nach Hause. Frau Clausen hat sich auch nicht bei meiner Mutter beschwert, sondern tat so, als wäre nichts geschehen.

Unser Toilettenhäuschen

Zu jeder Wohnung gehört normalerweise auch eine Toilette. Die hatten wir auch, nur war sie fünfzig Meter von der Wohnung entfernt und stand auf einer Wiese am Knick. Gleich daneben war ein großer Misthaufen von Clausens Kühen und davor war eine große Jauchekuhle gefüllt mit einer schwarzblauen Brühe, die uns immer eine gewisse Angst einflößte. Ich machte jedes Mal einen großen Bogen um dieses dunkle Loch, weil ich Angst hatte da hineinzufallen.

Der Toilettensitz bestand aus einer großen Holzplatte, in dessen Mitte ein rundes Loch war, und darunter stand ein großer Blecheimer. Mutti sagte immer Plumpsklo dazu. Das Ganze stand in einem kleinen klapprigen Holzhäuschen, das nicht größer wie einmal ein Meter in der Grundfläche und zwei Meter hoch war. Zwischen den Brettern waren überall Fugen und Ritzen, und wenn es regnete, tropfte es von der Decke.

Das Häuschen hatte kein Fenster, nur eine kleine herzförmige Öffnung in der klapprigen Tür, wo etwas Licht hereinkam. Von außen wurde die Tür mit einem Holzriegel verschlossen und von innen mit einem kleinen Haken aus Draht.

Weil die Sonne zur Mittagszeit direkt auf das Häuschen schien, wurde es drinnen sehr heiß und der Geruch war höchst unangenehm. Da empfand ich es als wohltuend, wenn der Wind durch die Ritzen wehte. Bei Regenwetter hätten wir am liebsten einen Regenschirm mitgenommen, aber dafür war das Häuschen zu klein.

Ganz schlimm wurde es im Winter, wenn der Schnee durch die Ritzen wehte und es so kalt war, daß man gar nicht mehr die Hose runterziehen mochte.

An der Seitenwand war ein großer Nagel, auf dem das Toilettenpapier aufgespießt war. Es war Zeitungspapier, das in Stücke geschnitten wurde.

Mutti brachte uns bei, wie man es weich rubbeln mußte, denn so ein Toilettenpapier, wie wir es heute haben, gab es nicht, jedenfalls bei uns nicht.

Einmal in der Woche wurde die Sitzplatte mit Sakrotanwasser abgeschrubbt.

Da das Holz nicht gestrichen war, blieb es sehr lange naß und man konnte die Toilette nicht benutzen. Das war besonders unangenehm, wenn man es sehr eilig hatte.

Wir mußten unsere Toilette mit Familie Mordhorst teilen. Die hatten die gleichen Probleme wie wir. Frau Clausen dagegen hatte es viel besser. Sie hatte ihre Toilette im Haus. Nachts konnten wir natürlich nicht nach draußen auf die Toilette gehen, dafür stellten wir uns einen Eimer hin, der zu einem Drittel mit Wasser gefüllt war und mit einem Feudel abgedeckt wurde.

Der Kampf mit dem Ganter

Frau Clausen hatte immer ein paar Gänse und einen Ganter. Das war an und für sich nichts Besonderes und wir hatten auch keine Angst vor ihnen.
An jenem Morgen war aber alles ganz anders. Die Gänse grasten auf der kleinen Wiese vor unserer Toilette. Sie hatten kleine Küken bekommen. Es war sehr niedlich, sie anzusehen.

Daß der Ganter in dieser Zeit sehr angriffslustig ist, wußte ich nicht. Ich war auf dem Weg zur Toilette, aber da waren die Gänse. Na ja, dachte ich, die Gänse haben mir sonst nichts getan, warum sollten sie es heute tun? Ich ging also auf die Gänse zu, in der Hoffnung, daß sie beiseite gehen würden wie immer. Doch plötzlich kam der Ganter zischend und mit langgestrecktem Hals auf mich zugerannt. Ich bekam es mit der Angst zu tun und lief weg. Der Ganter gab es dann auch auf, mich weiter zu verfolgen.
Als ich es Mutti erzählte, lachte sie. „Du brauchst keine Angst zu haben, wenn er wieder einmal auf dich zugerannt kommt, bleibst du stehen und wartest, bis er ganz dicht herangekommen ist. Dann packst du ihn an seinem langen Hals, gleich hinter dem Kopf, und schleuderst ihn herum und wirfst ihn weg. Dann läuft der Ganter weg und versucht es nicht noch einmal.

Ich dachte, das sei ein guter Rat, genauso würde ich es beim nächsten Mal machen. Am nächsten Morgen waren die Gänse wieder da. Nun konnte ich Muttis Rezept ausprobieren, den Mut dazu hatte ich. Aber als ich auf die Gänse zuging, kam der Ganter wieder zischend und mit langgestrecktem Hals auf mich zugerannt. Diesmal wartete ich und als er nahe genug war, packte ich ihn gleich hinter dem Kopf am Hals und wollte ihn herumschleudern. Aber, oh Schreck, ich schaffte es nicht. Der Ganter war zu schwer.
Ich bekam Angst und ließ ihn los, drehte mich herum und lief weg. Der Ganter hinter mir her und er holte mich ein. Ich fiel hin und der Ganter auf mich drauf. Er biß mir in den Nacken und schlug mir wild mit seinen Flügeln um die Ohren. Es tat sehr weh und ich schrie um Hilfe. Da kam Mutti angerannt und befreite mich von dem Ganter. Ich wußte gar nicht, daß Gänse Zähne haben, jedenfalls hat es sich so angefühlt und die Verletzungen waren auch dementsprechend. Von da an bin ich den Gänsen lieber aus dem Weg gegangen.

Unsinn auf dem Eis

Auf Köpkes Koppel, gleich nebenan hinterm Zaun, gab es mehrmals im Jahr eine große Überschwemmung. Sie war nicht sehr tief, vielleicht 30-40 cm. Immer nach einem Wolkenbruch, den es früher des öfteren gab, freuten wir uns schon, wieder einmal baden zu können. Weil das Wasser so flach war, wurde es auch sehr schnell angenehm warm.

Im Winter hatten wir dadurch natürlich eine schöne Eisfläche, die auch für uns Kinder nicht gefährlich war. Mutti hatte deshalb auch keine Sorgen und ließ uns allein auf dem Eis spielen. Sie sagte nur: „Wenn ihr einmal einbrecht und nasse Füße bekommt, müßt ihr sofort nach Hause kommen, damit ihr nicht krank werdet." Einmal ist es dann auch passiert und das fing so an.
Heini Mordhorst hatte einen riesigen Schlitten, den ihm sein Vater

gebaut hatte. Er war ca. 2,00 m lang, 50 cm breit und 50 cm hoch. Damit konnten nur Erwachsene fahren. Für uns Kinder war er viel zu groß.

Heini Mordhorst und sein Freund Hannes Matzen schlugen ein Loch von ungefähr 1,00 m Durchmesser ins Eis. Dann nahmen sie einen langen Anlauf, warfen sich mit dem Bauch auf den Schlitten und fuhren mit großem Schwung über das Loch. Mit dem großen Schlitten ging das auch wunderbar.

Aber dann überredeten sie mich es auch zu versuchen. Mein Schlitten war für solche Spiele natürlich viel zu klein, aber das konnte ich nicht überblicken. Ich nahm also Anlauf und landete direkt im Wasser. Zum Glück war das Wasser nicht sehr tief, aber es reichte, um ordentlich naß zu werden.

Nun hätte ich sofort nach Hause gehen müssen, wie Mutti es befohlen hatte. Ich tat es aber nicht. Mit der Zeit fing ich an zu frieren, denn die Hose war schon ganz steifgefroren. Ich lief nach Hause und erzählte, was geschehen war. Mutti sagte: „Schön, daß du gleich nach Hause gekommen bist!" Ich war froh, daß Mutti nichts gemerkt hatte.

Der Fischfang

Hinter der Ziegelei-Ruine war ein kleiner Teich, etwa 5,00 m x 7,00 m groß, aber sehr tief. Dieser Teich diente der Wasserreserve für die Ziegelei, aber er hatte nun keine Bedeutung mehr. Eines Tages entdeckte Heini, daß im Teich Fische waren, die schon ziemlich groß waren. Er wollte die Fische gerne fangen. Aber wie? Eine Angel hatte er nicht und mit einem selbstgebastelten Käscher hatte er auch keinen Erfolg.

Da kam ihm eine Idee: Sein Vater hatte doch Carbit, das er für seine Lötlampe benutzte. Er besorgte sich eine Flasche mit Schraubverschluß und baute damit eine Bombe. Das müßte gehen, meinte er. Zuerst füllte er diese Flasche zu einem Drittel mit Carbit, darauf kam Zeitungspapier, das schön fest gestopft werden mußte. Heini sagte uns, daß wir ein Stück weggehen sollten und uns dann auf den Boden legen sollten. Nun füllte er Wasser in die Flasche, schraubte sie zu und warf sie in den Teich. Er lief nun auch weg. Das Wasser in der Flasche sickerte nun langsam durch das Papier zum Carbit und es entwickelte sich Gas, das die Flasche mit einem dumpfen Knall zur Explosion brachte.

Wir liefen alle zum Teich und sahen mit Erstaunen, daß viele tote Fische an der Oberfläche schwammen. Es waren Schleie, die so groß wie Heringe waren. Insgesamt waren es 14 Fische, von denen wir fünf Stück bekamen. Frau Mordhorst nahm auch 5 Fische und Frau Clausen erhielt 4 Fische. Es war ein schöner Tag, an dem es in allen Familien zu Mittag Bratfisch gab.

Das Luftgewehr

Eines Tages kam Hannes Matzen mit einem Luftgewehr an. Er wollte mit Heini auf die Jagd gehen, was auch immer sie damit meinten. Mit einem Luftgewehr kann man bestenfalls auf Spatzen schießen, man muß sie aber erst mal treffen. Ich glaube, die Spatzen waren nicht in großer Gefahr.

Sie wollten zum Moor gehen. Ich wollte natürlich mit und lief ihnen hinterher. Sie wollten mich aber nicht mitnehmen und drohten auf mich zu schießen, wenn ich nicht endlich zurückginge. Ich konnte aber nicht hören und folgte ihnen in einigem Abstand. Als es ihnen zu bunt wurde, schoß Heini Mordhorst auch wirklich auf mich.
Die Kugel traf mich in die Wade. Sie war aber zum Glück nicht tief eingedrungen, man konnte sie noch sehen. Nun kriegten die Jungs es doch mit der Angst zu tun.

Heini konnte die Kugel mit seinem Taschenmesser wieder herauspulen.
Es hat nicht geblutet und tat auch nicht sehr weh. Heini sagte, wenn ich Mutti nichts davon erzähle, dürfe ich mit ins Moor gehen. Ich habe mich sehr gefreut, aber die Freude sollte mir bald vergehen. Als wir auf dem Moor ankamen, sind die Jungs mir weggelaufen und haben mich allein gelassen. Wir waren auf einer Moorfläche, die morastig und mit Grasdolden bewachsen war. Man konnte nur auf diesen Grasdolden stehen und wenn man dazwischentrat, versank man bis zu den Knien im Morast. Ich konnte den Jungs natürlich

nicht so schnell folgen.
Als ich endlich mit viel Mühe und total dreckig die feste Wiese erreichte, waren die Jungs nicht mehr zu sehen. Ich fand aber den Weg nach Hause auch allein und wurde von Mutti noch ausgeschimpft, weil ich so dreckig war. Von der Gewehrkugel hab ich ihr aber nichts erzählt.

Der Hungerwinter

Gegen Endes des Krieges begann eine sehr schlechte Zeit für uns wie für andere auch. Ich weiß nicht, wie Mutti es immer wieder geschafft hat, etwas zu essen für uns aufzutreiben und aus dem Wenigen etwas Besonderes zu machen.
Sie war da sehr erfinderisch. Milch hatten wir zum Glück genug, die konnten wir jeden Tag von Bauer Kähler holen. Der wohnte nicht sehr weit weg. Wir mußten nur über Köpkes Koppel zum Moorweg gehen.

Auch hatten wir immer genügend Grütze. Ich kann mich noch gut an die Zeit erinnern, wo es nur Grütze mit Milch zu essen gab und das morgens, mittags und abends, wochenlang. Wir konnten zuletzt nicht mehr dagegen an. Sie schmeckte uns wie Seife. Mutti mochte sie auch schon nicht mehr, aber sie hat die Grütze trotzdem gegessen und wollte uns damit zeigen, daß sie wirklich gut schmeckte.

Brot gab es auch nicht jeden Tag, und wenn man mal eins bekam, mußten wir dafür manchmal einen halben Tag beim Bäcker anstehen. Es konnte dann auch vorkommen, daß das Brot schon alle war, bevor wir endlich an der Reihe waren.

Das Brot wurde genau eingeteilt, damit es länger reichte. Ich bekam immer zwei Scheiben, weil ich ein Junge war, sagte Mutti, und die Mädchen bekamen nur eine Scheibe, obwohl ihr Hunger auch nicht kleiner war als meiner.

Wenn wir nichts aufs Brot zu schmieren hatten, haben wir es auf der Herdplatte geröstet und Zucker darauf gestreut. Das schmeckte auch sehr gut. Oder wir haben Brot in Milchkaffee eingetunkt, dann wurde man schneller satt.

Mutti stand immer etwas früher auf als wir und machte dann schon das Feuer im Herd an. Wenn wir aufstanden, war es schon schön warm in der Küche.

Der Herd in der Küche war die einzige Heizquelle in unserer Wohnung.

Deshalb mochten wir manchmal gar nicht aufstehen, weil es so kalt war.

Die Fensterscheiben waren so dünn, daß sich bei Frostwetter tolle Eisblumen an den Scheiben gebildet hatten. Wenn man rausgucken wollte, mußte man an die Scheibe pusten bis ein kleines Loch in der Eisschicht entstand.

Ganz schlimm war es, wenn das Holz zu Ende ging. Dann mußten wir manchmal tagelang im Bett bleiben. Das war ganz schrecklich. Oft sorgte auch Herr Mordhorst dafür, daß wir Holz bekamen. Er arbeitete nämlich auf dem Bau und brachte oft Abfallholz mit. Mutti gab ihm dann immer Zigaretten dafür, die wir genügend hatten. Er war der einzige, der uns aus unserer Not herausgeholfen hat.

Weil es keine Bonbons zu kaufen gab, machte Mutti sie selbst in der Bratpfanne. Das konnte sie sehr gut. Sie hat Zucker mit Butter in der Pfanne geschmolzen, bis er braun wurde und dann abkühlen lassen. Bevor die Masse ganz kalt war, hat sie mit dem Messer Karos in die Masse geschnitten, so daß wir richtige Bonbons hatten. Wenn sie dann noch Sahne dazutat, waren es Rahmbonbons, die wunderbar schmeckten. Die Sahne gab es jeden Morgen frisch. Sie setzte sich über Nacht auf der Milch ab. Das ging nur bei der Milch, die wir direkt vom Bauern bekamen. Auch Lollis konnte Mutti machen. Wir hatten ja die hölzernen Wäscheklammern. Diese brach sie auseinander und tauchte sie in die Zuckermasse. Das ging prima.

Mutti wollte einmal auch Kaffee selber machen, das gelang ihr aber nicht. Sie nahm dazu Gerste, die sie in der Pfanne rösten wollte. Die Körner wurden aber ganz schwarz und es qualmte fürchterlich. Die viel zu dunkel gewordenen Körner wurden in der Kaffeemühle gemahlen und dann mit heißem Wasser aufgebrüht. Das nannte sie dann Kaffee, der aber genauso fürchterlich schmeckte wie er aussah.
Wir hatten auch Hühner und Kaninchen, die wurden aber leider nicht gegessen, weil meine Eltern von Haus aus Vegetarier waren und kein Fleisch aßen. Das kannten wir überhaupt nicht. Es hätte uns aber bei der Ernährung sehr helfen können. Sie verkauften die Hühner und Kaninchen. Nur die Eier durften wir essen. Frau Mordhorst hat oft versucht, Mutti zu überreden ein Huhn oder Kaninchen zu schlachten. Sie hätten dies auch für sie gemacht, aber Mutti konnte sich dazu nicht überwinden.

Unser Weg zum Kaufmann

Der Weg von uns bis zum Kaufmann war ein langer dunkler Weg ohne Beleuchtung und von beiden Seiten durch einen Knick begrenzt.
Er war ungefähr einen Kilometer lang und es gab nur wenige Häuser.
Das erste Ende des Weges war der Hasenberg, auf dem nur ein Doppelhaus stand. Die linke Hälfte wurde von Familie Jeschke bewohnt und in der rechten Hälfte wohnten Polen, die Kriegsgefangene waren und bei den Bauern arbeiten mußten. In der Dachwohnung wohnte Herr Schlüter, der bei Frau Clausen gearbeitet hat. Das weiß ich aber nicht mehr so ganz genau. Er könnte auch unten gewohnt haben.

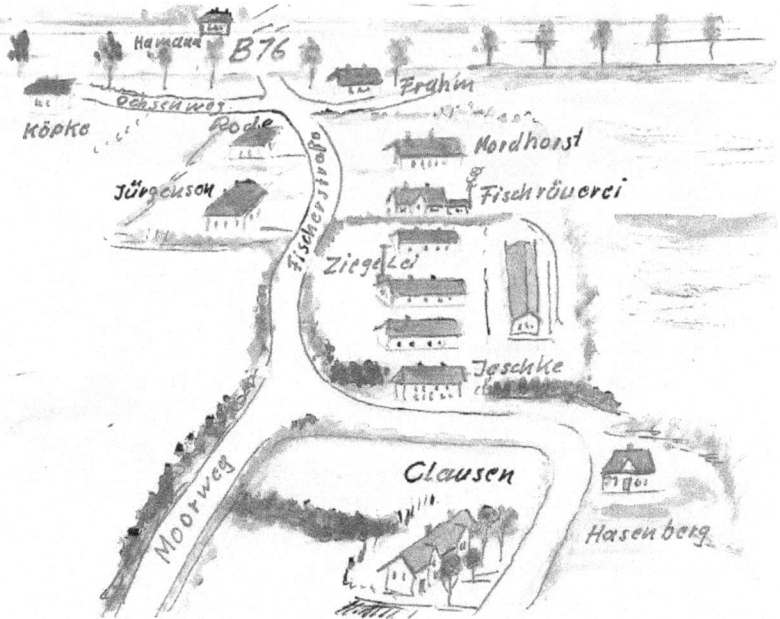

Am Ende des Hasenberges begann die Fischerstraße. Genau an dieser Ecke stand ein großes Haus, in der die Familie Jeschke wohnte.

Der Vorgarten war von einer großen Hecke eingezäunt. Danach kam die neue Ziegelei, die nach der Ziegelei bei Clausens gebaut wurde. Sie war aber schon vor dem Krieg aufgegeben worden. Die Gebäude waren aber noch intakt. In der Mitte stand ein großes Gebäude, an dessen Südseite ein großer Schornstein von 34 m Höhe stand. Dahinter war der Brennofen, dessen Gewölbe auch noch intakt war. Die Seitenwände dieses Hauses bestanden aber nur aus einem starken Drahtgitter. Links und rechts und auch dahinter standen drei 60 m lange Trockenschuppen. Die Außenwände bestanden auch aus einem Drahtgitter. Danach auf der gleichen Seite stand ein Doppelhaus. Wer auf der rechten Seite wohnte, weiß ich nicht mehr. Auf der linken Seite wohnte der Fischer Jensen, und hinten angebaut war eine Fischräucherei. Nach ihm hatte die Fischerstraße auch ihren Namen. Wenn der Fischer in der Räucherei war, verbreitete sich in der ganzen Gegend ein herrlicher Geruch.
Gegenüber auf der linken Straßenseite war ein Doppelhaus, das der Familie Jürgensen gehörte. Auf der linken Seite wohnten sie selbst und die rechte Seite hatten sie an die Familie Parzigla vermietet. Frau Jürgensen hatte einen gespaltenen Gaumen und daher eine seltsame Sprache, die uns immer sehr verwunderte.
Nach der Räucherei kam ein großer Garten und danach die Räucherkate von Mordhorst. Die hatten auch eine kleine Landwirtschaft. Die Räucherkate hatte ein schönes Rehtdach, das sehr tief herunterging. Darunter war nur noch Platz für ein ganz kleines Fenster. Links neben dem Haus war eine hohe Planke direkt an der Straße, die den Hof verdeckte. Da die Planke so hoch war, konnte man nicht darüber hinwegsehen. Es gab aber einige Astlöcher, durch die man auch schon sehen konnte, was dahinterlag. Oft guckte Hermann, der Sohn von Mordhorst, über die Planke und hat sich mit uns unterhalten. Ich war auch einmal in der Räucherkate. Am Ende der Diele war der Räucherofen. Die Diele war bis unter das Dach ganz schwarz von dem Rauch. Hinter der Diele hatten die Mordhorts eine ganz kleine Wohnung.

Auf der linken Seite der Straße, gegenüber der Räucherkate, war ein kleines Fachwerkhaus, das früher einmal ein Armenhaus der Gemeinde war, in dem alte Menschen wohnten. Auf der linken Seite wohnte Familie Opiolla.

Auf der rechten Seite ganz vorne hatte Frau Blohm eine winzige Wohnung.
Frau Blohm konnte schlecht hören. Sie hatte aber ein großes Hörrohr aus Messing, das sie immer in das Ohr steckte, wenn man sich mit ihr unterhalten wollte.
Die hintere Wohnung gehörte der Familie Rohde. Sie hatten zwei Söhne, Erwin und Helmut. Frau Rohde war eine kleine, freundliche Frau. Wenn man sich mit ihr unterhielt, sagte sie immer zur Bestätigung: „Oh, denk", und das sehr oft. Herr Rohde war ein Künstler. Er malte sehr schöne Bilder. Die kleine Wohnung war voller Bilder. Auch spielte er sehr gerne auf der Mandoline und schrieb sogar einige Lieder. Er redete sehr gern. Wenn ich ihn mal besuchte, ließ er mich nicht so schnell wieder aus der Wohnung. Leider habe ich mich damals nicht so sehr dafür interessiert. Heute bedaure ich es. Er wollte mir so gerne beibringen, wie man ein Instrument spielt.
Erst am Ende der Fischerstraße, kurz vor der Kieler Chaussee war der Ochsenweg. Hier standen noch 4 Häuser und der Bauernhof von Köpke.

Auf der rechten Seite der Fischerstraße war der große Bauernhof von Bauer Frahm. Die Kieler Chaussee war zu der Zeit noch sehr schmal und mit Blaubasalt gepflastert.
Auf der anderen Seite, gegenüber der Fischerstraße, war unser Kaufmann Hamann. Er hatte ein kleines Lebensmittelgeschäft, in dem man alles kaufen konnte, was gebraucht wurde. Nebenbei war Herr Hamann Musiker. Er spielte in einer kleinen Kapelle, die alle Hamann hießen.

Wenn Mutti mal etwas vergessen hatte einzukaufen, durften wir alleine zum Kaufmann gehen, um das Vergessene nachzuholen. Wir waren immer sehr stolz darauf. Gefährlich war es nicht, denn es gab kaum Autos, höchstens mal ein Pferdewagen. Wenn ein Auto auf der Chaussee fuhr, war das etwas Besonderes.
Einmal war alles anders als sonst. Als wir zur Chaussee kamen, waren dort zu beiden Seiten der Straße tiefe und breite Gräben ausgehoben. Für Fußgänger hatte man zwei Bretter darübergelegt, über die wir gehen sollten. Das sah aber sehr gefährlich aus. Nach

einiger Zeit wagten wir es aber doch und waren glücklich, als wir es geschafft hatten. Es war eine wackelige Angelegenheit. Nicht auszudenken, wenn einer von uns in den Graben gefallen wäre, denn er war sehr tief. Auch der Rückweg klappte problemlos. Die Gräben hatte man ausgehoben, weil die Engländer kamen. Sie sollten keine Gelegenheit haben, mit ihren Panzern und Fahrzeugen die Straße zu verlassen. Das hat aber alles nichts genützt. Als der Krieg zu Ende ging, wurden die Gräben wieder zugeschüttet.

Die Polen

Die Polen waren Zwangsarbeiter, die von Hitler hierhergebracht wurden.
Es waren ungefähr zehn Menschen, Männer und Frauen. Sie mußten bei den Bauern Köpke und Frahm arbeiten. Bei Frahm wurden sie einigermaßen gut behandelt und hatten nicht zu leiden. Aber bei Bauer Köpke hatten sie es nicht so gut, das war auch im Dorf bekannt. Der Bauer ist auch deshalb in der Bevölkerung sehr in Verruf geraten. Die wenigsten konnten verstehen, wie man dort die armen Menschen behandelte. Aber keiner konnte etwas dagegen tun, ohne nicht selbst in Mißkredit zu geraten.
Eines Tages brach bei Frahm ein Brand aus, in dessen Verlauf ein Teil der großen Scheune zerstört wurde. Natürlich wurden die Polen beschuldigt, den Brand gelegt zu haben. Sie konnten sich nicht dagegen wehren, denn sie hatten überhaupt keine Rechte. Es gab aber zum Glück noch Menschen, die es nicht einfach so hinnahmen. Sie untersuchten die Brandstelle und fanden heraus, daß der Brand durch einen Kurzschluß entstanden war.

Wir hatten ein gutes Verhältnis zu den Polen. Die Frauen konnten gut nähen und haben Mutti viel beigebracht. Schon bald war Schluß mit den Hosen ohne Taschen und Reißverschlüsse. Als der Krieg endlich zu Ende war, durften die Polen wieder nach Hause. Am Tag vor der Abreise kamen zwei Polenfrauen zu uns und brachten uns eine Torte mit, die sie gebacken hatten. Sie haben sich bei Mutti bedankt, weil sie immer zu ihnen gekommen war.

Am nächsten Tag kam ein offener Lastwagen, um die Polen abzuholen. Sie hatten sich hier schon so gut eingelebt, daß sie eigentlich gar nicht mehr nach Hause wollten. Denn sie wußten ja nicht, was sie in der Heimat erwartete und was sie dort vorfinden würden. Am liebsten wären sie hiergeblieben, alle waren sehr traurig und einige weinten. Als sie endlich abfuhren, haben wir ihnen nachgewinkt, bis wir sie nicht mehr sehen konnten.

Die Engländer auf der Ziegelei

Als wir wieder einmal zum Einkaufen gingen und an der Ziegelei vorbeikamen, waren dort englische Soldaten. Das große zweiflüglige Tor an der Giebelseite des großen Hauptgebäudes, dort wo der Schornstein war, stand offen. Auf dem großen Platz davor standen zwei große Panzer und mehrere Jeeps. Noch nie hatte ich einen richtigen Panzer gesehen. Zum Glück war zur Straße hin eine lange Hecke, die etwa ein Meter hoch war, so konnten die Soldaten uns nicht sehen, wenn wir zum Kaufmann gingen.

Wir hatten große Angst, weil wir dachten, daß die Soldaten gefährlich wären. Als wir unser Erlebnis Frau Hamann erzählten und daß wir Angst hätten, nach Hause zu gehen, tröstete sie uns mit den Worten: „Ihr braucht keine Angst zu haben, die Soldaten sind freundlich und tun niemandem etwas. Sie würden sich sogar freuen, wenn ihr ihnen einmal guten Tag sagen würdet." Mutti war der gleichen Meinung.

Es sollte aber noch eine Weile dauern, bis wir Vertrauen zu den Soldaten fanden und ohne Scheu zu ihnen hingingen. Sie hatten immer etwas zum Naschen in der Tasche, wie Kaugummi oder Schokolade. Das waren Sachen, die wir überhaupt nicht kannten. Einmal bekamen wir sogar ein großes eckiges Weißbrot, das wunderbar schmeckte. Es war ganz weich. Wir kannten bis dahin nur Schwarzbrot.
Die Engländer richteten in diesem Gebäude ein Ersatzteillager für Flugzeuge ein. Es gab dort viele schöne Dinge, die wir noch nie gesehen hatten und die auch viele Leute gut gebrauchen konnten. Da die Außenwände nur aus einem Drahtgitter bestanden, konnte man sehr gut sehen, was alles darin war. Deshalb wurde das Gebäude auch von den Soldaten bewacht. Es gab dort große Rollen von Kabeln und Kabelschläuchen in vielen Farben, auch Rollen von Aluminiumbändern in verschiedenen Breiten, Träger, Bleche, Winkel in vielen Formen, Unmengen von Schrauben in allen Größen, Gummistiefel und Sanitäranlagen wie Toiletten, Waschbecken und Armaturen. Auch gab es dort Knallnieten in allen Größen und Farben und vieles mehr. Das alles haben wir aber erst später erfahren, als der Schuppen nicht mehr so streng bewacht wurde.

Wohnungsbau auf der Ziegelei

Die Gebäude und Schuppen der Ziegelei gehörten der Baufirma Christian Jöhnk. Eines Tages begann die Firma Jöhnk aus den alten Trockenschuppen Wohnungen zu bauen. Es waren keine richtigen Wohnungen wie heute, sondern eher Behelfsheime für die vielen ausgebombten Menschen und Flüchtlinge aus dem Osten. Aber die Wohnungen hatten fest gemauerte Wände. Das war zu der Zeit schon Luxus, gegenüber den primitiven Holzbaracken in den Lagern, in denen die Flüchtlinge untergebracht waren.

Jede Wohnung hatte drei Zimmer, ein großes und zwei kleinere Zimmer und einen kleinen Windfang von 1,00 x 1,00 m. Neben dem Windfang war noch ein kleiner Einbauschrank, den man auch als Speisekammer benutzen konnte. Im großen Zimmer war ein Herd, der als Heizung diente und auf dem gekocht wurde. Eine Küche gab es nicht, auch keine Wasserleitung. An der Außenwand zwischen zwei Wohnungen war ein Gulli für Schmutzwasser. Die Wohnungen waren alle zu ebener Erde. Das Dach der alten Trockenschuppen blieb erhalten und somit auch die Außenwände der Schuppen. In dem somit entstandenen Wohnblock links vom Hauptgebäude waren zwölf Wohnungen entstanden.

In dem Zwischenraum zum Hauptgebäude hin wurden sechs kleine Holzschuppen mit einem Spitzdach gebaut, von dem je eine Hälfte zu einer Wohnung gehörte. Der Holzschuppen diente als Stall, in dem auch das Plumpsklo war. Direkt neben dem Klo war ein kleiner gemauerter Schacht von 1,00 x 1,00 m und ein Meter Tiefe. Dieser Schacht wurde für die Lagerung von Kartoffeln gebraucht, um sie vor Frost zu schützen. Er hatte ein Fassungsvermögen von ungefähr zehn Zentnern.

Zwischen den Holzschuppen war noch ein großer gemauerter Aschkasten von etwa 4,00 Meter Länge, auf dem oben zwei hölzerne Luken zum Einfüllen der Asche waren. Entnehmen konnte man die Asche durch zwei Luken, die vorne angebracht waren. Es wurde hier nur Asche hineingeschüttet, denn andere Abfälle gab es nicht. Die Asche wurde im Winter auch als Streumittel gebraucht. Alles, was brennbar war, wurde zum Heizen gebraucht und die organischen Stoffe wurden an die Hühner oder Schweine verfüttert. Zwei- bis dreimal im Jahr kam die Firma Brocks mit einem offenen Pferdewagen vorbei und hat den Aschkasten geleert. Öfters brauchte er nicht zu kommen.

Zwischen zwei anderen Schuppen war eine Pumpe als einziger Wasserspender für zwei Wohnblocks. Meistens funktionierte sie nur, wenn man vorher etwas Wasser von oben hereinschüttete. Man durfte also nie das Wasser ganz verbrauchen, sonst war man schlecht dran.

Im hinteren Querblock waren sechs Wochnungen. In der Mitte des Blocks war ein großer Torbogen, der etwa einen Meter tief war. In diesem Bereich waren etwa sechs Ställe untergebracht. Von der Rückseite des Blocks im Bereich der Ställe gab es zwei Waschküchen mit einem großen Waschkessel, der auch beheizt werden konnte. Vor den Waschküchen stand wieder eine Pumpe.

Zwischen den beiden Wohnblocks im hinteren Bereich war ein großes gemauertes Becken, das mit Holzbohlen abgedeckt war und eine Luke hatte. Hier konnte jeder seinen Kloeimer entleeren, was besonders im Sommer einen schlechten Geruch hinterließ.

Im rechten Wohnblock neben dem Hauptgebäude waren auch nur sechs Wohnungen, die aber auf der Rückseite einen gemauerten Stall hatten.

Papas Rückkehr aus dem Krieg

Es war ein schöner, warmer Sommertag gewesen, als wir schon abends früh ins Bett mußten, denn Mutti wollte noch zu Endrulat nach Revensdorf fahren, um bei der Ernte zu helfen. Sie fuhr mit dem Fahrrad dorthin. Es waren ja nur drei Kilometer. Um zehn Uhr wollte sie wieder zu Hause sein. Nun konnten wir endlich mal in Ruhe in den Betten herumtoben, was wir ja sonst nicht durften. Plötzlich klopfte es am Fenster. Uns fuhr der Schreck in die Glieder. Mutti konnte es noch nicht sein. War es vielleicht Frau Clausen, weil wir so laut waren?
Ich ging ans Fenster und sah einen Mann, der in Lumpen gekleidet war. Dann kamen auch meine Schwestern zum Fenster. Wir hatten große Angst. Der Mann sagte: „Kinder, laßt mich rein, ich bin euer Papa." Hilde holte das Bild von Papa, das auf dem Nachtschrank stand. Der Mann sah dem Bild etwas ähnlich, und wußte so viel von uns. Es mußte Papa sein. Ich ging dann zur Haustür und ließ ihn rein.

Er hatte sehr schlechtes Zeug an und war ganz abgemagert. Ob er uns in die Arme nahm, daran kann ich mich nicht mehr erinnern. Aber ich glaube eher nicht. Wir erzählten ihm, daß Mutti nach Endrulat gefahren wäre und wohl bald nach Hause käme. Papa interessierte mehr, was es zu essen gab. Auf dem Herd stand ein großer Topf mit Erbsensuppe, die Mutti gekocht hatte und für drei Tage reichen sollte. Papa machte sich darüber her und wollte gar nicht mehr aufhören zu essen. Wir standen um ihn herum und staunten, wieviel ein Mann essen konnte. Nach kurzer Zeit war der Topf leer. Dann hat er noch ein halbes Schwarzbrot gegessen.

Heini Mordhorst ist nach Revensdorf gefahren und hat Mutti geholt. Als Mutti reinkam, nahm Papa sie in den Arm, aber es war keine so freudige Begrüßung, wie man annehmen müßte. Mutti fing an zu weinen und ging mit Papa ins Schlafzimmer. Papa fing an zu schimpfen und wurde etwas laut. Ich dachte, es ging um die vielen Zigaretten, die Papa geschickt hatte und die Mutti für Holz und Essen eingetauscht hatte. Der Nachtschrank war fast leer.

Erst später erfuhr ich, daß Mutti ihm gebeichtet hat, daß sie schwanger war. Ich wundere mich heute noch, daß es keinen größeren Krach gab und Papa es scheinbar so weggesteckt hat. Das war aber in Wirklichkeit nicht so. Papa hat ihr gesagt, daß das Kind nicht im Haus bleiben kann. Er wollte es auf gar keinen Fall haben. Da das Kind noch nicht geboren war, beruhigten sie sich bald wieder, aber es lag immer eine Spannung in der Luft und sie sprachen sehr wenig miteinander. Das haben wir als Kinder auch schon mitbekommen.
In den nächsten Tagen hat Papa uns von seinen Erlebnissen im Krieg erzählt und wie er zum Schluß in Gefangenschaft gekommen war. Sie sind von den Russen eingekesselt worden. Einen ganzen Tag lang wurden die deutschen Soldaten auf Lastwagen verladen und abtransportiert. Es waren aber so viele, daß sich der Abtransport bis in die Nacht hinzog. Als es dunkel wurde, konnte er mit einem Freund fliehen. Sie konnten im Schutz einer Ackerfurche aus dem Kessel herauskriechen und hatten Glück, daß sie niemand bemerkt hat.

Als sie nach einigen Tagen, froh und glücklich über ihre Flucht, eine Straße entlangmarschierten, wurden sie von den Engländern erwischt. Sie waren unvorsichtig geworden, weil sie glaubten, schon in Freiheit zu sein. Die englischen Soldaten brachten sie in ein englisches Gefangenenlager. Das war zwar besser als bei den Russen, aber die Engländer waren auch nicht darauf vorbereitet, so viele Gefangene zu versorgen.

Es begann eine sehr schlimme Hungerzeit. Sie bekamen das Essen nur grammweise zugeteilt, gerade so viel, daß sie nicht verhungerten. Aber viele, die nicht so gesund waren, sind trotzdem gestorben. Papa hat ein kleines Notizbuch mitgebracht, in dem er alles aufgeschrieben hat, was ihnen an Lebensmittel zugeteilt worden war. Es war so wenig, daß wir uns gewundert haben, daß er es überlebt hat. Leider ist dieses Notizbuch verlorengegangen.
Es lag viele Jahre lang in der Nachttischschublade und wir haben oft darin gelesen und uns gewundert.
Schon bei den Russen sind ihm die Lederstiefel abgenommen worden und er mußte dafür die alten Gummistiefel des Russen anziehen. Das hatte auch für uns später schlimme Folgen. Im Spätsommer 1945 wurde Papa aus der englischen Gefangenschaft entlassen.
Er hatte die alten Gummistiefel immer noch an und hatte dadurch einen schlimmen Fußpilz bekommen und uns Kinder damit angesteckt. Wir bekamen die Krankheit zwar nicht an den Füßen, dafür aber auf dem Kopf. Das war besonders schlimm. Die ganze Kopfhaut war dick voll Eiter und ganz weich, wenn man daraufdrückte. Hilde hatte es besonders schlimm erwischt. Bei ihr verlief die eitrige Entzündung hinter dem rechten Ohr runter bis zur Schulter. Mutti hat immer alles dick mit Zinksalbe eingeschmiert und mit einem Kopftuch verbunden. Es hat Wochen gedauert, bis alles wieder abgeheilt war.

Unser Baby Renate

Am 27.08.1945 kam die Hebamme Frau Berg zu uns, um Mutti zu untersuchen. Als sie wieder aus dem Schlafzimmer kam, sagte sie uns: „Es ist soweit, ihr werdet heute noch ein Baby bekommen." Uns war die Sache nicht so recht klar, denn wir hatten so etwas noch nie erlebt. Uns wurde bisher immer erklärt, daß der Klapperstorch die Kinder bringen würde, aber nun sah das ganz anders aus. Mutti hatte uns auch nicht erzählt, was nun geschehen sollte. Wir hatten zwar bemerkt, daß Mutti etwas dicker geworden war, aber was es damit auf sich hatte, erzählte sie uns nicht.

Erst gegen Abend wurde es ernst. Mutti, Papa und die Hebamme verschwanden im Schlafzimmer und verschlossen die Tür. Wir mußten in der Küche warten, denn ein Kinderzimmer hatten wir ja nicht. Während Hilde und Trautchen am Fenster standen und noch immer nach dem Klapperstorch Ausschau hielten, machte ich mir doch schon Gedanken darüber, was dort im Schlafzimmer wohl geschehen würde.

Nach einer unendlich langen Zeit kam ein Babygeschrei aus dem Schlafzimmer und eine Weile später kam Frau Berg und sagte: „Kinder, der Klapperstorch war gerade da und hat euch ein Schwesterchen gebracht, ihr dürft nun reinkommen und es begrüßen." Voller Erwartung stürmten wir ins Schlafzimmer. Da lag Mutti im Bett und hatte ein ganz kleines Baby im Arm. Mutti sah irgendwie glücklich aus und nicht mehr so verweint wie in den letzten Tagen. Sie sagte: „Euer Schwesterchen heißt Renate."

So richtig freuen konnte Mutti sich aber nicht, weil sie daran denken mußte, daß Papa das Kind auf keinen Fall behalten wollte. Die ganze letzte Zeit hatte er ihr sehr zugesetzt. Es gab oft Streit, was wir bisher nicht kannten. Ich kann es mir heute sehr gut vorstellen, wie sehr Mutti darunter gelitten hat. Papa ging sogar so weit, wann immer er in die Nähe des Babys kam, es zum Weinen zu bringen. Es waren keine Quälereien, aber viele kleine

Dinge, die ein Baby nicht zur Ruhe kommen ließen.
Früher war es so üblich, daß ein Kaufmann nicht nur ein Kaufmann war, sondern auch eine Begegnungsstätte, in der man sich unterhielt und alle Neuigkeiten erfuhr, die sich in der näheren Umgebung ereigneten. So war es auch bei Kaufmann Hamann bei dem wir immer einkauften. Auf diese Weise ist es dann auch bekannt geworden, welche Schwierigkeiten Mutti zu Hause hatte. Auf der anderen Straßenseite von Kaufmann Hamann wohnte eine Familie Tank, die gerade eine große Tragödie hatte erleiden müssen. Die Frau hatte fast zur gleichen Zeit wie Mutti ein Kind geboren, das kurz danach gestorben ist. Als sie nun von den schrecklichen Verhältnissen bei uns erfuhren, schöpften sie wieder Hoffnung. Sie setzten sich mit meinen Eltern in Verbindung und baten darum, das Baby zu bekommen. Papa war natürlich gleich damit einverstanden, aber Mutti weinte und wollte nichts davon wissen.

Es begann nun wieder eine schreckliche Zeit, in der Mutti viel zu leiden hatte.
Jeden Tag gab es Streit, bis Mutti langsam zu der Erkenntnis kam, daß es so nicht länger weitergehen konnte, sie mußte sich damit abfinden, sich von Renate zu trennen, da sie ja auch eine Verantwortung gegenüber uns hatte. Das konnte nicht alles kaputtgehen.So entschloß sie sich noch einmal mit der Familie Tank zu sprechen.

Auf dem Weg dorthin quälten sie viele Gedanken und Zweifel kamen auf, ob das alles so richtig sei.Noch so mit ihren Gedanken beschäftigt, stand sie plötzlich vor der Haustür der Familie Tank und klopfte an. Frau Tank öffnete die Tür und war freudig überrascht. Sie bat Mutti, doch hereinzukommen. Beide zeigten ihr dann das Kinderzimmer, das sie für ihr Baby eingerichtet hatten. Es war wunderschön und es fehlte an nichts. Mutti war sichtlich berührt und wußte sofort, daß es hier ihrer kleinen Renate besser gehen würde als bei uns zu Hause und das war ja das Wichtigste. Nach einem langen Gespräch willigte sie schließlich ein, ihnen ihr Baby zu geben. Sie war innerlich glücklich, daß sich nun doch alles zum Guten gewandt hatte. Sie mußte der Familie Tank versprechen, niemandem etwas über diese Vereinbarung zu erzählen und auch keinen Kontakt mit ihnen aufzunehmen. Auch uns hat Mutti dieses Versprechen abgenommen. Wir haben uns auch alle daran gehalten. Nur Mutti selbst nicht so ganz. Sie hat Renate zu jedem Geburtstag ein kleines Geschenk gemacht, natürlich anonym.

Ich glaube, Renate war nur vier Wochen bei uns, als wir sie schon wieder abgeben mußten. Es war ein schöner, sonniger Tag, als Mutti alles für den Abschied vorbereitet hat. Wir hatten noch den alten, weißen Korbkinderwagen, den Mutti zurecht machte und unser Baby hineinlegte. Wir durften sie noch bis zur Ziegelei begleiten. Aber dann mußten wir wieder nach Hause gehen. Es war wohl der schwerste und traurigste Weg ihres Lebens, den meine Mutter zu bewältigen hatte. Nach zwei Stunden kam sie wieder zu Hause mit dem leeren Kinderwagen an. Wir Kinder hatten diese Sache bald wieder vergessen, denn wir hatten noch gar nicht so eine richtige Beziehung zu unserer neuen Schwester gefunden. Mutti hat diese Tragödie aber nie vergessen.

Das Feuerwerk

Hannes Matzen, der ein Freund von Heini Mordhorst war, ist es gelungen, in das Ersatzteillager der Engländer einzudringen. Er fand im Drahtgitter eine Stelle, die nicht richtig befestigt war und Herr Seidel hatte dies bei seinen täglichen Kontrollgängen übersehen. Durch kräftiges Ziehen am Gitter entstand ein kleiner Spalt, durch den er sich noch hindurchzwängen konnte. Nun konnte er in aller Ruhe das Lager durchstöbern, ohne von außen gesehen zu werden. Er suchte nach den Knallnieten, die schon einige Jungs vor ihm gefunden hatten. Nach einer Weile fand er die Kartons, von denen schon viele aufgerissen waren. Da waren sie nun in vielen Farben und Größen, ein herrliches Spielzeug, aber auch sehr gefährlich. Es waren nämlich Hohlnieten, die mit Sprengstoff gefüllt waren. Hannes hatte einen kleinen Beutel mitgebracht, in den fast zwei Kilo

Nieten hineinpaßten. Bis jetzt ging alles gut, aber wieder ungesehen herauszukommen war nicht ganz einfach. Er mußte noch eine ganze Weile im Lager ausharren, bis die Luft rein war.

Voller Stolz kam er bei uns an und präsentierte Heini seine Beute. Die beiden beratschlagten nun, wie man die Nieten am besten zur Explosion bringen könnte. Da hatte Heini eine Idee. Er sagte: „Wir machen ein Feuer und werfen die Nieten hinein. Das wird sicher ein tolles Feuerwerk." „Und dann", sagte Hannes, „fliegen uns die Nieten um die Ohren." „Nein", meinte Heini, „wir machen es im alten Brennofen, dort wo unser Bunker war."

Am Eingang des Bunkers war an der Decke des Gewölbes ein etwa fünfzig Zentimeter großes Loch. „Das ist der ideale Platz", meinte Hannes, „wir machen genau unter dem Loch ein Feuer und werfen von oben die Knallnieten hinein, dann kann uns nichts passieren." Wir besorgten uns von Clausen einen Haufen Stroh und Heini steckte es an. Es war ein schönes, großes Feuer, das allein schon ein schöner Anblick war. Dann kletterten wir alle auf das

Brennofengewölbe und Hannes schüttete eine halbe Konservendose Knallnieten ins Feuer. Das war eine tolle Knallerei. „So, das ist erst der Anfang", sagte Hannes. Lauter wurde es, als Hannes eine ganze Dose Knallnieten ins Feuer schüttete. „Jetzt das Finale", sagte er und schüttete den ganzen Rest ins Feuer. Die Knallerei hörte sich an wie Maschinengewehrfeuer. Ein tolles Erlebnis! Wir waren begeistert. Heini meinte: „Das müssen wir unbedingt noch einmal wiederholen."

Das Ersatzteillager der Engländer

Das Ersatzteillager der Engländer auf der Ziegelei war schon seit einiger Zeit nicht mehr so stark bewacht. Sie kamen nur noch einmal in der Woche mit zwei Panzern und ein paar Soldaten zur Kontrolle. In der Woche hatte Herr Seidel, der in der Baufirma Jöhnk im Büro gearbeitet hatte und auf der Ziegelei im Haus von Jeschke wohnte, die Aufsicht über das Lager. Da Herr Seidel aber tagsüber arbeiten mußte, war auch niemand da, der etwas kontrollieren konnte.
Das war die Zeit, als viele Leute versuchten, irgendwie ins Lager zu gelangen. Das war auch nicht sehr schwer, denn die Außenwände bestanden ja nur aus Drahtgitter. Wenn mal irgendwo ein Loch war, wurde es auch gleich ausgenutzt, um etwas aus dem Lager herauszuholen. Abends mußte Herr Seidel dann das Loch wieder verschließen. Dies hatte aber nicht viel genützt. Am nächsten Tag war wieder woanders ein Loch.

Es gab dort ja auch eine Menge Dinge, die jeder gebrauchen konnte, denn zu kaufen gab es ja nichts und Geld hatte sowieso niemand. Es gab sogar ganz Mutige, die sich die stabilen Aluminiumpfosten und die fünf Zentimeter breiten Aluminiumbänder herausholten, um sich davon einen Hühnerhagen zu bauen. Überall tauchten plötzlich Handtaschen auf, die aus den farbigen Kabelschläuchen geflochten waren. Das fiel natürlich auf.

Für uns Kinder waren die vielen Kleinteile viel interessanter. Es gab dort etwa zwanzig Zentimeter lange gebogene Aluminiumteile. Wenn man diese in die Luft warf, drehten sie sich wie Propeller und segelten sehr weit wie ein Bumerang, aber sie kamen nicht wieder zurück. Es flogen somit unendlich viele dieser Metallteile auf die Wiese von Bauer Raabe. Das brachte uns viel Ärger ein, weil er seine Wiese nicht mehr mähen konnte. Wir mußten sehr aufpassen, daß wir nicht erwischt wurden, aber Spaß machte es trotzdem.

Mit der Zeit nahmen die Diebstähle derart zu, daß Herr Seidel die Hilfe der Polizei in Anspruch nehmen mußte, um dem ein Ende zu machen. Dies wurde allerdings vorher bekannt, so daß alle Leute ihren Hühnerhagen noch rechtzeitig abreißen konnten. Die Sachen wurden in aller Eile irgendwo vergraben. Als die Polizei dann erschien, konnte sie niemand mehr finden, der etwas geklaut hatte. Die Engländer gaben dann auch bald ihr Lager wieder auf und in dem Gebäude wurden dann noch einige Wohnungen eingebaut.

Der Marder

Es war an einem Wochende, als Mutti und Papa beschlossen, mal wieder ins Kino zu gehen. Da gab es dann auch noch viele Dinge zu besprechen, was wir alles tun mußten während ihrer Abwesenheit und wie wir uns zu verhalten hatten. Wie zum Beispiel nicht so laut zu sein, nicht in den Betten zu toben, nicht so spät ins Bett zu gehen und nicht zu zanken. Ich hatte noch einen speziellen Auftrag. Wenn es dunkel würde, sollte ich die Luke vom Hühnerstall zumachen, damit kein Marder oder Fuchs die Hühner töten könnte. Wir versprachen alles zu tun, was Mutti und Papa angeordnet hatten.

Wir durften aber noch bis zum Dunkelwerden draußen spielen. Wie das so ist, hatten wir auch bald alles vergessen, was die Eltern gesagt hatten. Als wir dann reingingen, haben wir noch eine Zeitlang in den Betten herumgetobt, bis wir müde wurden. Den Hühnerstall hatte ich natürlich total vergessen. Das sollte noch schwere Folgen haben.

Als Mutti und Papa um Mitternacht wieder nach Hause kamen, war Papas erster Weg zum Hühnerstall. Eine böse Überraschung wartete auf ihn. Schon auf dem Weg dorthin fand er zwei verletzte Hühner, die ängstlich unter einem Busch saßen, und viele Federn auf dem Weg zum Hühnerstall. Jetzt war alles klar. Der Marder war im Hühnerstall. Als er die Tür öffnete, bot sich ihm ein grauenhaftes Bild. Sechs tote Hühner lagen auf dem Boden und alles war voll Federn und Blut.

Papa drehte sich um und rannte hinauf zur Wohnung, riß die Tür auf und rief: „Alle Hühner sind weg. Weck die Kinder auf, wir müssen die Hühner suchen."
Wir wurden aus dem Schlaf gerissen und mußten uns in aller Eile anziehen.
Papa hatte zwei Taschenlampen und erklärte uns, wie wir vorgehen müßten. Er sagte: „Wir müssen die ganze Gegend absuchen. Die Hühner werden irgendwo verschreckt am Boden sitzen. Im Dunklen haben sie Angst und laufen auch nicht weg." Das war auch so.

Manche Hühner waren bis auf Köpkes Koppel gekommen. Nach und nach haben wir von den 27 Hühnern noch 20 lebend gefunden. Wir brauchten sie nur einzusammeln, sie liefen nicht weg, so verängstigt waren sie. Sechs tote Hühner lagen im Stall, also fehlte noch ein Huhn. Papa sagte: „Das werden wir wohl morgen finden, nun ab ins Bett." Gewundert haben wir uns, daß Papa überhaupt nicht geschimpft hat, und bestraft wurden wir auch nicht.

Am anderen Morgen haben wir dann noch den letzten fehlenden Hahn gesucht. Am Ausfluß des großen Teiches direkt am Weg fanden wir sogar eine ganze Menge Federn. Es waren die Federn von dem kleinen schwarzweiß gesprenkelten Zwerghuhn. Hier hatte der Marder es gefressen. Die anderen Hühner hatte er in seinem Blutrausch nur getötet. Da kann man mal sehen, was alles passieren kann, wenn man einmal nicht aufgepaßt und seine Pflichten nicht erfüllt hat.

Weihnachtsvorbereitungen

Es war Weihnachten 1945, als ich bei den Weihnachtsvorbereitungen mithelfen durfte. Weil ich etwas älter war als meine Schwestern, durfte ich auch immer etwas länger aufbleiben. Ich mußte versprechen, daß es ein Geheimnis bleiben mußte. Das war für mich auch kein Problem, hatte ich doch nur Vorteile dadurch, und Freude machte es auch. Papa war von Beruf Bauschlosser und wollte darum für die Mädchen eine Puppenwiege aus Aluminium bauen. Sie durfte aber nicht so klein werden, denn es mußten darin ja zwei Puppen schlafen.
Nun tauchte die Frage auf, woher das Material dafür zu bekommen wäre? Zu kaufen gab es ja nichts. Da bot sich das Ersatzteillager der Engländer auf der Ziegelei an. Hier gab es einfach alles von Aluminiumplatten bis zur Farbe, sogar eine Metallsäge hat er dort gefunden. Die Wiege sollte 60 cm lang, 30 cm breit und 40 cm hoch werden. Papa zeichnete alle fünf Teile auf die Aluminiumplatten

auf und hat sie dann mit der Metallsäge ausgesägt. Ich durfte die Kanten mit einer Pfeile rundmachen. Danach wurden die Kanten noch mit Sandpapier schön glatt gemacht. Papa hat dann noch eine Menge Löcher gebohrt, damit die Teile mit Hilfe von schmalen Metallwinkeln und Schrauben zusammengeschraubt werden konnten. Dabei durfte ich auch mithelfen. Es machte viel Spaß.

Es ist eine sehr schöne, stabile Wiege geworden. Nun fehlte nur noch die Farbe. Rot und hellblau standen zur Verfügung. Papa entschloß sich, die Wiege hellblau anzumalen. Wir haben den Fußboden mit Zeitungspapier abgedeckt und dann ging es los. Ich bekam auch einen kleinen Pinsel und durfte mithelfen. Die ganze Küche roch nach Farbe. Am nächsten Tag kamen die Verschönerungen mit roter Farbe an die Reihe. Alle Kanten bekamen eine schmale Einfassung und vorne und hinten ein großes Herz. An den beiden Seiten hat Papa je drei kleine Herzen gemalt. Die Wiege sah toll aus.
Die Mädchen würden bestimmt begeistert sein. Nun fehlten noch die Kissen, die hat Mutti genäht. Trautchen hatte eine kleine Stoffpuppe, die hieß Anna, und Hildes Puppe war auch aus Stoff, sie hatte aber einen Kopf aus Zelluloid und hieß Clara. Da es keine neuen Puppen geben konnte, wurden sie von Mutti neu eingekleidet,

das konnte sie sehr gut. Sie sagte: „Puppenkleider zu nähen ist viel leichter als für euch etwas zu nähen." So, für meine Schwestern war nun gesorgt, aber was bekam ich? – Ich mußte noch bis Weihnachten warten, aber ich habe auch etwas bekommen. Einen Lastwagen mit Anhänger aus Holz. Das war mein schönstes Weihnachten, an das ich mich erinnere. Wahrscheinlich gab es in den anderen Jahren keine besonderen Erlebnisse, die es hätten rechtfertigen können, nicht vergessen zu werden.

Vorbereitung für den Schulanfang

Zu Ostern 1946 sollte ich zur Schule kommen. Was das bedeutete, konnte ich mir noch nicht so recht vorstellen, genauer gesagt, ich hatte Angst davor denn Mutti sagte, man müsse dann jeden Tag dorthin gehen. Jeden Tag von zu Hause weg, das klang beängstigend. Erst als Heini Mordhorst, der schon länger zur Schule ging, erklärte, daß man schon zum Mittag wieder nach Hause gehen darf, verlor sich meine Angst allmählich. Als er dann noch sagte, daß man am Sonntag überhaupt nicht zur Schule müsse, sondern frei hätte, begann ich doch langsam, mich auf die Schule zu freuen.

Ich wollte dann auch alles über die Schule wissen. Heini zeigte mir ein Bild von der Ziegelei mit dem großen Schornstein, das er selbst gezeichnet hatte. „So etwas lernt man in der Schule im Zeichenunterricht", sagte Heini.

Er erzählte mir auch, was man alles für die Schule brauchte. Mutti wußte aber nicht, woher sie das Geld nehmen sollte, all diese Dinge zu kaufen. Da sagte Heini: „Ich hab noch alles, was man für den Schulanfang braucht. Ich werde mal meine Mutter fragen, ob ihr die Sachen haben könnt, denn ich brauche sie sowieso nicht mehr." Frau Mordhorst stimmte zu und Mutti war überglücklich, brauchte sie sich nun keine Sorgen mehr zu machen. Heini suchte dann alles zusammen, was er noch so hatte.

Zuerst war da sein alter Schulranzen aus Leder. Der war aber schon so alt, daß er wie ein altes Erbstück aussah. Das war er wohl auch. Das Leder war so zerknittert und rissig, daß es ganz weich war. Mutti sagte: „Das macht nichts, wir werden daraus schon etwas machen, daß du stolz darauf sein kannst." Sie hat den Schulranzen dann mehrere Male mit schwarzer Schuhcreme geputzt und mit einem Lappen sorgfältig abgerieben, damit er schön blank wurde und nicht mehr abgefärbt hat. Mutti war auch sehr stolz auf ihr gelungenes Werk und meinte, daß es bestimmt nicht viele Kinder gäbe, die überhaupt so einen Schulranzen hätten.
Dann hatte Heini noch eine Schultafel und einen Griffelkasten, in dem zwei Griffel lagen. Die Griffel waren aus Schiefer, um damit auf der Tafel schreiben zu können. Die Tafel war auch aus Schiefer mit einem Hozrahmen, der die Schieferkanten schützte. Heini sagte: „Du mußt immer schön aufpassen, daß die Tafel nicht herunterfällt, denn sie geht sehr leicht kaputt." An der rechten Seite des Holzrahmens war ein Loch, wo ein Stück Band befestigt war, an deren Ende ein kleiner Lappen hing, der immer naß sein mußte. Mit diesem nassen Lappen konnte man die Schrift von der Schiefertafel wieder abwischen. Wenn man die Schiefertafel in den Schulranzen steckte, mußte der nasse Lappen immer draußen hängen, damit nicht unbeabsichtigt die gemachten Hausaufgaben wieder ausgelöscht werden konnten.

Ich habe den Schulranzen dann einmal ausprobiert und auf den Rücken geschnallt. Ich war sehr stolz und wäre am liebsten gleich zur Schule gegangen. Meine Schestern waren neidisch und wollten auch einen Schulranzen haben. Mutti sagte:"Das geht leider nicht, ihr müßt schon noch ein wenig warten, bis ihr an der Reihe seid."

Mein erster Schulanfang

Es war kurz nach Ostern, ein schöner Tag mit nur wenigen Wolken und geregnet hat es auch nicht. Nur etwas kühl war es. Darum durfte ich meine neue Joppe anziehen, die schön warm war. Die Schuhe waren blank geputzt, genauso wie mein schöner neuer (alter) Schulranzen. Mutti sagte: „Wir sollten uns um zehn bei der Schule einfinden. Wir werden aber schon um neun Uhr losgehen, denn wir haben einen langen Weg vor uns. Es ist immer besser, wenn man etwas früher ist. Das mußt du dir gut merken, zur Schule darf man nie zu spät kommen, das mögen die Lehrer gar nicht gern."

Endlich ging es los. Ich war schon ganz aufgeregt, weil ich nicht wußte, was mich erwartete. Bis zur Kieler Chaussee kannte ich den Weg ja schon, aber weiter war ich noch nie gekommen. Nun ging es rechts herum, ein Stück die Chausse entlang bis zum Landkrug. Hier war eine Hengststation, wo gerade ein schöner Hengst an der langen Leine im Kreis herumlief. Wir blieben noch einen Augenblick stehen und bewunderten die schönen Pferde. Weiter ging es dann

links herum in die Herrenstraße, bis wir endlich zur Schulstraße kamen, wo das große Schulgebäude war.
Es war ein altes Haus mit großen Fenstern. Zu der großen zweiflügeligen Eingangstür im Hochparterre führte eine sehr breite und lange Steintreppe empor. Hier hatten sich bereits viele Mütter und einige Väter mit ihren Kindern eingefunden und warteten darauf, was nun geschehen würde.

Ich hatte zuvor noch nie so viele Kinder zusammen gesehen. Es war überwältigend. Auch Elsa war mit ihrer Mutter gekommen. Manche Kinder, aber längst nicht alle, hatten eine große Schultüte im Arm. Das waren die Kinder der Geschäftsleute. Ich fragte Mutti, warum nicht alle Kinder eine Tüte bekommen haben. Mutti sagte: „Die meisten Eltern, und zu denen gehören wir auch, haben nicht so viel Geld, um eine Tüte kaufen zu können."

Ob Elsa eine Schultüte bekommen hat, weiß ich nicht mehr. Es hat mich dann auch nicht länger beschäftigt, denn wir waren ohnehin nicht verwöhnt.

Nun erschien der Schuldirektor Herr Jessen auf der großen Treppe und hat uns alle begrüßt. Dann hielt er eine lange Rede, die ich nicht ganz verstanden habe. Es ging wohl darum, was uns nun erwartete und daß wir keine Angst haben müßten. Die Schulzeit wäre eine schöne Zeit und würde uns viel Freude machen.
Hinter dem Rektor hatte sich in der Zwischenzeit ein Mädchenchor aufgestellt. Sie sangen schöne Lieder. Das erste Lied hieß „Rosenstock, Holderblüh" und das zweite „Geh aus mein Herz und suche Freud". Das hörte sich sehr schön an und alle waren begeistert. Die beiden Lieder sind nie aus meinem Gedächtnis verschwunden. Immer wenn ich an meinen ersten Schultag denke, fallen mir auch diese Lieder wieder ein.

Dann hat der Rektor die Lehrer vorgestellt, die eine neue Schulklasse bekommen sollten. Danach wurden alle Namen von uns Kindern aufgerufen und dem entsprechenden Lehrer zugeteilt. Elsa und ich kamen in die Klasse, die der Rektor Jessen leiten wolllte. Wir mußten uns in zweier Reihen aufstellen und dem zugeteilten Lehrer in den vorbestimmten Klassenraum folgen. Herr Jessen führte uns in den ersten Klassenraum gleich links.

Es war ein großer, hoher Raum mit vier großen Fenstern. Vorne an der Wand war eine riesengroße, schwarze Schultafel. Sie sah genauso aus wie meine Schultafel, nur viel größer. Davor stand der Schreibtisch des Lehrers. An der rechten Wand stand ein großer Kachelofen, der fast bis zur Decke reichte. Die Schulbänke, auf denen jeweils zwei Kinder sitzen konnten, waren mit dem Tisch verbunden. Mitten auf dem Tisch war ein Loch, in dem ein Tintenfaß steckte. Was es damit auf sich hatte, haben wir erst später erfahren. Der Fußboden bestand aus alten, dunklen Holzbrettern, die gebohnert waren, deshalb roch es auch so eigenartig in der Klasse.

Unsere Mütter durften auch mit in die Klasse kommen, denn es mußte ja allerhand aufgeschrieben werden, was wir noch nicht konnten. Gelernt haben wir an diesem Tag noch nichts. Es war auch so schon genug, was wir alles erlebt hatten, und das mußte erst einmal verdaut werden. Am nächsten Tag sollten wir wieder um zehn in der Schule sein und der erste Unterrricht würde dann zwei Stunden dauern, sagte Herr Jessen. Mutti hat mich dann noch eine Woche lang zur Schule gebracht, damit ich mich an den Schulweg gewöhnen konnte. Die Schule hat mir viel Spaß gemacht, war es doch ein ganz neuer Abschnitt in meinem Leben.
Besonders habe ich mich gefreut, wenn der Hausmeister die große Glocke geläutet hat, die im Flur an der Wand hing. Die Glocke läutete viel, zum Schulanfang, zum Anfang und Ende jeder Pause und zum Ende des Schultages, was dann immer besondere Freude auslöste.

Ein Winter ohne Schule und die schönen Abende mit Elsa

In diesem Jahr schien es, als ob der Winter früher kommen würde als sonst.
Schon im Oktober regnete es nur noch und im November wurde es auch sehr kalt. Es wurde immer problematischer zur Schule zu gehen, da mein Schulweg auch ziemlich lang war. Ich hatte keine richtigen Winterschuhe, sondern nur Sommerschuhe mit einer dünnen Sohle und zu klein waren sie auch schon inzwischen geworden. Jeden Tag kam ich mit naßen und kalten Füßen nach Hause und eine Erkältung löste die andere ab. Mutti sagte: „So geht das nicht weiter, der Junge muß unbedingt neue Schuhe haben, so kann ich ihn nicht mehr zur Schule schicken."
Nun war das aber nicht so einfach. Man konnte nicht einfach so ins Geschäft gehen und Schuhe kaufen. Dazu brauchte man einen Bezugsschein und der wurde von der Gemeinde ausgestellt. Mutti mußte also den schweren Weg zur Gemeinde machen. Leicht fiel ihr dieser Weg nicht, denn es kam ihr vor wie ein Bettelgang. Auf dem Gemeindeamt angekommen, fragte sie nach einem Bezugsschein für ein paar neue Schuhe. Das wurde aber abgelehnt mit der Begründung, daß sie Bezugsscheine nur für Flüchtlinge ausstellen dürften. Da wir aber zu den Einheimischen gehörten, könnten wir keinen Bezugsschein erhalten. Mutti war erschrocken über diese Antwort. Alles Bitten half nichts, der Beamte ließ sich nicht überreden.

Mutti ging dann zum Schuldirektor, bei dem ich unterrichtet wurde, und erklärte ihm die Situation. „Unter diesen Umständen kann ich mein Kind unmöglich zur Schule schicken", sagte sie. Der Schulleiter war auch erschüttert über solche Verhältnisse, aber er hatte keine Möglichkeit, daran etwas zu ändern. Darum stimmte er zu, daß ich, so lange der Winter dauerte, vom Schulunterricht befreit würde. Er sagte zu Mutti: „Damit Ihr Sohn aber nicht ganz ins Hintertreffen gerät, werde ich Elsa Clausen jeden Tag einen Bericht mitgeben, über die Dinge, die wir in der Schule durchgenommen haben und welche Hausaufgaben zu machen sind. Ihre Aufgabe ist es dann, die Aufgaben mit Ihrem Sohn zu üben und die Hausaufgaben Elsa Clausen wieder mitzugeben. Es wird schon gutgehen, verlieren sie nicht den Mut."

Mutti war sehr erleichtert, daß der Schulleiter so viel Verständnis für unsere Lage hatte. Elsa hat dann auch jeden Tag die Sachen für mich mitgebracht.
Ich habe dann schon immer im Flur auf sie gewartet. Sie hatte sich richtig gefreut, daß sie mir helfen durfte. Wir sind dadurch richtige Freunde geworden.
Wir haben uns auch für den Abend verabredet, an dem Elsa dann zu uns rüberkam und wir zusammen Schulaufgaben gemacht haben und das kam so: Mutti ging öfters mit Leni Mordhorst am Abend zum Tanzen. Papa hatte keine Lust dazu und schlief lieber auf dem Sofa. Weil Papa seine Ruhe haben wollte, mußten wir dann schon um sieben Uhr ins Bett. Da ich etwas älter war, durfte ich auch länger aufbleiben als meine Schwestern. Das ging an solchen Tagen nicht.

Ich mußte auch mit ins Bett. Was machen? Elsa wollte doch kommen und ich im Bett? Das ging nicht. Ich mußte mir was einfallen lassen, meine Schwestern zum Einschlafen zu bringen, aber wie? Sie waren immer so sehr munter. Da versprach ich ihnen dann, ihnen viele schöne Sachen zu schenken, wenn sie ganz schnell einschlafen würden. Das war nicht einfach. Einmal war es eine neue Puppe, ein Puppenwagen, ein Roller, ein Ball und sogar ein Fahrrad. Alles würde natürlich aus Schokolade sein.

Mir ist heute noch nicht klar, wie ich es immer geschafft habe, daß sie eingeschlafen sind. Zum Glück hatten sie am Morgen alles vergessen. Nun aber raus aus dem Bett, Elsa würde bestimmt schon warten. Es dauerte dann auch nicht lange, bis ich ein leises Klopfen an der Tür hörte. Es waren immer schöne Abende. Wenn wir keine Lust hatten, Schularbeiten zu machen, haben wir Malbücher ausgemalt. Papa schlief immer so fest, daß er davon überhaupt nichts mitgekriegt hat. Bis halb neun durfte Elsa immer bleiben.

So ging der Winter langsam zu Ende. Alles in allem war es doch eine schöne Zeit.
Im März versuchte es Mutti noch einmal. Denn neue Schuhe brauchte ich auf jeden Fall. Die alten Schuhe waren mittlerweile auch viel zu klein geworden. An einem Vormittag sagte Mutti zu uns: „Zieht euch an, wir wollen heute zur Gemeinde gehen und noch einmal versuchen, Schuhe für Euch zu bekommen."
Im Gemeindehaus angekommen, sagte Mutti zu dem uns begrüßenden Beamten: „Ich brauche dringend ein paar neue Schuhe für meine Kinder und hätte gerne einen Bezugsschein." „Das kann ich nicht machen", sagte der Beamte. „Sie sind leider kein Flüchtling." „Das hatten wir schon", sagte Mutti, „aber heute werden sie mich so einfach nicht los. Ich gehe hier nicht eher weg, bis Sie mir den verdammten Bezugsschein geben."

„Es geht einfach nicht", wiederholte der Beamte. „Das werden Sie schon sehen, was geht und was nicht geht", sagte Mutti und setzte uns drei Kinder auf seinen Schreibtisch. „So", sagte Mutti, „die Kinder bleiben hier so lange sitzen, bis ich den Bezugsschein bekomme, und wenn es bis morgen dauert."

Wütend verließ der Beamte sein Büro und ließ sich auch nicht wieder sehen. Zwei Stunden saßen wir schon auf dem Schreibtisch und nichts geschah. „Wir müssen Geduld haben", sagte Mutti. „Es wird schon alles gut werden." Endlich nach drei Stunden kam ein anderer Beamter ins Zimmer mit einem Bezugsschein in der Hand. „Tut mir leid, daß Sie so lange warten mußten", sagte er. „Ich möchte mich für meinen Kollegen entschuldigen, aber er ist eben so wie er ist, da können wir auch nichts dagegen tun." Mutti war überglücklich, daß sie ihr Ziel erreicht hatte und wir endlich unsere Schuhe bekamen. Nun konnte ich endlich wieder zur Schule gehen. Zu Ostern ging das erste Schuljahr zu Ende und alle bekamen ein Zeugnis. Ich konnte natürlich keins bekommen, weil ich so lange gefehlt hatte. Mutti sprach dann noch einmal mit dem Lehrer und meinte, daß es wohl besser wäre, wenn ich das Schuljahr noch einmal wiederholen würde. Herr Jessen meinte aber, daß es nicht nötig wäre.
„Ihr Junge ist so gut, daß er es sicher schaffen wird." Mutti bestand aber darauf und so kam es, daß ich das Schuljahr noch einmal wiederholen mußte.

Mein zweiter Schulanfang mit Hilde und das erste Schuljahr

Dieses Mal war der Schulanfang für mich nicht so beängstigend wie beim ersten Mal, denn ich wußte schon, wie alles vonstatten ging. Aber meine Schwester Hilde war ganz schön aufgeregt, denn für sie war heute der erste Schultag. Ich tröstete sie und sagte: „Du brauchst keine Angst zu haben, du bist ja nicht allein. Mutti hat mit dem Rektor vereinbart, daß wir zusammenbleiben können." Hilde hatte noch keinen Schulranzen, darum mußte alles in meinem Ranzen verstaut werden. Wir brauchten am Anfang ja auch noch nicht so viele Sachen. Wir mußten wieder um zehn Uhr vor der Schule sein, darum machten wir uns rechtzeitig auf den Weg. Ich kannte ja schon den Schulweg, aber Mutti kam trotzdem mit. Auch Trautchen durfte mitkommen, denn sie konnte ja nicht alleine zu Hause bleiben.

Als wir bei der Schule ankamen, hatten sich dort schon viele Kinder mit ihren Mütten eingefunden. Ich dachte, ich würde schon alles kennen, aber es war trotzdem genauso aufregend wie beim ersten Mal. Als der Schulleiter, Herr Jessen, seine Begrüßungsrede beendet hatte, sang auch wieder der Mädchenchor zwei schöne Volkslieder. Es war sehr feierlich. Dann hat der Rektor die Lehrer vorgestellt und die Namen der Kinder aufgerufen, die zu dem entsprechenden Lehrer gehören sollten. Unser Lehrer hieß Herr Reese. Er stand oben auf der großen Treppe und wir mußten uns in einer Zweierreihe vor ihm aufstellen.

Als alles geregelt war, hat Herr Reese uns in unseren neuen Klassenraum geführt. Jeder konnte sich aussuchen, mit wem er zusammensitzen wollte. Ich hatte leider keine Wahl, denn ich mußte mit Hilde auf einer Bank sitzen und das ganz vorne in der ersten Reihe. Das war mir sehr peinlich, denn ich war der einzige Junge, der mit einem Mädchen zusammensitzen mußte.

Herr Reese war aber ein ganz netter Lehrer, der uns gleich von Anfang an gefallen hat. Er hatte so eine lustige Art, daß wir uns schon immer auf den nächsten Tag gefreut haben. Hilde hatte den großen Vorteil, daß ich schon vieles wußte und ihr sehr helfen konnte. Sie hat das aber auch ausgenutzt und immer von mir abgeschrieben. Das gefiel mir überhaupt nicht. Es dauerte dann auch nicht mehr lange, bis Herr Reese das gemerkt hat und Hilde zu den Mädchen gesetzt hat.

Zuerst war ich sehr glücklich darüber, aber dann mußte sich Jürgen Bornhöft zu mir auf die erste Bank setzen, damit Herr Reese ihn mehr unter Kontrolle hatte. Er war nämlich so ein Zappelphilipp, der immer viel Blödsinn machte. Das war auch nicht der wahre Jacob. Herr Reese meinte, daß meine ruhige Art auf ihn abfärben würde. Das hat aber nicht viel geholfen.

Jeden Morgen, bevor der Unterricht anfing, hat Herr Reese alle Namen aufgerufen, um festzustellen, wer fehlte. Er hatte in seinem Klassenbuch eine Liste, auf der auch alle Geburtsdaten standen. Eines Morgens sagte er: „Hilde und Klaus, ihr beide habt ja Geburtstag gehabt, warum habt ihr nichts davon gesagt? Ihr dürft heute eine Stunde früher nach Hause gehen und euren Geburtstag feiern."

Wir waren sehr erschrocken, denn Geburtstag hatten wir noch nie gefeiert. Das kannten wir überhaupt nicht. Wir waren ganz durcheinander und dachten zuerst, daß es eine Strafe wäre. Als wir nach Hause gingen, waren wir die einzigen Kinder auf der Straße. Was sollten wir schon so früh zu Hause? Das konnten wir nicht begreifen.

Da wir immer zu wenig zu essen hatten, bekamen wir auch kein Pausenbrot mit zur Schule. Das ging den meisten Kindern in dieser Zeit so. Um die Not ein wenig zu lindern, wurde die Schulspeisung eingeführt. Wir brauchten nur ein Kochgeschirr und einen Löffel mit zur Schule zu bringen. Nach Schulschluß gab es dann für jeden, der es wollte, eine warme Milchsuppe. Das war sehr schön. Endlich brauchten wir nicht mehr zu hungern.

Die Suppe wurde in großen Kübeln angeliefert und vom Roten Kreuz verteilt. Wenn noch Suppe übrig war, konnte man noch Nachschlag bekommen und mit nach Hause nehmen. Das ging mit dem Kochgeschirr sehr gut, weil es einen verschließbaren Deckel hatte. So ein Kochgeschirr hatten auch die Soldaten und es war überall billig zu bekommen.

Im Winter war es auch problematisch. Unsere Schule hatte keine Zentralheizung. In jedem Klassenraum stand nur ein großer Kachelofen, aber Heizmaterial gab es auch nicht. Jeder mußte, wenn er konnte, ein Stück Holz oder ein Brikett mitbringen. Das wurde dann neben dem Kachelofen aufgestappelt. Wer zuerst in der Schule war, fing schon an, die alte Asche auszuräumen und das Feuer anzumachen. Manchmal machte es auch der Hausmeister, aber er konnte ja nicht überall zur gleichen Zeit sein.

Oft kamen wir morgens schon naß in der Schule an, besonders die Kinder, die einen weiten Schulweg hatten wie wir. Regenzeug oder einen Regenschirm gab es nicht. Gummistiefel waren auch eine Seltenheit. Manche hatten solche Überschuhe aus Gummi, die über die Schuhe gezogen werden konnten. Das war schon eine feine Sache. Wenn wir dann durchnäßt in der Schule ankamen, wurden die nassen Sachen über die Stühle gehängt und rings um den Ofen gestellt. Auch die Schuhe versuchten wir so zu trocknen.

Die Kinder von Gut Borghorst, Jürgen Bornhöft und seine Schwestern, hatten es schon besser. Sie wurden jeden Tag mit der Pferdekutsche zur Schule gefahren und auch wieder abgeholt. Der Sohn vom Kutscher, Gerd Reimers, durfte auch mitfahren. Den haben wir immer beneidet.

Der Zigarettenapparat

Papa hatte einen kleinen Apparat, etwa zehn cm lang, in dem eine ebenso lange Lasche aus Stoff war. Damit konnte er Zigaretten drehen. Mich interessierte dieser Aparat sehr. Man konnte damit kleine Holzstöckchen mit Papier einwickeln. Als ich es mit einem Knopf versuchte, passierte es. Der Knopf war zu groß und drückte sich durch den Stoff hindurch und verursachte ein Loch in der Stofflasche.
Das war schlimm, der Apparat war kaputt. Nun war ich in Schwierigkeiten. Wie sollte ich da bloß wieder rauskommen? Ich legte den Apparat wieder an seinen Ort und wartete mit Bangen die Entdeckung ab. Eine Prügelstrafe war mir sicher.
Natürlich entdeckte Papa das Loch und wurde fürchterlich wütend. Er rief uns zusammen und verlangte von uns, den Täter zu nennen. Meine Schwestern stritten es mit Recht ab und ich sagte auch nichts. Papa wurde immer wütender. Ich hatte so große Angst, daß ich dachte, wenn ich es zugeben würde, schlüge er mich tot. Ich wußte ja, daß er mich nicht besonders mochte und ich für ihn immer nur der Bengel war.

Als er mit uns nicht weiterkam, schickte er uns ins Bett und sagte: „Ihr bleibt dort so lange, bis ihr die Wahrheit sagt." Es wurden drei Tage bei schönstem Wetter. Das war eine Qual. Es tat mir sehr leid für meine Schwestern, daß ich ihnen das antun mußte, aber meine Angst war zu groß. Zum Glück wußten meine Schwestern auch nicht, daß ich es war, sonst hätten sie mich bestimmt verraten.
Ich habe dann meine Schwestern bearbeitet, sie möchten doch sagen, daß sie es waren, sonst würden wir nie wieder aus dem Bett kommen. Sie blieben aber standhaft und taten mir nicht den Gefallen. Mutti konnte auch nichts für uns tun, obwohl sie sich sehr bemühte, Papa umzustimmen. Endlich am dritten Tag hatte sie Erfolg und Papa gab nach. Bis heute hat niemand erfahren, daß ich es war. Ich bin nicht sehr stolz auf mein Verhalten, aber die Angst war eben zu groß.

Die wild gewordenen Kühe

Frau Clausen hatte drei Kühe, die auf der Weide hinter unserem Hühnerhagen grasten. An diesem Tag war es ungewöhnlich heiß und sie hielten sich meistens im Schatten an der Grenze zu Köpkes Koppel auf. Dort waren die Sträucher sehr hoch und dicht gewachsen. Zwischen unserem Hühnerhagen und dem Zaun von Köpke war eine Pforte, auf der wir gerne herumkletterten und die Kühe beobachteten.
Die Kühe waren heute besonders unruhig und hatten ihre liebe Not mit den Fliegen, von denen sie geplagt wurden. Es lag wohl an der schwülen und heißen Luft, daß es an jenem Tag besonders viele Fliegen gab.

Plötzlich ging es los. Die Kühe sprangen und hüpften wie die Ziegenböcke, dann, wie auf Kommando, rasten sie los, mit erhobenem Schwanz immer im Kreis um die ganze Koppel. Das war ein spannendes Schauspiel. Aber plötzlich kam eine Kuh genau auf die Pforte zugerannt. Wir mußten sehen, daß wir uns in Sicherheit brachten. Die Kuh konnte nicht mehr bremsen und sprang mit einem großen, gewaltigen Satz über die Pforte, was ihr aber nicht ganz gelang, denn sie streifte mit ihrem Euter die Pforte und hat sich schwer verletzt. Der Tierarzt mußte kommen und hat das aufgerissene Euter wieder vernäht. Die Wunde ist wieder gut verheilt, so daß die Kuh nicht geschlachtet werden mußte.

Das Gespenst

Der Weg von uns ins Dorf war ein sehr einsamer Feldweg ohne Beleuchtung und von beiden Seiten durch einen hohen Knick begrenzt. Besonders am Abend war es hier sehr dunkel. Wenn Mutti mal abends spät nach Hause kam, hatte sie immer große Angst und war heilfroh, wenn sie es geschafft hatte. Sie erzählte uns, daß sie immer den Haustürschlüssel in der Hand hielt, um sich im Notfall damit wehren zu können. Zum Glück ist aber nie etwas passiert.

Mutti hatte aber nicht nachgedacht, als sie die Geschichte Heini Mordhorst erzählt hatte, denn der hatte immer einen Schabernack im Sinn. So auch hier. Er wollte Mutti einmal so richtig erschrecken. Als Gespenst, so dachte er sich, müßte es doch eine tolle Sache sein.

Als Mutti wieder einmal spät unterwegs war, versteckte Heini sich im Knick. Er hatte sich von seiner Mutter ein altes Bettlaken besorgt und darin zwei Löcher geschnitten, durch die er sehen konnte. Er stülpte sich das Laken über den Kopf und fand sich ganz toll als Gespenst. Durch die Sehschlitze konnte er auch ganz prima sehen. Nun konnte das Opfer kommen. Er freute sich schon richtig darauf und war stolz auf seine Idee.

Wie immer ging Mutti sehr schnell, um den dunklen Weg hinter sich zu bringen. Da sprang plötzlich, wild gestikulierend und mit dunklen grunzenden Lauten, ein weißes Gespenst aus dem Knick auf sie zu. Mutti blieb wie erstarrt stehen. Für einen Moment wußte sie nicht, was sie machen sollte, aber dann dachte sie an ihre Waffe in der Hand, die in so einem Fall in Anwendung kommen sollte. Mit aller Kraft schlug sie mit dem Schlüssel dem Gespenst auf den Kopf. Als das Gespenst laut anfing zu schreien, wußte Mutti, daß es Heini war und schlug noch fester zu. Das Gespenst ergriff laut wimmernd die Flucht. Am nächsten Morgen hatte Heini zwei Pflaster an der Stirn und klagte über Kopfschmerzen. Mutti lächelte nur und bedauerte ihn, weil er doch so sehr zu leiden hatte. So etwas hat Heini nie wieder gemacht.

Wie ich Fahrradfahren lernen wollte

Mutti hatte ein altes Damenfahrrad. Es war nicht schön, aber erfüllte noch seinen Zweck. Sie fuhr damit nicht sehr viel, sondern nur, wenn sie mal ganz schnell irgendwohin mußte. Meistens stand es im Stall. Eines Tages aber lehnte es an der Hauswand unter dem Küchenfenster. Das war die Gelegenheit für mich, es doch einmal auszuborgen.

Langsam schob ich das Fahrrad von der Hauswand weg bis zur Lindenallee.
Von da ab war der Weg etwas abschüssig bis runter zu unserem Stall. Ich stieg auf die Pedale und schon rollte das Fahrrad los, ohne daß ich dazu etwas getan hatte. Es wurde immer schneller. Ich hatte Mühe die Balance zu halten. Der Stall kam immer näher, so schien es jedenfalls. Aber was war das? Vor dem Stall stand ein großer Holzklotz, auf dem immer Holz gehackt wurde.

Das Fahrrad fuhr geradewegs darauf zu. Ich konnte gar nichts dagegen tun, es ließ sich einfach nicht lenken, und wie man bremst, wußte ich auch nicht. Da krachte es auch schon und ich lag plötzlich genau vor der Stallwand auf der Erde. Zum Glück hatte ich mich nicht verletzt, nur ein paar kleine Schrammen am Knie.

Naja, richtig Fahrradfahren konnte man es wohl nicht nennen, eher ist das Fahrrad mit mir gefahren. Ich mußte es eben noch einmal probieren. Ich dachte mir, wenn ich nun am Ende der Lindenallee nach links abböge auf den Weg zum Hasenberg, da ging es nämlich wieder bergauf, würde das Fahrrad von ganz allein anhalten.

An was ich aber nicht gedacht hatte, war, daß Lenis englischer Freund dort immer seinen großen Stutebagger abstellte, wenn er sie besuchte. Ich stieg also wieder auf die Pedale und los ging die Fahrt. Diesmal ging es schon viel besser, bis ich nach links abbog, da tauchten plötzlich die riesigen Reifen des Sattelschleppers vor mir auf. Ich wollte noch ausweichen, aber es klappte nicht. Als ich wieder zu mir kam, war Mutti auch schon da. Sie trug mich ins Haus und meinte, ich hätte wohl eine Gehirnerschütterung und ich müsse erstmal ins Bett. Ich hab mich aber bald wieder erholt. Mit den Fahrradübungen war es aber vorbei.

Der dänische Verein

Im Landesteil Schleswig, zu dem auch wir gehörten, gab es eine dänische Minderheit. Das kam daher, weil der Landesteil früher einmal zu Dänemark gehört hatte. Nach dem Krieg wurden die Dänen hier überall wieder aktiv und gründeten sogenannte dänische Vereine. Diese Vereine waren im allgemeinen nicht sehr beliebt, aber sie hatten doch den großen Vorteil, daß Dänemark durch diese Vereine große Hilfe leisten konnte. Man mußte aber Mitglied in so einem Verein werden, um auch die Hilfe in Anspruch nehmen zu können. Auch mußte man im Landesteil Schleswig geboren sein. Flüchtlinge wurden dort nicht aufgenommen.

Als meine Eltern davon hörten, sind sie auch in den dänischen Verein eingetreten. Das war eine große Hilfe für uns. Von Zeit zu Zeit bekamen wir ein großes Lebensmittelpaket. Darin war nichts zum Naschen, aber viele andere lebensnotwendige Dinge wie

Haferflocken, Mehl, Trockenmilch, Zucker, Würstchen in Dosen, Fleisch in Dosen, eine große knallrote Salami, die sehr salzig war, aber sehr gut schmeckte. Besonders haben wir gestaunt über das große Margarinepaket, das ein Kilo schwer war. Manchmal gab es auch ein Paket mit sehr schöner Kleidung drin. Das war für uns immer eine besondere Freude, da wir ja fast nur Sachen hatten, die Mutti selbst genäht hatte, und die waren nicht so begeisterungswürdig. Endlich bekam ich mal eine Hose, die Hosentaschen hatte.

Es wurde von diesem Verein auch viel in kultureller Hinsicht getan, wie Theateraufführungen, Chorgruppen veranstalteten schöne Gesangsabende und vieles mehr. Als wir älter waren, konnten wir auch den dänischen Unterricht besuchen, um die Sprache zu erlernen. In den Sommerferien wurden die Kinder für vierzehn Tage nach Kopenhagen geschickt und konnten dort herrliche Ferientage erleben. Ich kann nur sagen, daß wir durch diesen Verein viele Vorteile hatten, die wir sonst nicht gehabt hätten. Wir wohnten ja sehr abseits vom Dorf und hatten fast gar keine Verbindung mit anderen Familien. Durch den dänischen Verein hat sich das aber bald geändert. So lernten wir auch eine Familie Gazek kennen, die mitten im Dorf bei Schlachter Krützfeld im Haus wohnten.

Immer wenn wir mit Mutti im Dorf waren zum Einkaufen, schauten wir mal bei denen vorbei, um guten Tag zu sagen. Sie hatten zwei Kinder, Christa und Peter. Peter war so alt wie ich und wir gingen später zusammen in eine Schulklasse. Christa war etwas älter.

Die Gazeks hatten eine ganz kleine Wohnung im Obergeschoß des Hauses, zu der eine schmale und dunkle Treppe hinaufführte. Als wir eines Tages mal wieder bei ihnen vorbeischauten, war gerade Herr Gazek zu Hause. Er hatte Fronturlaub bekommen, bevor er nach Russland mußte,

Ich kann mich gut daran erinnern, daß er ganz anders war als mein Vater. Er war viel freundlicher und hat sich viel mit uns Kindern beschäftigt. Die ganze Zeit durfte ich auf seinem Schoß sitzen. So etwas hatte ich bisher noch nicht erlebt. Da habe ich zum ersten Mal festgestellt, wie unterschiedlich die Väter doch sein können.

Nach diesen, für mich doch sehr erlebnisreichen Stunden, habe ich Peters Vater nie mehr wiedergesehen. Er ist leider nicht mehr aus dem Krieg zurückgekehrt.

Unterwegs im Schneesturm

Wir hatten mitten im Dorf ein großes Lager, in dem während des Krieges Soldaten untergebracht waren. Nach dem Krieg fanden hier Flüchtlinge ihr erstes zu Hause. Es sollte nur vorübergehend sein, aber es wurden viele Jahre daraus.
Es wurde den Flüchtlingen viel geholfen. Sie bekamen Verpflegung, Kleidung und Heizmaterial. Die einheimische Bevölkerung, die auch große Not litt, bekam kaum etwas. Das machte die Flüchtlinge sehr unbeliebt.

Es gab auch Ausnahmen dahingehend, daß viele arme Leute der einheimischen Bevölkerung ins Lager gehen konnten, um sich dort eine Essensration abzuholen.

Es war der Winter 1946/1947, der sehr schlimm werden sollte. Eines Tages wollte Mutti mit Leni und Heini Mordhorst nach Kiel fahren, um etwas einzukaufen. Es fing schon am Morgen leicht an zu schneien. Sie wollten es aber trotzdem wagen. Mutti sagte uns, wir sollten am Nachmittag ins Lager gehen, um uns eine Suppe abzuholen.

Das hatten wir schon oft gemacht und es war deshalb auch nichts Besonderes. Als wir uns am Nachmittag aufmachten, um ins Lager zu gehen, war Papa noch nicht von der Arbeit gekommen. Wir gingen aber trotzdem los. Der Schnee wurde auch schon stärker. Es war sehr schön und wir machten uns auch keine Sorgen. Im Lager angekommen, waren schon viele Leute dort. Es war eine lange Schlange, die an der Essensausgabe anstand. Uns wurde gesagt, daß wir noch etwas warten müßten bis alle ihr Essen bekommen hätten.

Wenn etwas übrig wäre, bekämen wir auch etwas.

Es war schon fast fünf Uhr, bis wir endlich an der Reihe waren. Wir hatten alle ein Kochgeschirr mitgebracht, das uns auch ganz vollgefüllt wurde. Wir waren glücklich, daß sich die lange Wartezeit doch noch gelohnt hatte.

Nun ging es wieder nach Hause. Draußen war es inzwischen dunkel geworden. Es schneite immer noch sehr stark. Der Schnee war schon etwa zwanzig Zentimeter hoch und der Wind war auch stärker geworden. An jeder Hausecke hatten sich Schneewehen gebildet, die schon fast ein Meter hoch waren. Wie sollte das wohl werden, denn wir hatten noch einen langen Weg vor uns und das ohne Beleuchtung, aber durch den weißen Schnee erschien es uns doch nicht so dunkel.

Bis zur Kieler Chaussee ging es noch ganz gut, weil hier überall noch Häuser waren, aber dann begann die lange Fischerstraße, wo kaum ein Haus stand.
Schon bei der ersten Toreinfahrt zu Bauer Frahms Koppel wehte der Schnee so stark, daß man den Weg nicht mehr sehen konnte. Die Schneewehe war mindestens einen halben Meter hoch. Wir mußten da durch, denn dahinter würde der Weg ja weitergehen.

Also faßten wir uns an der Hand, damit keiner verloren ginge. Trautchen fing an zu weinen, aber Hilde war zum Glück etwas mutiger und beide zogen wir sie durch den hohen Schnee, der uns bis zum Bauch reichte. Es waren nur ein paar Meter, dann hatten wir wieder freie Sicht. Durch die hohen Knicks an beiden Seiten waren wir doch einigermaßen geschützt. In einiger Entfernung war schon das Licht der Räucherkate von Mordhorsts zu sehen.

Als wir dort ankamen, war auch schon das Haus von Fischer Jensen zu erkennen. Aber kurz dahinter war schon wieder so eine Schneewand, durch die man nicht hindurchsehen konnte. Das war die Einfahrt zu Hammerichs Koppel. Ich wußte, wenn wir dort erst einmal durch sind, könnten wir bestimmt schon die Ziegelei sehen. Als wir uns durch diese Schneewehe hindurchgekämpft hatten, konnten wir auch schon die Lichter der Ziegelei sehen. Nun war es nicht mehr weit bis zum Hasenberg.
Obwohl wir uns sehr um Trautchen bemühten, machte sie doch erhebliche Schwierigkeiten und wollte nicht mehr weitergehen. Das ewige Gejammer ging uns ganz schön auf die Nerven. Der Weg an der Ziegelei vorbei war dann relativ ruhig.
Als wir dann zu Jeschkes Haus kamen, wo der Hasenberg anfing, ging es wieder richtig los mit dem Schneegestöber. Nach der nächsten Kurve war schon das Licht vom Haus Hasenberg zu sehen. Nun waren es nur noch 250 m bis nach Hause.

Aber die letzte Einfahrt zu Brügmanns Koppel stand uns noch bevor. Das hat uns aber keine Angst mehr gemacht. Wir wußten, wenn wir das geschafft hätten, wären es nur noch hundert Meter nach Hause. Naß und durchgefroren kamen wir schließlich zu Hause an. Selbst unser Kochgeschirr hatten wir noch, trotz aller Schwierigkeiten.
Als wir die Küche betraten, mußten wir erst Papa wecken, der auf dem Sofa schlief. Ich kann es heute noch nicht verstehen, warum er uns nicht entgegengegangen ist und uns abgeholt hat. Er wußte doch, daß wir unterwegs waren, um Essen zu holen.
Mutti war auch noch nicht zu Hause. Wir warteten den ganzen Abend, aber Mutti kam nicht. Wir hatten große Angst um sie, hoffentlich war da nichts passiert.
Erst später am Abend, es war schon nach zehn Uhr, kam Heini

Mordhorst und berichtete uns, was geschehen war. Der Zug war in Neuwittenbeck im Schnee steckengeblieben und konnte nicht mehr weiterfahren. Mutti, Leni und alle Fahrgäste mußten bei Eiseskälte im Zug übernachten.

Es gab dort keine Heizung. Heini hielt es dort nicht aus und machte sich zu Fuß auf den Weg nach Haus. Er ging querfeldein über die Felder. Das waren ungefähr acht Kilometer über Hecken und Zäune im Dunkeln und das bei solch einem Schneesturm. Eine ganz schöne Leistung.

Papa konnte am nächsten Morgen auch nicht zur Arbeit gehen, denn die Strecke nach Kiel war blockiert. Erst am nächsten Morgen so gegen neun Uhr kamen Mutti und Leni endlich wieder nach Hause. Wir waren alle überglücklich, daß alles noch so gut ausgegangen war.

Die Wilderei, das schöne Essen und die Gerichtsverhandlung

Heini Mordhorst hatte sich ein Frettchen besorgt. Das ist ein marderähnliches Tier. Man kann sagen, es sieht aus wie ein gezähmter Marder, sehr schön anzusehen und immer in Bewegung. Heini hat ihm eine Behausung in seinem Kaninchenstall eingerichtet. Da ein Frettchen ein Raubtier ist, mußte es auch mit Fleisch gefüttert werden. Heini zeigte es meinem Vater und sagte: „Mit diesem Frettchen können wir Wildkaninchen fangen. Wenn man ihm drei Tage nichts zu Fressen gibt, wird es ganz wild und blutrünstig." „Na gut", sagte Papa. „Wie wollen wir das machen, daß das Frettchen uns die Kaninchen fängt? Die Kaninchen sind doch viel schneller." Heini meinte: „Wir müssen uns nur ein paar Netze besorgen, die spannen wir vor allen Kaninchenhöhlen und schicken das Frettchen hinein. Das Frettchen rennt dann durch die Höhlen und treibt die Kaninchen aus ihrem Bau heraus, wo sie dann im Netz gefangen werden. Wir brauchen sie dann nur noch zu töten."

„Das hört sich gut an", sagte Papa. „Ich habe einen Bekannten, der Fischer ist, von dem werde ich ein paar Netzstücke bekommen." Am nächsten Tag hatte Papa schon ein großes Netz mitgebracht, das der Fischer nicht mehr gebrauchen konnte, das aber für diesen Zweck völlig ausreiche. Papa und Heini zerschnitten das Netz in zehn gleichgroße Stücke. Das mußte ausreichen.

Nun konnte die Jagd losgehen. Wir mußten bloß noch drei Tage warten, an denen das Frettchen nichts zu fressen bekam. Kaninchen gab es in dieser Zeit sehr viele, denn während der Kriegsjahre wurde sehr wenig gejagt und nach dem Krieg durfte auch niemand eine Waffe haben. In den Knicks gab es sehr viele Kaninchenbauten, so daß die Aussicht auf eine gute Jagd sehr groß war. Heini meinte, daß es gut wäre, wenn ich mitkommen würde, um die Netze zu beobachten. Denn wenn sich ein Kaninchen im Netz verfängt, muß es sehr schnell gehen, es festzuhalten, damit es sich nicht befreien kann. Ich war sehr glücklich darüber und Papa stimmte auch zu.

Endlich war es soweit. Heini mußte das Frettchen in die Transportkiste stecken. Das war aber nicht so einfach, denn es war sehr hungrig und dementsprechd auch sehr bissig. Nicht mehr so friedlich wie gewöhnlich. Heini mußte sich Lederhandschuhe anziehen, denn wenn ein Frettchen einmal zugebissen hat, läßt es auch nicht so schnell wieder los.

Das hat er einmal mit einem Stallhasen ausprobiert. Er hat das Frettchen in die Hand genommen und langsam an das doch ziemlich große Kaninchen herangeführt. Blitzschnell biß das Frettchen zu, zum Glück aber nur ins Ohr und ließ es nicht wieder los. Selbst als Heini das Frettchen hochhob, konnte er damit auch das Kaninchen hochheben, obwohl es fast vier Kilo wog. Heini mußte dem Kaninchen die Ohrspitze abschneiden. Es war nicht anders möglich, es wieder freizubekommen.
Da wir dies nun alle wußten, mußten wir auch höllisch aufpassen, daß das Frettchen keine Kaninchen zu fassen bekam, denn sonst würde das Frettchen nicht mehr aus dem Bau herauskommen. Es hätte an einem kleinen Kaninchen mindestens für eine Woche genug zu fressen und es wäre fraglich, ob das Frettchen jemals wieder herausgekommen wäre.

Wir entschieden uns für einen Knick auf Köpkes Koppel, wo besonders viele Kaninchenbaue waren, und machten uns an die Arbeit. Ein bewohnter Bau war ziemlich genau an den vielen Spuren in der frischen Erde zu erkennen. Hier war die Stelle, wo das Frettchen reingelassen werden sollte. Zuerst mußten aber die vielen Nebeneingänge, die den Kaninchen zur Flucht dienten, ausfindig gemacht werden. Vor diesen Löchern wurden dann die Netze befestigt. Dies machten wir mit kleinen Stöckchen. Das Netz mußte in der Mitte schön locker sein, damit sich das Kaninchen auch darin verheddern konnte.
Als wir alle in Frage kommenden Löcher versorgt hatten, konnte das Frettchen in den ausgesuchten Eingang gelassen werden. Damit es kein Kaninchen zu fassen bekäme, mußten wir gleichzeitig ordentlich Krach machen. Kaum war das Frettchen im Bau verschwunden, flitzten auch schon drei Kaninchen in die Netze. Jetzt mußte es schnell gehen, die Kaninchen aus den Netzen zu befreien und sie zu töten. An dem Töten brauchte ich mich zum Glück nicht zu beteiligen. Das erledigten Heini und Papa.

Nach einiger Zeit ließ sich auch das Frettchen wieder sehen und konnte in seine Kiste gesperrt werden. Das war ein Zeichen, daß in diesem Bau keine Kaninchen mehr waren. Mit so viel Erfolg hatten wir nicht gerechnet. Das machte uns Mut, weiterzumachen. Im Ganzen fingen wir an diesem Tag neun Kaninchen.
Das, was wir dort gemacht hatten, durfte niemand wissen, denn es war ja Wilderei. Aber was sollten wir machen, Papa war arbeitslos und das Stempelgeld reichte vorne und hinten nicht. Zu Hause angekommen, mußten die Kaninchen noch abgezogen und ausgenommen werden, denn sonst konnte man sie nicht verkaufen. Der Kopf und die Vorderläufe wurden abgeschnitten. Die Hinterläufe mußten aber dranbleiben, damit man erkennen konnte, daß es Kaninchen waren und nicht eine Katze. Die Leute achteten sehr darauf, denn es war allgemein bekannt, daß manche Leute auch Katzen geschlachtet hatten und als Kaninchen verkauften.

Papa und Heini sind mit den Kaninchen nach Kiel gefahren und haben sie dort auf dem Schwarzmarkt verkauft. Das Geschäft lief so gut, daß wir immer häufiger auf Kaninchenjagd gingen. Bei uns im Ort haben sie die Kaninchen nur an gute Freunde verkauft, denn man mußte sehr aufpassen, daß man nicht erwischt wurde. Mutti und Papa haben kein Kaninchen für uns gebraten, denn sie waren es nicht gewohnt. Sie waren von zu Hause aus Vegetarier, wie es in ihrer Kirche, in der sie großgeworden waren, üblich war. Das war die Adventistenkirche, die es verbot, Fleisch zu essen. Obwohl meine Eltern nicht mehr in diese Kirche gingen, hielten sie doch an diesen Geboten fest.

Aber das sollte sich bald ändern. Papa lernte die Familie Parzigla kennen, die in der Fischerstraße im Haus von Jürgensen wohnten. Parziglas hatten viele Kinder und auch nur wenig zu essen. Darum verhandelte Herr Parzigla mit Papa über drei Kaninchen. Er sagte zu Papa: "Wenn du mir die Kaninchen umsonst gibst, lade ich dich und deine Frau am Sonntag zu einem köstlichen Kaninchenbraten ein. Du wirst überrascht sein, wie gut so etwas schmeckt."

Papa ließ sich überreden, aber Mutti wollte nicht mit. Weil Papa nun nicht allein hingehen wollte, nahm er mich mit. Ich hab mich sehr darüber gefreut und konnte den Sonntag gar nicht abwarten. Als wir dann am Sonntagmittag dort eintrafen, wurden wir freudig erwartet. Die Kinder freuten sich schon genau wie ich auf das schöne Essen.

Es war ein Geruch von dem Braten, wie ich ihn noch nie erlebt hatte. Er erfüllte das ganze Zimmer, welches nicht sehr groß war. Es war schon mit dem riesigen Tisch und den vielen Stühlen fast ganz ausgefüllt. Ich glaube, es waren sechs Kinder, die wild durcheinanderschnatterten. Das allein war schon ein Erlebnis. Frau Parzigla begann das Essen aufzutragen, die größeren Kinder halfen ihr dabei. Als sie die große Platte mit dem braun gebratenen Fleisch auf den Tisch stellte, konnte man ihr ansehen, wie stolz sie darauf war. Denn so ein Essen hatte es bei ihnen schon lange nicht mehr gegeben. Das Fleisch wurde natürlich in die Hand genommen, denn so ließ es sich am besten essen.
Es wurde damals auch viel Wert auf viel Fett gelegt, denn nur so ein Essen konnte auch viel Kraft geben. Auch bei der Soße wurde nicht mit Fett gespart, obwohl sie trotzdem sehr gut schmeckte oder vielleicht gerade deshalb. Den Kindern konnte man es auch ansehen, daß ihnen das Essen schmeckte. Sie hätten sich eigentlich nach dem Essen erstmal gründlich waschen müssen. Aber so genau nahmen sie es nicht. Sie nahmen einen Lappen, der reihum ging und wischten sich etwas ab. Das mußte reichen.

Es gab sogar noch einen Nachtisch aus Rabarberkompott mit Milch. Das Essen war für alle ein Erlebnis, das ich nie vergessen habe. Nach diessem Tag gab es dann auch bei uns ab und zu mal Fleisch zum Mittag.

Das Kaninchenfangen ging weiter. Heini Mordhorst beschaffte sich ein zweites Frettchen. Nun konnte immer ein Frettchen hungern und mit dem anderen konnten wir dann Kaninchen fangen. Das lohnte sich viel mehr als vorher. Auch war immer genügend Futter für die Frettchen vorhanden, weil sie die Innereien zum Fressen bekamen.
Das ging so eine ganze Zeitlang gut, bis sie von einem Mann aus der Gartenstraße angezeigt wurden. Wer das war, konnten sie nicht

herausbekommen. Ganz sicher war es aber einer, der kein Kaninchen abbekommen hatte, weil ihm die Beziehung fehlte.

Als der Polizist, der einzige, den wir hatten, bei uns erschien, haben Papa und Heini alles abgestritten. Die beiden Frettchen hat Heini dann verkauft, und alles andere, was sie eventuell hätte verraten können, wurde beseitigt. Als der Polizist dann noch einmal wiederkam, war nichts mehr vorhanden, was an die Wilderei erinnerte. Der Polizist ließ sich aber nicht beirren, er hätte angeblich Zeugen dafür, daß Papa und Heini gewildert hätten.
Der Polizist hieß Korrek und war im Ort nicht sehr beliebt. Er wohnte auch in der Gartenstraße wie sein angeblicher Zeuge. Papa und Heini machten sich keine großen Sorgen, weil der Polizist im allgemeinen keine große Unterstützung im Ort fand. Es ging sogar so weit, daß er, als er einmal im Borghorster Wald auf seinem Dienstfahrrad unterwegs war, von verkleideten Jugendlichen überfallen und verprügelt wurde.
In dieser Zeit hat fast jeder irgendetwas getan, um seine Familie über die Runden zu bringen, was nicht ganz legal war. Da war so ein diensteifriger Polizist für jeden ein Ärgernis. Die Menschen hatten einfach keine Achtung mehr vor der Obrigkeit, dafür hatten sie in der Vergangenheit zu viele schlechte Dinge erleben müssen.

Eines Tages erhielten Papa und Heini aber doch eine Vorladung von dem Amtsgericht in Gettorf. „Hat der alte Korrek es also doch geschafft", sagte Papa. Er besprach sich daraufhin mit Heini und sie kamen überein, alles abzustreiten. Was wollte der angebliche Zeuge schon sagen können? Er hatte es wahrscheinlich auch nur irgendwo gehört, aber beweisen würde er es nicht können. Sie waren eigentlich ganz zuversichtlich.

Bei der dann folgenden Gerichtsverhandlung lief es anfangs auch ganz gut. Der angebliche Zeuge war nicht vor Gericht erschienen, weil er angeblich krank war. Er hatte aber seine Aussage schriftlich abgegeben. Das wollte der Richter aber nicht anerkennen und unterbrach die Verhandlung für eine Stunde.
In der Zwischenzeit schickte er den Polizisten zu Mutti, um sie noch einmal zu befragen. Als der Polizist bei uns in der Wohnung

erschien, bekam Mutti es mit der Angst und befürchtete Schlimmes. „Es ist alles in Ordnung. Ihr Mann hat alles zugegeben und wird bald nach Hause kommen. Ich soll es bloß noch einmal überprüfen. Nun sagen Sie doch mal, wieviel Kaninchen hat Ihr Mann denn wirklich gefangen?" Mutti hat die Absicht des Polizisten nicht gleich durchschaut, dafür war sie viel zu aufgeregt. Sie sagte: „Ich glaube, so zwanzig bis fünfundzwanzig Stück werden es wohl gewesen sein." In Wirklichkeit waren es weit mehr als fünfzig Stück. Der Polizist verabschiedete sich dann überaus freundlich und fuhr wieder zum Gericht zurück.

Der Richter freute sich über die für ihn gute Nachricht. Er verurteilte Papa und Heini zu je fünfundzwanzig Reichsmark, die sie in kleinen Raten abbezahlen durften. Das war damals viel Geld, da Papa nur dreißig Reichsmark in der Wochse Stempelgeld bekam. Heini hatte noch gar kein Einkommen, aber er hatte durch den Verkauf der Kaninchen ganz schön Geld sparen können.

Mutti war es inzwischen bewußt geworden, was sie da angerichtet hatte. Mit Bangen wartete sie auf Papas Rückkehr, denn er konnte manchmal ganz schön wütend werden. Es kam aber ganz anders als sie gedacht hatte. Papa und Heini waren ganz vergnügt und freuten sich, daß sie glimpflich davongekommen waren, denn es hätte auch viel schlimmer kommen können. Sie lachten sogar über Muttis Dummheit. So hatte doch noch alles ein gutes Ende gefunden.

Das Zugunglück

Papa hatte nur einen Schlosseranzug, der jede Woche gewaschen werden mußte. Auch mußten jedesmal irgendwelche Löcher und Risse im Stoff geflickt werden sowie abgerissene Knöpfe ersetzt werden. Das war für Mutti nicht einfach. Denn früher wurde auch am Samstag gearbeitet, so daß der Arbeitsanzug erst am Abend zur Verfügung stand. Da es ja noch keine Waschmaschine gab, mußte

der Anzug in einem großen Waschkessel auf dem Herd gekocht und danach auf dem Waschbrett geschrubbt und zum Trocknen in der Küche aufgehängt werden. Am Sonntag mußte der Anzug trocken sein, damit er dann geflickt werden konnte. Diesen Aufwand konnte Mutti nicht immer bewältigen, denn sie hatte ja auch noch uns Kinder und den Haushalt zu versorgen.
Papa hat ihr dabei nie geholfen, sondern nur geschimpft, wenn nicht alles klappte. So geschah es auch sehr oft, daß Mutti erst am Montagmorgen, bevor Papa aufstand, den Arbeitsanzug geflickt hat. Es gab dann immer Streit, wenn Mutti nicht rechtzeitig fertig wurde, und Papa Angst haben mußte, daß er nicht rechtzeitig zum Zug kam. Oft bin ich dadurch aufgewacht und konnte auch nicht mehr schlafen.
Eines Morgens war der Streit besonders heftig. Mutti hatte die Reparatur des Arbeitsanzuges wieder einmal auf den Montagmorgen verschoben. Und wie das Unglück es wollte, war besonders viel zu reparieren. Das konnte sie unmöglich schaffen. Ihr einziger Ausweg war, Papa nicht zu wecken und ihm zu sagen, daß sie die Zeit verschlafen hätte. So geschah es dann auch. Deshalb der große Krach.
Papa konnte aber noch den zweiten Zug um sieben Uhr erreichen. Mutti war froh, als er endlich aus dem Haus war. Nun mußte sie sich um uns kümmern, denn Hilde und ich mußten ja auch rechtzeitig zur Schule kommen. Dann geschah das Unerwartete. Um neun Uhr stand Papa plötzlich wieder vor der Tür. Mutti fuhr der Schreck in die Glieder. Hatte Papa den zweiten Zug auch nicht mehr gekriegt? Aber es war ganz anders. Papa war ganz blaß und nicht fähig etwas zu sagen. Nach einer Weile sagte er dann: „Der Zug ist verunglückt. In Neuwittenbek sind zwei Züge zusammengestoßen. Das war der erste Morgenzug, mit dem ich sonst immer gefahren bin."

Erst am Abend erfuhren wir, was wirklich passiert war.

Der Zug, in dem Papa sonst mitgefahren ist, hielt immer in Neuwittenbek. Von da an ging es berghoch bis zur Levenauer Hochbrücke. Weil die Züge in dieser Zeit nur mit Braunkohle fahren mußten, schafften sie es nur mühsam den Berg hochzukommen. Der Zug aus Kiel sollte in Suchsdorf so lange warten. Das hatte er aber nicht getan. Auf dem Berg zur Hochbrücke sind sie dann zusammengestoßen. Papa hat immer zusammen mit seinem Freund, das war der Vater von Johannes Matzen, im ersten Wagen, gleich hinter der Lokomotive, gesessen. Gerade dieser Waggon ist durch den Zusammenstoß völlig zusammengedrückt worden. Seinem Freund sind beide Beine zerquetscht worden. Er verstarb noch an der Unfallstelle. Das war so ein Schock für Papa, das er von diesem Tag an nur noch in den letzten Wagen eingestiegen ist. So hatte Mutti ihm ungewollt das Leben gerettet. Große Dankbarkeit hat ihr Papa aber nicht gezeigt. Die Streitereien gingen trotzdem weiter.

Der Umzug

Mutti war hochschwanger, deshalb brauchten wir eine größere Wohnung. Das schien aber fast unmöglich, weil es wegen der vielen Flüchtlinge keine gab. Frau Clausen hatte auch Bescheid bekommen, daß ihr Mann wahrscheinlich 1948 aus der Gefangenschaft entlassen würde. Das war ein weiterer Grund hier wegzuziehen. Denn mein Vater und Herr Clausen waren nicht gerade Freunde. Sie waren beide Hitzköpfe, und es war nicht auszuschließen, daß sie sich wieder in die Wolle kriegen würden.

Durch Zufall lernten meine Eltern die Familie Trint kennen, die auf der Ziegelei wohnte. Papa erklärte ihnen unsere Situatuion und daß wir unmöglich in der Wohnung von Clausens bleiben könnten. Herr Trint erklärte sich schließlich bereit, die Wohnung mit uns zu tauschen. Frau Clausen war auch bereit zu akzeptieren, daß die Familie Trint bei ihr einzog.

Im Herbst 1947 war es dann soweit, daß wir umziehen konnten. Es mußte alles an einem Tag geschehen. Das klappte auch ganz gut, denn wir hatten ja nicht viele Möbel und die Familie Trint auch nicht.

Papa bestellte die Firma Brocks. Die hatten einen großen Kastenwagen mit Gummirädern, der von zwei Pferden gezogen wurde. Damit hat er sonst den Müll abgeholt, aber auch viele andere Transporte durchgeführt. Der Wagen wurde dann eben gereinigt, je nach Bedarf. Lastwagen gab es zu dieser Zeit nur wenige und wenn, dann konnte sich das niemand leisten.

Als der Möbeltransport bei unserer neuen Wohnung auf der Ziegelei eintraf, wurden die Möbel abgeladen und die Möbel von Trint aufgeladen. Nun ging es ans Einräumen. Renoviert wurden die Wohnungen früher nicht. Dazu hatte auch niemand das Geld, und Material dafür gab es sowieso nicht.

Zuerst wurde das Schlafzimmer aufgebaut, denn das war ja komplett. Für das kleinere Zimmer, das für uns Kinder sein sollte, hatte Papa zwei eiserne Bettgestelle besorgt. Sie standen hintereinander an der linken Wand. Als Matrazen wurden dort große Säcke, die mit Stroh gefüllt wurden, hineingelegt und darüber ein Bettlaken gelegt. Das war schön weich, aber machte auch raschelnde Geräusche, wenn man sich reinlegte. An der rechten Wand standen ein alter Kleiderschrank und eine kleine Kommode, die Papa beim Schrotthändler bekommen hatte.

In der großen Wohnküche standen gleich an der linken Wand, zwischen Flur und unserem Zimmer, unser alter Küchenschrank, der Waschhocker und der Schmutzeimer. An der langen Wand gerade vor, zwischen Fenster und Herd, kam das Sofa hin und davor der alte Küchentisch mit den Stühlen. Das war alles. Der Fußboden bestand auch aus alten schwarzen Brettern, die geschrubbt werden mußten. Es sah alles sehr kahl und leer aus. Nicht einmal einen Teppich hatten wir, der das Ganze etwas wohnlicher gestaltet hätte. In der alten kleinen Wohnung bei Clausens war es gar nicht so sehr aufgefallen, daß wir so wenig Möbel hatten.
Wir fühlten uns zu Anfang überhaupt nicht wohl in unserer neuen Wohnung. Unsere Wohnung war gleich im ersten Block links neben dem großen Mittelgebäude, auf dem noch der alte Ziegleischornstein stand. Wir hatten die Hausnr. 6.
Herr Trint fühlte sich nach dem Wohnungstausch als unser Hausfreund. Er besuchte uns fast jeden Tag. Weil er so viele Liebesromane las, meinte er, daß Mutti unbedingt die Geschichten hören müsse. Er saß öfter den ganzen Nachmittag bei uns und erzählte ohne Ende, bis Papa von der Arbeit kam. Das störte ihn aber überhaupt nicht, denn er hatte es darauf abgesehen, zum Essen eingeladen zu werden. Als Papa seine Absicht erkannte, hat er ihn rausgeschmissen. Auch das hat ihn nicht sehr beeindruckt. Er kam immer wieder, bloß nicht so oft und ging rechtzeitig nach Hause, bevor Papa kam.

Familie Ellert von nebenan

In unserem Wohnblock wohnten zwölf Familien: Unser direkter Nachbar links von uns war die Familie Ellert, die es von Trier hierher verschlagen hatte. Sie hatten drei Mädchen und einen kleinen Drahthaarterrier, der uns bei unseren Streifzügen über die Felder immer begleitet hat. Das lag vielleicht auch daran, daß Frau Ellert ihn nicht gut behandelt hat.

Die Mädchen hießen Ilse, sie war die Jüngste, dann Margret, sie war genauso alt wie ich, und Emmi, die Älteste. Ich war oft bei ihnen, weil sie so viel Spielzeug und besonders viele Brettspiele hatten, die wir überhaupt nicht kannten.

Frau Ellert war eine besondere Frau. Sie konnte glühende Kohlen in ihren Händen tragen, ohne sich zu verbrennen. Früher war es so üblich, daß man sich immer mit etwas Glut ausgeholfen hat, wenn mal das Feuer im eigenen Ofen nicht recht brennen wollte. So auch an diesem Tag. Mutti sagte zu mir: „Geh doch mal zu Frau

Ellert und frag nach etwas Glut. Hier, nimm die Kohlenschaufel, aber paß auf, daß du keine Glut verlierst." Ich ging dann rüber und sagte zu Tante Gretel, so nannten wir Kinder sie: „Mutti läßt fragen, ob du etwas Glut für uns hast, ich habe auch die Kohlenschaufel mitgebracht." „Was willst du mit der Kohlenschaufel?", fragte Tante Gretel. „Die brauchen wir nicht. Du mußt nur voranlaufen und die Türen aufmachen, es muß ganz schnell gehen." Der Weg von ihrem Ofen zu unserem führte durch viele Türen und war ungefähr zwanzig Meter weit. Nun geschah das Unfaßbare. Tante Gretel machte die Ofentür auf, ragte ein paar glühende Kohlen mit der Hand nach vorne und nahm sie in beide Hände und trug die Glut zu uns rüber und warf sie mit Schwung in unseren Ofen. Mutti ist fast in Ohnmacht gefallen, als sie das sah. Tante Gretel hatte nicht die kleinste Verletzung an ihren Händen. Wie war das möglich? Es wurde zum Tagesgespräch in der ganzen Nachbarschaft. Keiner wollte es so recht glauben, aber es war wirklich so geschehen. Die Familie Ellert war begeisterter Karnevalsanhänger. Damals wurden schon die Karnevalveranstaltungen nach dem Krieg im Radio übertragen. Sie stellten dann das Radio so laut, daß auch alle Nachbarn mithören konnten, obwohl es sonst niemanden interessierte.

Tante Gretels Mann, den wir Onkel Richard nannten, war Kraftfahrzeugmeister von Beruf und hatte auch eine Erfindung gemacht, um die er betrogen worden war.

Er hatte sich eine Werkstatt in der alten Räucherei von Fischer Jensen eingerichtet. Er hatte dort die ersten Go-Karts gebaut. Man sagte, daß es seine Erfindung war, um die er betrogen wurde. Er mußte darum wohl auch die Herstellung aufgeben.

Er ließ sich aber nicht entmutigen und begann mit der Entwicklung eines kleinen Autos. Weil er es nicht alleine finanzieren konnte, tat er sich mit Werner Uthersmöhlen zusammen, nach dem auch das Auto benannt wurde. Es hieß –WUG- (Werner Uthermöhlen Gettorf). Das Auto war sehr klein, noch kleiner als der spätere Goggo. Die Scheiben waren aus Plastik, das Dach und die beiden Seiten waren aus Zeltplanen. Zwei Personen konnten gerade so drinsitzen. Einmal bin ich mit Onkel Richard nach Kiel gefahren.

Das Auto wurde sehr bestaunt. Es war nicht sehr schnell, aber man wurde jedenfalls auch nicht naß. Im Ganzen wurden aber nur vier oder fünf Autos davon gebaut, dann ging wohl das Geld aus.

Später hatte Onkel Richard sich in Kiel-Elmschenhagen ein Haus gebaut. Ich bin mit ihm auch manchmal mit seiner 98er Herkules nach Kiel gefahren, um Sachen für seinen Neubau einzukaufen.

Alle Familien in unserem Wohnblock zu der Zeit, als wir eingezogen sind

In der ersten Wohnung

wohnte Frau Ulrich. Sie kam aus Königsberg mit vier Kindern.
Es waren Ellen, Gerd, Rudi und Günther. Günther war der Jüngste und ging mit mir zusammen in eine Schulklasse. Frau Ulrich war die dickste Frau, die ich bisher gesehen hatte, aber sie war sehr freundlich und kam ganz gut zurecht mit ihrer großen Familie.
Später zog noch ihr Schwager, der seine Frau verloren hatte, mit seinen zwei Kindern, Alfred und Irmgart, bei ihr ein. So hatte Frau Ulrich wenigstens eine Hilfe. Ihre Wohnung war auch nicht größer als unsere. Es war wohl nicht so einfach, hier alle unterzubringen.
Herr Godau, so hieß ihr Schwager, war sehr fleißig und half sehr mit, die große Familie zu versorgen. Sie haben auch jedes Jahr ein großes Schwein geschlachtet, das immer kurz vor Weihnachten vor ihrer Haustür an einer Leiter hing zum Auskühlen. Für mich war das sehr interessant, weil ich so etwas überhaupt nicht kannte.
Einen Teil des Schweines brachten sie zur Räucherei nach Tüttendorf. Der Weg dorthin war mit dem Fahrrad gut zu bewältigen. Er hatte nur ein kleines Hindernis. Am Ende des Tüttendorfer Weges, bevor es über Holländers Koppel weiterging, hatte der Bauer ein Drehkreuz angebracht, durch das man normalerweise auch mit dem Fahrrad ganz gut hindurchkam. Da aber Frau Ulrich so dick war, blieb sie im

Kreuz stecken. Es ging nicht vor und nicht zurück.

Zufällig kam der Bauer vorbei und beguckte sich das Drama. Frau Ulrich rief ihm in ihrem ostpreußischen Dialekt zu: „Nun sine Sie mal Kavallier und hölpe Sie mi en beten." Darauf der Bauer: „Ick bünn keen Kavalier, ick bünn Schleswig-Holsteiner." Er hat ihr aber dann doch geholfen.

Einmal sollte Günther etwas aus der Räucherkate holen und nahm mich mit. Es qualmte sehr in der Räucherkate, aber der Geruch war überwältigend. Er sollte die Kochwürste abholen, die schon fertig waren. Der Geruch der Würste begleitete uns den ganzen Weg. Immer wieder guckten wir in den Beutel und bestaunten die schön braun geräucherten Würste. Da sagte Günther: „Eigentlich könnten wir doch ein Würstchen probieren. Ich glaub nicht, daß Mutti sie gezählt hat." Gesagt, getan, die Würstchen schmeckten fantastisch. Wir hatten ein ganz schön schlechtes Gewissen nach unserer Tat und dies ließ uns die Freude schnell vergessen. Ich glaube auch, daß Frau Ulrich es nicht bemerkt hat, denn gesagt hat sie nichts.

In der zweiten Wohnung

wohnte eine Familie Barowski, die auch aus Ostpreußen kam. Sie hatten dort wohl eine Baumschule gehabt, denn der Mann hatte sich eine Koppel gepachtet, die voll mit Stecklingen bepflanzt war, schön in Reih und Glied. Das sah toll aus. Die daraus entstandenen Bäume und Sträucher verkaufte er. Später sind sie weggezogen, in die Nähe von Neumünster, wo sie sich ein Haus in einer Nebenerwerbssiedlung gebaut haben.

In der dritten Wohnung

wohnte eine Familie Juretzka. Sie hatten einen Jungen und ein Mädchen, die aber jünger als ich waren. Herr Juretzka war immer zu Späßen aufgelegt und nahm gerne andere Leute auf den Arm. Bei uns kam jede Woche ein Lebensmittelhändler mit einem VW-Bus, der wie ein Kaufmannsladen eingerichtet war. Der Kaufmann hieß Bock und hatte ein rundes Gesicht und eine Glatze. Er sah aus wie ein Käfer mit weißem Kittel. Wenn Herr Juretzka an den Bus kam, sagte er immer: „Na Bock, du alter Bock, willst du die Leute wieder übers Ohr hauen?" Der Kaufmann bekam dann immer ein rotes Gesicht vor Wut. Aber sagen konnte er ja nichts, denn er wollte keine Kunden verlieren. Das konnte er sich nicht leisten. Herr Juretzka freute sich über diese Reaktion und hatte viel Spaß dran. Er tat es immer wieder und Herr Bock hat alles geschluckt.
Eines Tages, als Mutti gerade bei Juretzkas vorbeiging, standen alle Türen offen und Frau Juretzka schrie wie am Spieß. Sie ging rein und sah, wie Frau Juretzka mit nackten Füßen auf dem nassen Holzfußboden stand und mit einer Hand an der Steckdose hing und fürchterlich zappelte. Mutti begriff es sofort und drehte die Sicherung heraus, die in dem Stromzähler steckte, der genau neben ihr im Flur an der Wand hing. Frau Juretzka hat dieses Drama zum Glück überstanden und hat sich bald wieder erholt. Sie war dabei gewesen, den Fußboden zu schrubben und wollte das Feudelwasser mit dem Tauchsieder heißmachen. Der war leider defekt gewesen. Wenn Mutti nicht zufällig vorbeigekommen wäre, hätte Frau Juretzka das wohl nicht überlebt.

Herr Juretzka hatte ein altes Grammophon mit einem riesigen Trichter aus Messing und viele Schallplatten. Er plante einen Tanzabend zu veranstalten. Dazu schien der freie Platz zwischen Ulrichs und seinem Stall sehr geeignet zu sein. Er hat alle Nachbarn dazu eingeladen. Jeder sollte sich eine Sitzgelegenheit mitbringen und wer hatte, auch etwas zu trinken.

Da wir gerade eine schöne Wetterperiode hatten, sollte es schon am kommenden Wochenende losgehen. Ich freute mich auch schon darauf, aber leider mußten wir schon um acht Uhr ins Bett. Da Papa für so etwas keinen Sinn hatte, ging er auch nicht hin. Mutti ging aber hin und erlaubte mir, hinten aus dem Fenster zu klettern, damit Papa nichts mitkriegte. Das wurde so ein schöner Abend, daß er von da an jedem schönen Sommerabend wiederholt wurde. Jeden Abend kamen mehr Leute und schon bald waren fast alle Bewohner der Ziegelei dabei.

<u>In der vierten Wohnung</u>

wohnte die Familie Brand. Sie hatten zwei Kinder, die noch jünger waren als ich. Herr Brand war früher Lehrer an unserer Schule und unterrichtete die großen Jungs. Er war ein großer, hagerer Mann, der immer einen Schlapphut trug. Bei den Jungs war er nicht sehr beliebt und sie ärgerten ihn, wann immer sie konnten. Er konnte sich so gut aufregen und schimpfte so laut, daß es durch die ganze Schule zu hören war.

Eines Morgens, als er zur Schule kam, waren seine Schüler schon alle in der Klasse und standen an den geöffneten Fenstern. Da der Lehrer Johannes hieß, begrüßten sie ihn sehr lautstark mit dem Lied: „O, Hannes, wat een Hoot, de Hoot de hätt een Doler kost...", weiter kenne ich es leider nicht mehr.

Der Lehrer tobte und stürmte wutentbrannt in die Schule. Er konnte aber nichts sagen, denn seine Schüler sangen weiter, bis das Lied zu Ende war.

Die Brands lebten sehr ärmlich und sahen auch sehr verhungert aus. Eines Abends kam Tante Gretel zu uns rübergerannt und konnte sich nicht einkriegen vor Lachen. „Stellt euch vor, ich war gerade drüben bei Brands. Da saßen alle um den Tisch versammelt und aßen Pellkartoffeln. An der Lampe hing ein saurer Hering, an dem jeder mal seine Kartoffel abwischen durfte. Also so etwas habe ich noch nie gesehen. Ich konnte nichts mehr sagen und bin rausgerannt. Auf der Straße tat Herr Brand immer so vornehm, als wäre er etwas Besseres.

In der fünften Wohnung

wohnte Familie Ellert.

In der sechsten Wohnung

wohnten wir.

In der siebten Wohnung

wohnte die Familie Rogowski. Sie hatten fünf Kinder, von denen der älteste Sohn im Rheinland gearbeitet hat. Die beiden Töchter waren auch schon aus dem Haus. Es waren sehr hübsche, blonde Mädchen. Das nächste Mädchen war in meinem Alter und war auch blond. Helmut war der Jüngste und etwa zwei Jahre jünger als ich. Die drei ältesten Kinder kamen jedes Jahr zu Weihnachten nach Hause. Der älteste Sohn hatte wohl einen guten Beruf, in dem er viel Geld verdiente, denn er brachte immer viele Geschenke mit. Es wurde jedes Mal eine große Feier, was auch in der Nachbarschaft Aufsehen erregte. So viele hübsche Mädchen auf einmal, das war schon etwas.

In der achten Wohnung

wohnte die Familie Birnat und hatte einen Sohn, der etwa drei Jahre jünger war als ich. Herr Birnat war ein großer Mann, der sehr blaß aussah und einen Handstock hatte, weil seine Beine nicht in Ordnung waren. Seine Frau war klein und dick. Sie hatte etwas Schwierigkeiten mit ihrer Ausdrucksweise. Sie sagte einmal, als Mutti ihr etwas zum Probieren gab. „Das schmeckt mich aber hübsch." Ansonsten war sie eine sehr nette und hilfsbereite Frau.

Jürgen Birnat hatte eines Tages ein aufregendes Erlebnis, das er wohl nie vergessen hat. Auf Bauer Rabes Koppel hatte der Knecht an seinem Trecker einen Güllewagen angehenkt, um die Weide zu düngen. Das machten die Bauern immer im Herbst, wenn die Kühe schon im Stall waren. Jürgen ließ dem Knecht keine Ruhe. Er wollte unbedingt auf dem Trecker mitfahren. Das wurde dem Knecht langsam lästig. „Ist gut", sagte der Knecht, „du mußt mir aber zuerst einen Gefallen tun. Wenn ich losfahre, mußt du hinten am Güllewagen die Verriegelung öffnen, dann kannst du mitfahren." Jürgen war begeistert und machte sich sofort an der Verriegelung zu schaffen.

In dem Moment öffnete der Knecht den Verschluß vom Trecker aus, und Jürgen wurde mit einem breiten Schwall Jauche übergossen. Laut schreiend lief er nach Hause und wir alle hinterher. Seine Mutter konnte ihn gerade noch an der Haustür abfangen. „Halt", rief sie, „so kommst du mir nicht ins Haus. Ab zur Pumpe." Sie riß ihm die Kleider vom Körper und wir pumpten mit Begeisterung das kalte Wasser über ihn. Jürgen wehrte sich heftig, es half ihm aber nichts. Er mußte es über sich ergehen lassen, denn eine Badewanne gab es ja nicht. Nach dieser Vorreinigung durfte er dann ins Haus gehen, wo noch zweimal eine Reinigung mit warmem Wasser und viel Seife erforderlich war. Gestunken hat er aber trotzdem noch. Die nächsten Tage durfte er nicht in unsere Nähe kommen.

In der neunten Wohnung

wohnte die Familie Eichentopf. Sie hatten zwei Kinder, den kleinen Rüdiger, der Papas Liebling war, und Peter, der so alt wie ich war. Wir gingen zusammen in eine Schulklasse. Herr Eichentopf mochte gerne viel reden. Sehr oft hatte er am Abend meinen Vater besucht und die beiden haben sich stundenlang und mit Begeisterung sehr laut über ihre Kriegserlebnisse unterhalten. Das war für mich sehr spannend und ließ mich auch erst spät einschlafen.

Eichentopfs waren auch im dänischen Verein und geschlachtet haben sie auch jedes Jahr. Peter bekam dann immer Schmalzbrot mit zur Schule, das er mit mir tauschte gegen Marmeladenbrot. Frau Eichentopf hatte so eine vornehme Art und sprach auch so gewählt. Zum Flur sagte sie z.B. Windfang, und Peters Jacke hieß bei ihr Jacket. Sie selbst war auch auffallend gepflegt, genauso wie ihr schön eingerichtetes Wohnzimmer.

Auf der anderen Seite war sie Weltmeister im Borgen. Mal fehlte es ihr an Zucker oder Mehl und Salz. Es gab nichts, was ihr nicht gerade ausgegangen war. An das Wiederbringen mußte sie aber stets erinnert werden. Besonders gern und oft hat sie unsere große Aluminiummilchkanne geliehen. Bis Mutti ihr mal sagte, sie könne sich langsam mal selbst eine Milchkanne anschaffen. Da sagte sie ganz keck: „Warum soll ich mir eine kaufen, solange ich sie doch geliehen bekomme." Da war Schluß für Mutti.

Eines Tages als Mutti bei Kaufmann Sinn in der Herrenstraße zum Einkaufen war, wurde ihr Fahrrad geklaut. Wie sich bald herausstellte, war es Frau Eichentopf. Ihre Entschuldigung war: „Ich konnte ja nicht wissen, daß es Ihr Fahrrad war."

Wenig später erzählte sie überall herum, daß sie für vier Wochen ins Sanatorium müsse. Ein Krankenhaus war nicht vornehm genug. Die Nachbarn amüsierten sich über ihren Sanatoriumsfimmel. Eines Tages besuchte Frau Thode uns, sie kam gerade aus Kiel und berichtete, was sie dort erlebt hatte. „Weißt du, wen ich gesehen habe? Frau Eichentopf! Sie marschierte im blauen Kittel und mit Holzschuhen in einer Kolonne durch die Holstenstraße. Sie hat mich aber nicht gesehen." Das war also ihr Sanatorium.

In der zehnten Wohnung

wohnte die Familie Stürmer, sie war in Kiel ausgebombt worden. Ihr einziger Sohn Dirk war adoptiert und sehr verwöhnt. Es wurde ihm einfach alle Arbeit abgenommen. Selbst in meinem Alter konnte er sich nicht alleine anziehen. Ich hab das immer gesehen, wenn ich ihn zur Schule abholte. Es wurde alles noch einmal kontrolliert, ob die Ohren sauber waren, der Haarscheitel schön gerade war, das Taschentuch auch sauber war und die Schnürsenkel gebunden waren. Dann kamen die vielen Ratschläge, wie er sich zu verhalten hatte. Das Ergebnis war ein total unselbständiges Kind. Er hat auch nie mit uns gespielt.

Eines Tages als er von der Schule kam, sagte er, daß er nicht sehen könne. Die Eltern waren schockiert, aber Dirk konnte keine befriedigende Antwort geben. Die Eltern sind dann mit ihm nach Kiel zum Augenarzt gefahren, aber der konnte nichts feststellen. „Die Augen sind gesund", sagte er. „Sprechen Sie doch noch einmal mit dem Lehrer." Zu Hause fragten sie Dirk noch einmal, wie es käme, daß er nur in der Schule nicht sehen könne. Da sagte Dirk: „Ja, wenn immer einer vor mir sitzt." Dirk war nicht dumm, aber er fand sich im Leben nicht zurecht.
So wie andere Leute ein Schwein hatten, hatte Herr Stürmer seine Ziegen. Die wurden immer mit einer Kette im Knick angetüddert. Wenn ein Stück vom Knick abgefressen war, zogen sie ein Stück weiter. So gab es in diesen beweideten Knicks nie Unkraut. Auf den Wiesen durften die Ziegen nicht grasen, aber auf den Knicks hatten die Bauern nichts dagegen. Einmal passierte es, daß sich eine Ziege an ihrer Kette aufhängte. Sie war vom Knick abgerutscht.

So etwas Ähnliches passierte auch dem Ziegenschulz, der seine Ziege auf dem Heimweg zum Lager an die Bahnschranke gebunden hatte. Er war so im Gespräch mit einem Freund vertieft, daß er nicht merkte, wie die Schranke wieder hochging. Der Beamte im hundert Meter entfernten Bahnhof hat das Rufen und Schreien des Ziegenschulzen nicht bemerkt. So starb die Ziege hoch oben in der Luft. Über so viel Dummheit hat das ganze Dorf gelacht.

In der elften Wohnung

wohnte die Familie Schmidt. Ihre Tochter Karin war das einzige Kind. Bei ihnen wohnte noch eine Oma. Karin war ein Jahr jünger als ich. Frau Schmidt war Schneiderin. Herr Schmidt war Fernfahrer bei der Spedition Jöhnk und kam nur zum Wochenende nach Hause.

In der zwölften Wohnung

wohnte die Familie Zelmer. Sie hatte drei erwachsene Kinder, zwei Jungs und ein Mädchen. Der eine Junge ist mit dem Motorrad tödlich verunglückt. Das Mädchen wohnte noch zu Hause und litt sehr an Epilepsie. Wir haben oft miterlebt, wenn sie plötzlich umgefallen ist und von Krämpfen geschüttelt wurde. Einmal geschah es, als sie mit ihrer Mutter vor der Haustür saß und Pellkartoffeln abgepult hat. Als sie den Anfall bekam, hatte sie gerade eine heiße Pellkartoffel in der Hand. Die Hand verkrampfte sich so stark, das die Kartoffel zerquetscht wurde und die Haut der Hand verbrannte. Frau Zelmer war eine große Frau und hatte das ganze Gesicht voll Sommersprossen. Ihr Mann war ziemlich klein und dünn, ging etwas gebückt und hatte übergroße Ohren. Deshalb nannten ihn alle nur Osterhase.

In der dreizehnten Wohnung

(die erste im Querblock) wohnte die Familie Möller. Sie kamen aus Holtenau und hatten zwei Mädchen, die etwas jünger waren als ich. Die ältere hieß Ute und die jüngere
 Birthe. Birthe war sehr hübsch. Sie hatte dunkelblondes Haar und lange dicke Zöpfe. Sie war Papas Liebling. Herr Möller war als Fernfahrer bei der Firma Bumann angestellt.

Die Familie freundete sich mit Familie Eichentopf an. Das wurde eine verhängnisvolle Freundschaft. Herr Eichentopf verliebte sich in Frau Möller und das wurde schlimm. Die beiden konnten nicht voneinander lassen, da konnte auch Herr Möller nichts dagegen tun. Er hat sehr darunter gelitten, das war auch den Nachbarn nicht verborgen geblieben. Alle bedauerten ihn, aber er ertrug es mit erstaunlicher Geduld. Das ging so eine ganze Zeit, bis etwas, für uns alle ein nicht faßbares Ereignis, geschah.

Die Ehepartner beider Familien trennten sich und teilten auch die Kinder unter sich auf. Herr Eichentopf nahm sich Frau Möller zur Frau und seinen Lieblingssohn Rüdiger und die älteste Tochter Ute von Frau Möller. Herr Möller mußte Frau Eichentopf nehmen, die er gar nicht mochte, aber es wegen der Kinder tat. Herr Möller durfte seine Birthe behalten und bekam den ältesten Sohn Peter von Frau Eichentopf dazu. Um das nun alles amtlich zu machen, haben die neu zusammengestellten Ehepartner dann auch geheiratet und das am gleichen Tag und ganz öffentlich. Das gemeinsame

Hochzeitsfoto wurde vor dem alten Ziegeleigebäude mit dem großen Schornstein gemacht. Die Kinder waren natürlich auch in der neuen Zusammenstellung mit dabei. Das Foto wurde sogar in der Zeitung veröffentlicht. So wurde dieses wohl einzigartige Ereignis zum Dorfgespräch.

Die neue Familie Eichentopf ist nach Australien ausgewandert. Die neue Familie Möller ist in Gettorf geblieben. Mit der Zeit hat Herr Möller sich auch an seine neue Frau gewöhnt, aber richtig glücklich ist er nie geworden.

In der vierzehnten Wohnung

(die zweite im Querblock) wohnte die Familie Hoffmann. Frau Hoffmann hieß früher Furche mit Nachnamen. Sie hatte wieder geheiratet, weil ihr erster Mann mit dem Schiff untergegangen war. Das geschah in den letzten Kriegstagen in der Eckernförder Bucht. Auf dem Kriegsschiff wurde versehentlich Dampf abgelassen. Dies wurde von einem englischen Bomber gesehen, der das Schiff dann versenkte.

Frau Hoffmann hatte zwei Kinder, Renate, die ein Jahr jünger als ich war, und Günter, der genauso alt wie ich war und mit mir in die gleiche Schulklasse ging. Wir waren Freunde. Die Kinder haben den Nachnamen Furche behalten. Herr Hoffmann war Vertreter für landwirtschaftliche Futtermittel und hat wohl ganz gut verdient. Denn er hatte den ersten Fernseher auf der Ziegelei und fuhr das erste Auto, das er auch sehr gepflegt hat.

Kaufmann Hamann und seine Bonbons

Zum Einkaufen gingen wir meistens zu Kaufmann Hamann, weil sein Lebensmittelgeschäft am Ende der Fischerstraße auf der anderen Seite der Kieler Chaussee war und es kein anderes Geschäft in der Nähe gab.

Es war ein sehr kleiner Laden, wie es früher so üblich war. Gleich wenn man den Laden betrat, war an der linken Seite der Verkaufstresen, auf dem an der rechten Seite die große mechanische Kasse stand. Wenn Frau Hamann den Preis eingab, mußte sie die einzelnen Zahlen, die auf einem Hebel angebracht waren, nach unten ziehen. So bald die Summe komplett war, sprang, begleitet von einem Klingelton, die Kassenschublade auf, in der das Wechselgeld lag.

Links auf dem Verkaufstresen stand eine ganze Gallerie von großen Gläsern, gefüllt mit den schönsten Bonbons. Das war natürlich ein Anziehungspunkt für uns Kinder.

Hinter dem Tresen waren die Wände vom Fußboden bis zur Decke voll von Schubfächern, die gefüllt waren mit allen Lebensmitteln, die man sich nur denken konnte. In jedem Schubfach lag auch eine kleine Schaufel, mit der das Mehl oder der Zucker oder sonst was in kleine spitze Tütchen gefüllt wurde.

In der rechten hinteren Ecke des Ladens war ein Durchgang zu einem hinteren Raum, in dem die Eimer mit Gurken, Sauerkraut, Marmelade und Sirup standen. Aber auch Kartoffeln und Frischgemüse waren hier gelagert. Dieser Raum war nicht für die Kunden gedacht und mit einem Vorhang verschlossen. Immer wenn Frau Hamann etwas aus diesem Raum brauchte, verschwand sie hinter diesem Vorhang.

Etwas zu naschen gab es früher eher wenig. Meistens nur zu Weihnachten oder zu Ostern, Geburtstag wurde auch kaum gefeiert. Ich kenne jedenfalls niemanden, der je einmal Geburtstag gefeiert hätte. Günter Ulrich und ich überlegten uns, wie wir das ändern könnten. Die Bonbongläser von Frau Hamann waren nicht verschlossen, man brauchte einfach nur hineinzugreifen. Dazu mußte Frau Hamann aber hinter dem Vorhang verschwinden. Aber wie wollten wir sie dazu bringen? Es durften auch keine anderen Kunden im Laden sein. Da bekam Günter den Auftrag, saure Gurken einzukaufen. Das war die Gelegenheit. Ich übernahm die Aufgabe des Wachpostens. Als Frau Hamann nach hinten ging, folgte ich ihr bis zum Vorhang und paßte auf, daß sie uns nicht überraschen konnte. Günter griff unterdessen zweimal in das Glas mit den Rahmbonbons. Die waren nämlich in Papier eingewickelt und klebten nicht an den Händen. Es ging alles gut und wir sind ungeschoren davongekommen. Kaum hatten wir die Chaussee überquert, ging es ans Futtern. Bisher hatte es höchstens mal ein Bonbon gegeben, aber nun konnten wir uns den Mund so richtig vollstopfen. Als die Bonbons alle waren, kam wieder das eigenartige Gefühl des schlechten Gewissens. Ein zweites Mal haben wir es nicht wieder versucht. Es lag vielleicht auch an einem anderen Erlebnis, das ich mit meinem Schulfreund Walter Schleich hatte. Als ich mit ihm zum Kaufmann ging, bekam er eine Mark zuviel ausgezahlt. Da er ein guter Rechner war, hat er es auch sofort bemerkt, aber nichts gesagt. Zu Hause angekommen, berichtete er seiner Mutter gleich das freudige Ergebnis.

Er hatte es noch nicht ganz ausgesprochen, da hatte seine Mutter ihm auch schon eine geklebt und gesagt: „Du gehst sofort zurück und entschuldigst dich." Das hat mich sehr beeindruckt und gezeigt, was Ehrlichkeit bedeutet. Das hab ich in meinem ganzen Leben nicht vergessen.

Die Erlebnisse mit meinem Vater

1. Der Luftballon und der Haustürschlüssel:

Die Erlebnisse mit meinem Vater waren überwiegend negativ. Eines Tages hatte er einmal eine Wiedergutmachungszahlung von vierhundert D-Mark erhalten, weil er vor dem Krieg einmal für vier Wochen eingesperrt gewesen war. Er hatte christliche Schriften verkauft, was zu Hitlers Zeiten verboten war. Mit diesem Geld wollten die Eltern Bettwäsche kaufen, die wir sehr nötig brauchten. Wir mußten natürlich wie immer zu Hause bleiben mit den üblichen Verhaltensregeln.
Wie das dann so ist, wenn Kinder allein sind, wird alles untersucht, was man nicht darf. Bei uns war es immer das Schlafzimmer, wo wir sonst nichts zu suchen hatten. Ich fand in der Schublade von Papas Nachtschrank eine kleine Schachtel aus Aluminium. Als ich sie öffnete, waren darin zwei runde Gummis voll Puder. Was das war, wußte ich natürlich nicht. Die Gummis waren aufgerollt. Eigenartig, dachte ich. Als ich dann ein Gummi abrollte, war es plötzlich ein Luftballon, den man nur noch aufpusten mußte. Nur der Puder störte doch sehr. Es wurden aber zwei schöne, große Luftballons, die wir mit nach draußen nahmen und damit spielten. Wir waren richtig stolz darauf. So etwas hatten die anderen Kinder nicht. Einige Nachbarn, die es sahen, fingen an zu lachen. Wir dachten, sie freuten sich, daß wir so vergnügt waren. Am nächsten Tag erzählten die Nachbarn es meinen Eltern. Heute weiß ich, daß es ihnen bestimmt sehr peinlich war.

Dann passierte etwas Schreckliches. Als ich die Haustür aufschließen wollte, brach der Schlüssel ab. Nun war Holland in Not, wir konnten nicht mehr reinkommen und mußten so lange warten, bis die Eltern nach Hause kamen. Erst gegen Abend kamen sie an. Als Papa das Malheur sah, wurde er furchtbar wütend und hätte uns am liebsten gleich verhauen, aber er hatte keinen Stock. Da ging er zum Knick und schnitt in aller Ruhe mit seinem Taschenmesser einen dicken Stock aus dem Zaun. Wir standen indessen zitternd und heulend vor der Tür und warteten auf unsere Strafe. Mich hat er zuerst verprügelt und dann meine Schwestern auch. Durch unser Schreien kamen einige Nachbarn dazu und sagten nur: „August, was machst du da mit den Kindern, du solltest dich was schämen." Daß Mutti nicht eingegriffen hat, konnte ich nie begreifen. Papa war Bauschlosser von Beruf und hatte die Hautür Null Komma nichts wieder auf. Warum dann die Prügelei?

2. Der Kampf mit Clausen:

Papa hat mich immer mitgenommen, wenn er zum Brombeerpflücken ging oder auch andere Früchte wie Himbeeren, Schlehen, Pilze usw. Warum, weiß ich nicht. Er wollte wohl nur nicht alleine sein, denn unterhalten hat er sich nie mit mir. Zu Anfang machte es wohl Spaß, aber mit der Zeit wurde es doch immer langweiliger.
Eines Tages passierte etwas: Wir standen auf einem Knick von Bauer Frahm, der an Clausens Grundstück grenzte. Mit einem Mal kam Herr Clausen durch den Zaun und stürmte auf uns zu. Er sagte zu meinem Vater: „Nu hew ick di jo endlich." Wir sprangen vom Knick auf Köpkes Koppel ins Kornfeld. Herr Clausen dachte, daß Papa weglaufen wollte und kam hinterher. Ich bekam es mit der Angst und lief weg bis zu Bauer Kähler und versteckte mich dort im Knick.

Über eine Stunde habe ich dort gewartet und mich dann sehr vorsichtig auf den Heimweg gemacht. Es war alles so still, da fing ich an zu laufen und war heilfroh, als ich endlich nach Hause kam. Papa war schon lange zu Hause und rühmte sich damit, daß er Clausen verhauen hätte. Mich hat er überhaupt nicht vermißt. Das war typisch für ihn.

Der Toiletteneimer und die Zigaretten

Sonntags war Papas Gartentag und ich mußte immer mit. Das war schrecklich. Nie konnte ich mich auf einen Sonntag freuen. Das Schlimmste war immer, daß er gerade am Sonntag den Toiletteneimer zum Garten fahren mußte. Wir hatten einen großen Bollerwagen mit Gummirädern. Ich mußte mit anfassen, um den Eimer auf den Wagen zu stellen. Das war besonders schwierig, wenn der Eimer zu voll war. Er streute dann oben darauf etwas Torfmull, damit es nicht so leicht überschwappen konnte. Alle Leute kippten ihren Eimer abends im Dunklen in das große Becken hinter dem Wohnblock, das dafür vorgesehen war. Aber Papa brauchte den Kram für seinen Komposthaufen. Der Weg zum Garten führte am halben Block vorbei. Es war wie Spießrutenlaufen. Alle Nachbarn, an denen wir vorbeikamen, grinsten und einer sagte immer: „Na August, fährst du wieder mit deinem Goldeimer spazieren?" Das machte Papa aber überhaupt nichts aus. Mutti war immer sauer, daß er sich das nicht abgewöhnen konnte. Mutti hatte mit Papa vereinbart, daß ich nur bis Mittag im Garten arbeiten mußte, aber Papa hielt sich nicht daran. Es dauerte immer länger, bis Mutti kam, um mich zu holen. Ich wollte doch so gerne ins Kino gehen und das fing um 14:00 Uhr an. Ich mußte ihm aber jedesmal eine Schachtel Zigaretten schenken, damit er sich überreden ließ. Der Eintritt für das Kino kostete nur fünfzig Pfennig. Wenn man dazu die eine Mark für die Zigaretten rechnete, war es jedesmal ein teures Unternehmen für mich. Das Geld dafür mußte ich mir in der Baumschule von Dittmann verdienen. Dort haben wir Jungs in den Ferien oder auch am Nachmittag gearbeitet. Für einen ganzen Tag von neun Stunden bekamen wir zwei D-Mark.

Die Fahrt nach Lebanks in Wulfshagener Hütten

Papa kannte eine Familie Lebank in Wulfshagener Hütten, sie wohnte auf dem großen Gutshof und hatte drei große Söhne. Alle arbeiteten als Schweizer.
Die Güter hatten früher große Kuhherden, die versorgt und gemolken werden mußten. Dafür waren die Schweizer zuständig. Alle Kühe mußten früher noch mit der Hand gemolken werden. Wenn ein Gut zweihundert Kühe oder mehr hatte, kann man sich vorstellen, wieviele kräftige Männer dafür gebraucht wurden.
Wenn Papa mit dem Fahrrad dort hinfuhr, nahm er mich mit. Der Weg dorthin war ungefähr drei Kilometer lang. Es war ein Feldweg mit vielen Schlaglöchern und mit einem Fahrrad nicht einfach zu befahren. Ich mußte auf dem Gepäckträger sitzen. Leider hatte das Rad keine Fußrasten, wo ich mich abstützen konnte. Ich mußte immer aufpassen, daß ich mit meinen nackten Füßen nicht in die Speichen kam.
Einmal passierte es aber doch. Das war sehr schlimm und tat schrecklich weh. Papa hat mich nicht getröstet, aber er beeilte sich doch, schnell zu Frau Lebank zu kommen. Die hat mich dann verbunden.
Es war gerade Mittagszeit und wir wurden zum Essen eingeladen. Auf dem Herd stand eine große Pfanne mit Bratkartoffeln, es roch köstlich und schmeckte ebenso gut, weil dort so viel Speck drin war. Das kannte ich überhaupt nicht. Hinterher gab es Milchsuppe. Wir haben Lebanks noch oft besucht und immer gab es Bratkartoffeln und Milchsuppe.

Meine neuen Stiefel

Kurz vor der Einfahrt zum Gutshof in Wulfshagener Hütten hatte der alte Schuster Cohrt seine Werkstatt. Als wir wieder einmal die Familie Lebank besuchen wollten, sind wir bei dem Schuster eingekehrt. Papa wollte ihn fragen, ob er für mich ein paar Stiefel machen könnte. Ich hab mich sehr darüber gefreut, aber ich konnte mir nicht recht vorstellen, wie Papa auf diese Idee gekommen war. Wahrscheinlich haben ihn die Lebanks dazu gebracht.
Der Schuster hat dann meine Füße ausgemessen und gesagt, daß wir in drei Wochen wiederkommen sollten. Als es endlich soweit war, durfte ich die Stiefel anprobieren. Sie waren wunderschön und paßten wie angegossen. Es waren schwarze Lederstiefel, die fast bis zum Knie reichten. So etwas hatte ich bisher noch nie gehabt. Was Papa dafür bezahlen mußte, weiß ich nicht, aber wahrscheinlich hat er dafür etwas eingetauscht, denn das Geld war immer knapp.

Die Fahrt nach Ulsnis und Schleswig

Wir hatten noch Verwandtschaft in Ulsnis an der Schlei. Dort wohnten Tante Marie und Papas Cousin Onkel Heino und die Cousine Tante Lisa. Sie hatten ein großes, weißes Haus und eine Obstplantage. Papa hat als Kind hier immer seine Sommerferien verlebt. Papa schwärmte für Tante Lisa und Onkel Heino schwärmte für Mutti. Einmal in den Sommerferien wollte Papa sie besuchen und ich durfte mit.
Ich hatte einen weißen Marineanzug mit blauem Latz und kurzer Hose, den ich für diese Reise anziehen durfte. Ich freute mich sehr auf diese Reise, besonders auf die lange Fahrt mit dem Zug. In diesen Zeiten waren die Züge immer überfüllt, denn andere Reisemöglichkeiten gab es kaum. Busse gab es noch nicht.
Als der Zug aus Kiel kommend in Gettorf anhielt, war er schon so

voll, daß man sich regelrecht hineindrängeln mußte. Papa schaffte es gerade noch, aber ich mußte auf dem Trittbrett sitzen und hatte Mühe mich festzuhalten. Das hat Papa überhaupt nicht gestört. Er sagte nur immer: „Halt dich gut fest." Eigentlich hätte er ja auf dem Trittbrett sitzen müssen, aber er tat es nicht. Zum Glück konnte der Zug nicht so schnell fahren, weil er mit Braunkohle beheizt wurde.

Es war aber doch eine spannende Fahrt, weil ich die beste Aussicht hatte. Die Leute, die gedrängelt im Zug stehen mußten, haben ganz schön geschwitzt, weil wir ein sehr heißes Sommerwetter hatten.

Die Fahrt ging bis nach Lindaunis und dort mußten wir umsteigen auf den Schleidampfer. Es waren aber nur ein paar Kilometer bis nach Ulsnis. Tante Marie hat sich sehr gefreut über unseren Besuch.

Ich habe ein eigenes Zimmer zum Schlafen bekommen. Das war sehr ungewohnt für mich, aber sehr schön. Sogar eine richtige Matraze war in diesem Bett. Jeden Tag sind wir runter zur Schlei gegangen und haben gebadet. Es gab dort einen kleinen Strand, der war sehr schön, aber es gab dort auch viele Ameisen, vor denen wir flüchten mußten.

Nach einer Woche war unser Urlaub leider zu Ende. Als wir uns verabschiedet haben, sagte Tante Marie noch: "Es wäre schön, wenn ihr uns öfter besuchen würdet." Auf dem Rückweg sind wir mit dem Schleidampfer noch nach Schlewig gefahren. Papa wollte noch einmal seine Heimatstadt besuchen, wo er geboren wurde.
Die Fahrt dorthin war ziemlich weit und dauerte mehrere Stunden. Obwohl es keinen Wind gab und auf dem Wasser keine Wellen waren, wurde ich seekrank. Auf der ganzen Reise war mir speiübel und ich mußte mehrmals brechen. Erst als ich etwas gegessen hatte, wurde es langsam besser. Ich hatte mich so auf die Dampferfahrt gefreut, aber jetzt war ich wirklich froh, als sie zu Ende war.
In Schleswig zeigte Papa mir sein Elternhaus, in dem er geboren worden war, und auch seine frühere Schule habe ich sehen können. Dann machten wir noch einen Bummel durch die Einkaufsstraße, in der er einige Geschäfte besuchte, in denen er als Kind eingekauft hatte. Für mich war dieser Bummel nicht gerade erfreulich, weil ich immer Angst haben mußte, Papa zu verlieren. Er nahm mich nämlich nicht an die Hand. Ich mußte immer hinter ihm herlaufen, zwischen den Menschen auf der Straße verschwand er manchmal in einem Geschäft und ich habe es nicht mitgekriegt. Das war sehr schlimm für mich.

Manchmal blieb Papa auch einfach bei einem Geschäft stehen und war plötzlich nicht mehr zu sehen.
Danach sind wir dann runter zum Hafen gegangen und haben uns die vielen schönen Schiffe angesehen. Auch die Möweninsel konnte man von hier aus sehen. Es gibt auf der Insel keine Menschen, sondern nur Möwen, die dort ihre Jungen großzogen. Damit die Möwen nicht überhandnahmen, wurden ihnen immer ein Teil der Eier weggenommen, der dann verkauft wurde.
„Im Winter", sagte Papa, „wenn die Schlei zugefroren war, konnte man über das Eis bis zur Möweninsel laufen. Man mußte aufpassen, daß man nicht in ein Eisloch fiel. Die Löcher wurden von den Fischern ins Eis geschlagen, um Fische zu angeln. Papa erzählte, wie sein Bruder Heini einmal in so ein Loch gefallen war. Er hatte sich von anderen Kindern einen Schlitten geklaut und ist damit über das Eis geschlittert. Plötzlich verschwand er in einem Eisloch und spaddelte wie wild unterm Eis entlang. Zu seinem Glück gerade

auf ein anderes Eisloch zu. Dort tauchte er wieder auf, wo ihn die Kinder herauszogen. Die Kinder fragten ihn dann, warum er unter dem Eis denn so wild gespaddelt hätte? Heini sagte nur: „Ik dach, de Fisch beet all an mi." Die Hinfahrt ging dann wieder mit dem Zug über Rendsburg und Kiel nach Gettorf. Diesmal war der Zug nicht mehr so voll wie auf der Hinfahrt.

Papas Weinexperimente

Papa ist es gelungen, eine zwanzig Liter Ballonflasche zu bekommen. Nun konnte er endlich seinen geliebten Schlehenwein selber herstellen. Das ist nicht ganz einfach. Die Schlehen haben nur wenig Fruchtfleich und daher auch wenig Saft. Man kann sie erst nach dem ersten Frost flücken, damit man überhaupt etwas Saft heraus bekommt. Weil der Kern so groß ist, kann man sie auch nicht auspressen. Man braucht darum auch sehr viele Schlehen, um genügend Saft zu bekommen. Das Pflücken war auch sehr mühsam, weil die Schlehen an Dornensträuchern wachsen. Wir haben es aber immer wieder geschafft, genügend Früchte zu pflücken.

Sie kamen in einen großen Kessel mit nur wenig Wasser. Dazu wurde etwas Weinsteinsäure gegeben. Die Säure war nötig, um den Saft aus den Früchten zu ziehen. Das dauerte ungefähr 24 Stunden. Danach wurde alles durchgesiebt und in die große Ballonflasche gefüllt. Hinzu kam noch Zucker und Gärhefe.
Verschlossen wurde die Flasche mit einem gebogenen Glasröhrchen. Es sah aus wie ein Siphon vom Waschbecken. Die Krümmung wurde mit etwas Wasser gefüllt, damit keine Luft eindringen konnte, sondern nur der Überdruck aus der Gährung entweichen konnte. Das dauert nun mehrere Wochen. Nach einiger Zeit setzten sich Schwebstoffe am Boden ab und mußten entfernt werden.

Beim ersten Mal war es noch ein dicker Brei, den Papa aber nicht weggeschmissen hat. Das könnten die Hühner fressen, meinte er.

Die Hühner haben es auch mit Begeisterung gefressen. Mal was anderes, dachten sie wohl. Aber nach einiger Zeit ging es los. Sie fingen an zu hüpfen, zu springen, flatterten hoch, fielen herunter, rempelten sich an, drehten sich im Kreis und gackerten und krähten um die Wette. Die Meerschweinchen, die im Hühnerhagen frei herumliefen, flüchteten in ihre Hütte. Es war also toll was los in unserem Hühnerhagen. Dann wurden sie müde und fielen einfach um und schliefen ein. Erst nach einigen Stunden stand eine Henne nach der anderen wieder auf. Ihre Eier am nächsten Tag haben sie aber trotzdem gelegt.

Bei der nächsten Umfüllung war der Grund schon richtig dünn. Er sah schon fast wie Wein aus, nur noch nicht so klar. Papa meinte, „Es ist eigentlich zu schade, den noch nicht fertigen Wein wegzuschütten. Wir probieren ihn einfach mal." Ich bekam auch ein halbes Glas. Es schmeckte nicht schlecht. Aber nach einiger Zeit, wurde mein Bauch immer dicker und ganz hart. Es tat richtig weh. Ich ging dann nach draußen und steckte den Finger in den Hals, um zu brechen. Da schoß es wie eine Rakete heraus und mir ging es gleich besser. Der Wein hatte im Magen weiter gegärt und diesen hohen Druck erzeugt.
Nach zwei weiteren Umfüllungen wurde es aber dann ein schöner klarer Wein, der auch in der Nachbarschaft beliebt wurde.

Große Wäsche

Einmal im Monat hatten wir große Wäsche. Jede Familie bekam dann drei Tage Zeit. Am Abemd davor konnten wir schon den Schlüssel vom Nachbarn holen, um die Vorbereitungen für den ersten Waschtag zu treffen. Wir Kinder haben dann den Waschkessel und eine große Balje mit Wasser gefüllt. Zum Glück stand die Pumpe direkt vor der Tür, aber es war für uns doch eine ganz schön schwere Arbeit. Mutti konnte dann schon die Wäsche einweichen.

Am nächsten Morgen ist sie schon ganz früh in die Waschküche gegangen und hat das Feuer im Waschkessel angemacht. Die Wäsche wurde etwa zwei Stunden gekocht und dann herausgenommen und in der kleinen Balje, die auf einem Bock befestigt war, auf dem Waschbrett geschrubbt. Bei dieser Arbeit entstand so viel Dampf, daß man kaum etwas sehen konnte. In der großen Balje, die auf dem Boden stand, wurde die Wäsche dann zweimal ausgespült. Da gab es viel Wasser zu schleppen. Nach der Schule konnten wir Mutti wieder dabei helfen.

Es gab in der Waschküche keine Wäschemangel, darum mußte Mutti die Wäsche mit der Hand auswringen, was sehr schwer war. Am Ende von unserem Block war ein kleiner Wäscheplatz mit ein paar Holzpfählen. Hier wurde eine Wäscheleine gespannt und darüber die Wäsche zum Trocknen aufgehängt.
Im Sommer ging es ja ganz gut, aber im Winter ist die Wäsche ganz steif gefroren. Man konnte ein Bettlacken direkt an die Wand stellen, ohne daß es zusammensackte. Das war sehr lustig. Wir trugen die Wäschestücke dann einzeln nach Hause.
In unserem Wohnzimmer hat Mutti dann eine Leine gespannt und die Wäsche zum Nachtrocknen aufgehängt. Weil jetzt auch stärker geheizt werden mußte, entstand eine sehr feuchte Tropenluft, in der man kaum atmen konnte. Es machte aber auch Spaß zwischen den Wäschestücken hindurchzugehen.
Auch mußten wir an diesem Abend wieder die Waschküche für den nächsten Tag vorbereiten, denn dann kam die Buntwäsche dran.

Das war immer ein großer Aufwand. Alle waren froh, wenn diese Tage zu Ende waren.

Reit- und Fahrturnier

Es gab früher jedes Jahr ein Reit- und Fahrturnier in Gettorf auf dem Sportplatz. Das war ein Großereignis, von dem wir immer wieder begeistert waren. Die Hauptsache war das Hindernisspringen, aber auch die Kutschengespanne, die ihr Können vorführten, waren schön anzusehen.
Selbst Dressurreiten und ein kleines Traberrennen wurden vorgeführt. Ich war immer begeistert von den vielen schönen Pferden, die man sonst nie zu sehen bekam.
Auch Bierzelte, Eisbuden, Zuckerbuden und Bratwurststände gab es. Es war wie ein großes Volksfest, das fast alle Einwohner besuchten. Leider verlangten sie auch Eintrittsgeld, was wir nicht hatten. Wir haben aber trotzdem einen Weg gefunden, hineinzukommen. Die Häuser in der Gartenstraße hatten so lange Gärten, die bis an den Sportplatz heranreichten. Wir fanden immer einen Gartenbesitzer, der Mitleid mit uns hatte und uns durch seinen Garten laufen ließ.

Einmal haben wir ein paar Männer beobachtet, die an einem Tisch saßen und tranken. Sie hatten einen Polizisten eingeladen mit ihnen zu trinken. Er durfte aber nicht mit ihnen trinken. Um es sich mit ihnen nicht zu verderben, setzte er sich dazu und tat nur so, als ob er trinken würde. Jedesmal wenn er mit ihnen anstoßen mußte, kippte er seinen Schnaps über die Schulter. Wir haben sehr darüber gelacht, aber ihn nicht verraten. Die anderen waren schon so betrunken, daß sie überhaupt nichts merkten.

Bei einem Turnier gab es einmal ein schweres Unglück. Ein Schüler unserer Schule durfte beim Springreiten mitmachen. Er hieß Puschi Marksen und wohnte in der Gartenstraße. Er hatte ein Pferd von Bauer Rabe geritten. Weil er an dem Turnier beteiligt war, durfte er sich auch dort aufhalten, wo die Pferde in die Arena eingelaufen sind. Da geschah es, daß ein Pferd scheute und ihn ein Huf direkt vor die Brust traf. Der Schlag war so stark, daß der Junge daran starb. Es hat uns alle sehr erschüttert. Keiner konnte begreifen, wie so etwas Schreckliches hatte passieren können. Es wurde die erste Beerdigung in meinem Leben, die ich miterleben mußte. Es war sehr traurig und ich habe es nie vergessen können. Auch viele Schüler unserer Schule haben daran teilgenommen.

Reiterspiele, Trudelreifen, Versteckspiel und der Spatzenfang

In den Tagen nach dem Reitturnier haben wir es auch gespielt. Wir selbst waren natürlich die Pferde und gleichzeitig die Reiter. Als Reiter mußten wir auch eine Reitpeitsche haben, die wir uns gebastelt haben. Sie bestand aus einem 50 cm langen Stock, der an einem Ende eine Schlaufe aus Lederstreifen zum Anfassen hatte und am anderen Ende war eine Lederklatsche, so ähnlich wie bei der Fliegenklatsche, angebracht. Mit dieser Reitpeitsche klopften wir uns beim Absprung über ein Hindernis auf den Hintern.
Zuerst mußten natürlich ein Turnierplatz abgesteckt und die Hindernisse aufgebaut werden. Die Stöcke hierfür holten wir uns aus dem Knick. Zu einem Hindernis gehörten links und rechts ein Stock mit einer Astgabel im Abstand von etwa 1,30 m. Über beide Astgabeln wurde dann ein Stock gelegt und fertig war das Hindernis. Die Hindernisse hatten verschiedene Höhen, wovon das höchste 1,20 m hoch war.

Dann hatten wir uns Namen gegeben und ein Ansager hat immer den nächsen Reiter aufgerufen, woraufhin wir dann antraben mußten. Darin waren wir besonders gut, denn jeder hat versucht, den anderen mit seinem Pferdegebaren zu übertreffen. Oft blieben die Erwachsenen stehen und amüsierten sich über unsere tollen Leistungen. Das ging dann so zwei, drei Wochen lang und wurde jedes Jahr nach dem Reitturnier wiederholt.

Danach kam dann das Spiel mit dem Trudelreifen. Dazu nahmen wir die Felgen von Fahrrädern, von denen die Speichen entfernt wurden. Die Räder konnte man beim Schrotthändler bekommen. Wir haben die Räder nicht nur mit dem Stock geschlagen, sondern aus einem Stück Draht eine spezielle Vorrichtung zurechtgebogen, mit der die Felge geschoben und geführt werden konnte. Wir haben auch regelrechte Rennen veranstaltet. Das ging dann immer rund um den großen Mittelblock der Ziegelei. Auch haben wir uns Hindernisstrecken aufgebaut, die umfahren oder übersprungen werden mußten.
Langeweile haben wir nie gehabt, auch ohne Fernseher und Videospiele. Im Gegenteil, wir hatten immer neue Ideen. Die Nachmittage waren stets zu kurz. Aber auch im Dunkeln gab es viele Dinge, die man unternehmen konnte. Besonders beliebt war bei uns das Versteckspiel. Dabei habe ich einmal ein besonders unangenehmes Erlebnis gehabt. An einer Wand standen Dränagerohre aufrecht aneinandergereiht. Sie waren so groß, daß ich hineinkriechen konnte. Ich dachte, daß ich ein besonders gutes Versteck gefunden hätte. Als einmal Gerd Ulrich, er gehörte zu den

größeren Jungs, zum Suchen bestimmt war, passierte es. Er hat mich leider doch gefunden, aber nicht angerufen. Ich konnte ihn nicht sehen. Das hat er ausgenutzt und mir auf den Kopf gepinkelt. So schnell bin ich noch nie aus meinem Versteck herausgekommen.
Die Dächer unseres Wohnblocks hatten einen Überstand von fünfzig Zentimetern und auf den Dachsparren haben immer etliche Spatzen übernachtet. Das Dach war so niedrig, daß man es mit der Hand erreichen konnte, wenn man sich auf einen umgekippten Eimer stellte.

Mit der Taschenlampe haben wir das Dach abgesucht und wenn wir einen Spatz gefunden hatten, wurde er von dem hellen Licht geblendet. Man brauchte nun nur noch von jeder Seite des Dachsparrens mit der Hand zuzufassen und schon hatte man einen Spatz in der Hand.

Aber nun wohin damit? Es mußte jemand sein, der auch Spaß vertragen konnte. Da schien Frau Brockmann gerade die Richtige zu sein. Jede Wohnung hatte noch einen kleinen Windfang, so war es ganz leicht, die Haustür ungehört zu öffnen. Dann hat einer die Stubentür aufgerissen und ein anderer den Spatz hineingeworfen. Nun mußte es schnell gehen sich zu verstecken.

Bei Frau Brockmann entstand ein Chaos. Die ganze Familie war auf Spatzenjagd, sogar der Kater hat sich daran beteiligt. Als der Spatz sich auf den Tannenstrauß setzte, der in einer Wandvase steckte, sprang der Kater hoch und riß die Vase von der Wand. Nach einigen Mühen hat Frau Brockmann den Spatz zu fassen gekriegt. Wutentbrannt rannte sie mit dem Spatz in der Hand rüber zu ihrer Freundin, Frau Momsen, und warf ihr den Spatz ins Wohnzimmer, mit den Worten: „Hier hast du deinen Vogel wieder." Sie war fest davon überzeugt, daß dieser Schabernack nur von ihr kommen konnte. Natürlich war Frau Momsen unschuldig. Aber nun hatten sie den Ärger mit der Spatzenjagd. Sie schafften es aber auch und entließen den Spatz in die Dunkelheit.
Nun war da noch Frau Zihglowski. Sie hatte einen kleinen Hausladen und verkaufte Schokolade, Bonbons, Kaffee, Zigaretten und Getränke. Sie konnte sich besonders gut aufregen, also bekam

sie an diesem Abend auch noch einen Spatz zu ihrem und unserem Vergnügen.

Am nächsten Tag war große Aufregung auf der Ziegelei. Man wollte unbedingt wissen, wer die armen Spatzen so verängstigt hatte. Obwohl es alle wußten, konnte man uns nichts beweisen. Wir haben natürlich zusammengehalten und nichts gesagt

Viel Spaß machte auch das Schießen mit dem Blasrohr. Wenn die Zeit der Holunderblüte vorbei war, bildeten sich an deren Stellen die kleinen grünen Früchte, aus denen später die fast schwarzen Holunderbeeren wurden.

Die kleinen, grünen Kügelchen konnte man ganz prima als Munition für das Blasrohr in den Mund nehmen. Für das Blasrohr nahmen wir die jungen Zweige vom Hollunderbusch, bei denen man das Mark herausdrücken konnte, so daß man ein schönes, dünnes Rohr bekam.
Die kleinen Kügelchen nahmen wir in den Mund und haben sie dann mit Schwung durch das Rohr geblasen. Nach einiger Übung flogen unsere Geschosse mehrere Meter weit und haben ganz schöne Schmerzen verursacht. Die beste Länge für das Blasrohr war ungefähr 30 cm.

In der Schule haben wir uns damit allerdings einigen Ärger eingehandelt. Die Lehrer waren gar nicht so begeistert wie wir und haben es verboten. Naja, als die Kügelchen langsam zu groß wurden, hörte dieser Spaß sowieso auf.

Unsere Höhle im Knick und im Strohdiemen

Wir haben uns früher immer eine Bude im Knick gebaut. Sie mußte aber gut getarnt sein, damit sie niemand entdecken konnte. Bei schönem Wetter ging das auch ganz gut, aber wenn es regnete und

kalt war, konnten wir uns nicht darin aufhalten.
Da kamen wir auf die Idee, eine Höhle im Knick auszugraben und ein Dach darüber zu bauen. Es mußte aber ein Knick sein, der nicht vom Bauern kontrolliert wurde. Hinter unserem Wäscheplatz gab es noch kleine Hausgärten, die am Knick zu Hammerichs Koppel grenzten. Dieser Knick war breit genug für unsere Zwecke, und ein Weg vom Bauern führte auch nicht vorbei.
Auf dem Knick, genau hinter unserem Garten, war eine größere Stelle, die frei von Sträuchern war. Hier gruben wir ein Loch von 1,00 m Breite, 3,00 m Länge und 1,00 m Tiefe. Abgedeckt wurde die Grube mit dicken Ästen und Zweigen und oben drauf noch mit Gras und Erde. An einem Ende bauten wir eine Luke ein, durch die wir in die Höhle kriechen konnten.
Von außen war unsere Höhle nicht zu entdecken. Die Innenwände haben wir mit Säcken abgehängt, damit man nicht so schmutzig wurde. Der Fußboden wurde mit Stroh ausgelegt und unsere Beleuchtung war eine Kerze. Wir waren vier Jungs, die am Bau beteiligt waren und hatten auch genügend Platz. Verpflegt haben wir uns mit Steckrüben.

Mit der Zeit wurde es aber ziemlich kalt. Wir mußten etwas zum Heizen finden, aber was? Die einzige Möglichkeit war ein Kamin.

Wir haben an einer Wand eine Ausbuchtung gegraben und ein altes Ofenrohr nach außen gesteckt. Das hatte auch den Vorteil, daß wir immer hören konnten, wenn andere Kinder vorbeikamen oder jemand im Garten war. Dann mußten wir uns ruhig verhalten. Vor die Feuerstelle haben wir ein breites Blech gesteckt, damit das Stroh nicht anfing zu brennen. Es war richtig gemütlich in unserer kleinen Höhle.
Eines Tages aber hat uns Helmut Rogowski entdeckt. Er war viel jünger als wir und gehörte nicht zu unserer Truppe. Er drohte uns zu verraten. Da nahmen wir ihn lieber auf, aber er mußte uns versprechen, nie die Höhle alleine zu besuchen. Er versprach es, aber hielt sich nicht daran. Einige Tage waren wir dann nicht in unserer Höhle. Als wir wieder hinkamen und die Luke öffneten, war alles schwarz, total angebrannt. War der Kerl doch allein hingegangen und hatte Feuer gemacht. Sein Glück , daß er nicht verbrannt ist. Wir haben dann unsere Höhle aufgegeben.

Wenn die Bauern in ihrer Scheune nicht so viel Platz hatten, um das viele Stroh unterzubringen, haben sie es gleich auf dem abgeernteten Feld gelassen. Es gab zu der Zeit schon Maschinen, die das lose Stroh zu handlichen Klappen binden konnten. Diese Strohballen schichteten sie dann zu mehreren Meter hohen Strohdiemen auf, die manchmal gewaltige Ausmaße hatten. Sie waren wie ein Mauerwerk geschichtet und hatten darum auch eine hohe Stabilität. So einen tollen Strohdiemen hatte Bauer Hammerich auch für uns aufgebaut. Ich sagte für uns, weil wir ihn gleich für uns in Anspruch genommen hatten. Man konnte in einem Strohdiemen herrliche Höhlen bauen.
Wir kletterten nach oben und zogen die Strohklappen aus der Mitte heraus, so tief und so umfangreich, bis eine schöne, große Grube entstand. Dann wurden die Klappen im oberen Bereich wieder eingesetzt, so daß man von außen nichts mehr sehen konnte. Den Eingang haben wir dann von der Seite gebaut, den man mit einer Strohklappe unsichtbar verschließen konnte.

Der Bauer kam öfters vorbei, um sich Stroh zu holen und verjagte die auf den Diemen tobenden Kinder. Wir haben uns in unserer Höhle versteckt, da waren wir sicher. Er ahnte wohl, daß wir da drinsteckten und stach in Abständen rings herum in den Strohdiemen. Das konnte uns aber nicht erschüttern. Wir mußten uns nur ruhig verhalten. Erst als der Bauer den Diemen so weit abgetragen hatte, daß er auf unsere Höhle traf, war unser Spaß zuende.

Das Manöver

Nach dem Krieg haben die Engländer oft Manöver bei uns gemacht. Das war für uns natürlich etwas ganz Tolles. Für die Bauern aber war es sehr ärgerlich. Sie fuhren mit ihren Panzern quer über die Felder und haben manchmal große Schäden angerichtet. Das Recht dazu hatten sie ja, denn sie hatten den Krieg gewonnen.

An den Straßenkreuzungen hatten sie blaue und rote Fähnchen angebracht, damit die einzelnen Gruppen wußten, wo sie langfahren mußten. Bei Bauer Frahm an der Kieler Chaussee hatte einmal eine lange Kolonne von Jeeps, Lastwagen und Panzern, haltgemacht. Die vielen Soldaten haben dort Quartier bezogen und sind eine Woche

geblieben. Sie haben sich draußen gewaschen und abends haben sie ein Lagerfeuer angemacht. Es sah so aus, als würden sie Urlaub machen. Wir Kinder durften zwischen ihnen herumlaufen. Das hat sie überhaupt nicht gestört. Im Gegenteil, sie waren sehr freundlich und haben versucht, sich mit uns zu unterhalten, was sehr schwierig war. Sie konnten nur sehr wenig deutsch sprechen und wir überhaupt kein englisch. Trotzdem wußten wir meistens, was sie meinten.
Sie hatten auch immer etwas zum Naschen für uns, meistens war es Kaugummi. Einmal haben sie sogar Weißbrot verteilt, von dem ich auch eins abbekam. Mutti hat sich sehr gefreut, wie ich stolz mit dem Brot unterm Arm zu Hause ankam.
Von einem Soldaten habe ich ein Katapult geschenkt bekommen. So etwas Schönes hatte ich noch nie gesehen. Ich hatte immer nur ein selbstgebautes aus Holz, aber dieses war aus dickem Metalldraht gebogen mit einem Ledergriff, an dem eine Lasche war, in die der Daumen reingesteckt wurde.
Das war mein schönstes Geschenk. Alle meine Freunde haben mich darum beneidet. Die Soldaten haben in großen Zelten geschlafen, die sie auf dem Bauernhof aufgebaut hatten.

Das Spannenste an diesem Manöver waren die vielen Düsenjäger, die im Tiefflug mit donnerndem Getöse bis dicht über die Baumwipfel über uns hinwegrasten. Das war so laut und so erschreckend, daß man fast jedesmal auf den Boden fiel. Es kamen immer zwei Düsenjäger zur gleichen Zeit angeflogen. Man konnte sie erst hören, wenn sie schon fast über uns waren. Sie kamen aus jeder Richtung und haben uns jedesmal überrascht. Wir hatten eine große Kastanie auf Bauer Rabes Koppel, auf der wir immer herumkletterten. Von diesem Baum haben sie die Spitzen abrasiert. Wir dachten immer, daß jeden Moment ein Flugzeug abstürzt. Vom Ziegeleischornstein, der 35 m hoch war, haben sie Abstand gehalten. Solche Tiefflüge über bewohntem Gebiet wären heute unmöglich, aber die Engländer nahmen damals keine Rücksicht darauf. Die Flugzeuge hatten ein doppeltes Schwanzende und sahen sehr eindrucksvoll aus. Die Erwachsenen haben natürlich geschimpft, über so viel Rücksichtslosigkeit, aber wir Kinder waren davon begeistert.

Schlange stehen beim Bäcker und Kohlenhändler

In der Nachkriegszeit war das Essen übeall knapp. Das wichtigste Nahrungsmittel war das Brot, wofür wir lange anstehen mußten. Es war auch nicht so, daß man einfach zum Bäcker ging und sich in die lange Warteschlange einreihte. Wenn der Bäcker überhaupt in der Lage war Brot zu backen, ging es wie ein Lauffeuer durch das Dorf und alle Leute rannten dorthin.
Bäcker Reifenhausen gab einmal bekannt, daß es Maisbrot gäbe. Wir Kinder mußten die Warterei übernehmen und einen Platz in der Warteschlange freihalten. Ich hab mich mit Hilde abgewechselt. Jeder mußte drei Stunden warten.

Es konnte auch vorkommen, daß das Brot alle war, wenn man endlich an der Reihe war. Dann war die Enttäuschung groß. Manchmal konnte der Bäcker auch ein zweites Mal den Backofen füllen. Dann ging die Warterei weiter. Keiner ist nach Hause gegangen. Die längste Zeit, die wir einmal angestanden haben, war ein ganzer Tag für ein Maisbrot.

Wir hatten drei Bäcker im Dorf. Es ist aber passiert, daß alle drei Bäcker gleichzeitig Brot gebacken haben. Nur wer gerade Mehl ergattern konnte, backte auch Brot. Das war aber noch nicht alles. Sie mußten für ihren Backofen auch Heizmaterial haben, das ebenso knapp war.

Dann waren da noch die ständigen Stromsperren. Dem Milchmann Schmidt wurde die Milch manchmal sauer, weil die Kühlung ausfiel. Schlimm war es auch beim Friseur. Ich habe mehrmals erleben müssen, daß gerade dann der Strom ausfiel, wenn ich an der Reihe war. Der Friseur nahm dann die Handschneidemaschine, die die Haare mehr rausgerissen hat als abgeschnitten. Es war so schlimm, daß ich manchmal geweint habe.

Einmal hatte ich Glück. Ich stand schon drei Stunden bei Bäcker Drenkhahn in der Schlange, als Mutti kam, um mich abzulösen. Sie war zu der Zeit gerade in anderen Umständen. Als die Leute das sahen, wurde sie vorgelassen bis ganz nach vorne.

Das wurde früher immer so gemacht. Es gab auch Leute, die lautstark dagegen protestierten. Daß auf die schwangeren Frauen mehr Rücksicht genommen wurde, stammte noch aus Hitlers Zeiten, wo die Frauen mehr geachtet wurden, wenn sie ein Kind erwarteten.

Noch schlimmer war die Warterei beim Kohlenhändler Jöhnk. Hier wurde es angekündigt, wenn ein Kohlenzug erwartet wurde. Man konnte genau den Tag und die Uhrzeit erfahren. Das machten sich viele Leute zunutze. Weil die Güterzüge mit Braunkohle beheizt wurden, fuhren sie langsam, besonders vor einem Bahnhof. Dies war besonders der Fall auf der Bahnstrecke von Tüttendorf nach Gettorf.
Die Kohlen wurden in offenen Waggons befördert. Es sind immer ein paar Leute auf die Waggons geklettert und haben die Briketts heruntergeworfen. Andere haben sie dann aufgesammelt. Es hatte solche Ausmaße angenommen, daß die Züge mit Wachpersonal fahren mußten. Trotzdem ist es vielen gelungen, besonders im Dunkeln.

Wir gehörten zu den Leuten, die sich immer nur einen halben Zentner Kohle in der Woche leisten konnten, denn Mutti mußte sie von ihrem geringen Haushaltsgeld bezahlen. Wenn es nicht ausreichte, mußten wir Holz sammeln im Knick.
Die beiden Kohlefahrer, Herr Jeschke und Herr Urhammer, kannten unsere Verhältnisse und haben uns immer nach dem Abwiegen noch eine Schaufel voll obendrauf gegeben. Es gab vier Kohlesorten: Brikett, Nußkohle, Eierkohle und Schmiedekohle. Die Schmiedekohle war ganz klein gekörnt und hatte den größten Heizwert. Sie war aber etwas teurer. Wir konnten uns die Kohle nur selten leisten.

Die Kohlenmänner haben mir den Kohlensack auf das Tretlager von Muttis Fahrrad gelegt und ich mußte das Fahrrad nach Hause schieben, obwohl ich kaum an den Lenker heranreichen konnte. Der Nachhauseweg war fast einen Kilometer lang. Das war nicht einfach. Ich dachte immer, wenn mir bloß nicht das Fahrrad umkippt.
Im Kohlenkontor mußten wir die Kohle bezahlen. Da war ein Lehrling, der die Quittungen ausschreiben durfte. Er tat sich dabei sehr wichtig und ich dachte immer, was der für eine schöne Arbeit hätte. Das wollte ich auch mal machen.

Dieser Lehrling hieß Horst Marowski und ist später nach Amerika ausgewandert. Dort wurde er der zweite Direktor der Bank von San Franzisco. Er ist heute über achtzig Jahre alt. Seine Schwester wohnt in Kiel und wir sind mit ihr befreundet.

Beschaffung von Brennmaterial

Die Baufirma Jöhnk hatte eine große Tischlerei, von der wir uns die Holzspäne abholen durften. Das half uns sehr bei unseren Heizproblemen.
Dafür hatten wir einen großen Zweizentnersack besorgt. Wir waren

immer bemüht, die Späne ordentlich, fest zu stopfen, damit recht viel hineinging. In der Tischlerei arbeiteten drei Mämmer: Herr Ritter, Herr Tank und ein Mann, der taubstumm war. Sie waren alle sehr nett. Da sie unsere Verhältnisse kannten, haben sie uns immer recht viel Abfallholz in den Sack gesteckt. Es mußte aber schön in der Mitte vom Sack untergebracht werden, damit man es nicht von außen erkennen konnte. Das durften sie eigentlich nicht. Wenn man sie dabei erwischt hätte, hätten sie ihren Arbeitsplatz verlieren können.

Der große Sack wurde durch das viele Holz manchmal ganz schön schwer, so daß ich viel Mühe hatte, ihn auf Muttis Fahrrad nach Hause zu schieben.

Das Heizen mit den Spänen war nicht ganz so einfach. Man durfte nicht zu viel auf einmal in den Ofen stecken. Oft ist es uns passiert, daß es eine Verpuffung gab und die Ofentür aufflog. Es entwickelte sich nämlich auch viel Qualm, aber die Anfangshitze war doch gewaltig. Die Küche wurde sehr schnell warm.

Einmal habe ich eine ganze Menge Dachpappe auf dem Müllberg von Bornstein gefunden. Das war auch ein tolles Heizmaterial und brannte sehr gut. Einmal hatte ich wohl zu viel in den Ofen gesteckt. Als ich die Ofentür öffnete, spritzte der flüssig gewordene Teer heraus und direkt auf meine nackigen Knie. Es waren eine Menge Spritzer, die sich in die Haut eingebrannt hatten. Das waren höllische Schmerzen. Noch viele Jahre hatte ich die Narben in der Haut.
Wir haben alles verbrannt, was brennbar war, und hatten dadurch auch fast keinen Müll, nur die Asche. Wir hatten nie Heizmaterial als Vorrat wie alle unsere Nachbarn. Wir waren auch die einzigen, die mit der Zinkwanne loszogen, um abgetrocknete Zweige im Knick zu sammeln.

Als wir wieder einmal am Ende waren, sind Mutti und ich am Abend im Dunkeln losgezogen, um Zaunpfähle von Jöhnks Koppel zu holen. Wir nahmen eine Kneifzange mit, um den Stacheldraht zu entfernen. Damit der Zaun nicht umfiel, haben wir nur jeden zweiten Pfahl genommen. Zehn Pfähle hatte diese Aktion gebracht, die nun

noch nach Haus geschafft werden mußten. Da wir nur zwei Pfähle auf einmal schafften, mußten wir fünfmal die dreihundert Meter bis zu unserem Hühnerhagen hinter uns bringen. Der Weg führte aber direkt an unserem Wohnblock vorbei. Es hätte sehr peinlich werden können, wenn uns jemand gesehen hätte. Es ging aber zum Glück alles gut. Als wir dann müde und kaputt zu Hause ankamen, schlief Papa immer noch auf dem Sofa. Es gab dann erstmal Krach, und Mutti machte ihm Vorwürfe, daß sie diese Arbeit machen mußte.
Papa hatte ja seinen Garten, und das war nach seiner Meinung Arbeit genug. Für Kartoffeln und Gemüse hat er gesorgt, das muß man ihm lassen. Auch um die Hühner und Kaninchen hat er sich gekümmert.

Nur einmal hatte er sich auch um das Brennmaterial gekümmert. Das ging aber nicht von ihm aus, sondern von einigen Nachbarn, die ihn als Helfer brauchten. Sie hatten im Moor Baumstubben entdeckt, die sie ausgraben durften.

Das war aber nicht einfach, denn die Stubben standen im Wasser und Morast. Sie stellten über den Stubben einen dreibeinigen Bock auf und zogen den Stubben dann mit einem Flaschenzug heraus. Nun mußte der Stubben nur noch mit Eisenkeilen gespalten und zersägt werden. In der Nähe stand eine große Tanne, die dann auch gleich aus Versehen mit verarbeitet wurde.

Da es gerade Winter war und der Schnee ausreichend war, konnten wir das Holz mit dem Schlitten nach Hause transportieren. Das war ganz schön mühsam. Zuerst ging es über drei Wiesen und dann den ganzen langen Moorweg entlang. Das waren fast 1,5 km Weg und das viele Male. Die Arbeit hat sich aber gelohnt. Für eine ganze Weile hatten wir genügend Holz.

Die Sylvestererlebnisse

In der Zeit nach dem Krieg konnten wir uns so manche Mark durch Schrottsammeln verdienen. Das haben wir auch in jeder Weise genutzt. Wir hatten das Glück, daß es auf der Ziegelei noch viel Aluminium gab, das irgendwo vergraben auf seine Entdecker wartete. Es gab hier ja das große Ersatzteillager der Engländer. Viele Leute hatten damals ihr Diebesgut vergraben, um nicht angezeigt zu werden.

Daran erinnerte man sich nun wieder. Eine Zeitlang sah die Umgebung der Ziegelei aus wie eine Goldgräberstadt. Alles wurde umgewühlt. Da haben wir Kinder uns natürlich auch dran beteiligt. Es stand ja Sylvester vor der Tür und wir hatten keine andere Möglichkeit, etwas Geld zu verdienen. Wenn man fleißig war, konnte man manchmal zehn Mark am Tag zusammenbekommen. Das war damals viel Geld.

Nun konnte der Sylvesterabend kommen. Zum ersten Mal in meinem Leben konnte ich mir ein paar Knallkörper kaufen. Nur kleine Sachen, aber es war schon etwas. Wie alle Kinder haben auch wir schon etwas vorher ausprobiert.

Eines Tages hat sich Helmut Rogowski mit Günter Ulrich geprügelt. Obwohl Helmut viel jünger als Günter Ulrich war, hörte er nicht auf, trotz aller Schläge, die er einstecken mußte. Er war so aggressiv, daß er einfach nicht zu bändigen war. Wir haben die beiden natürlich noch angefeuert, weil wir Spaß daran hatten. Er hörte erst auf, als einer dem Helmut Rogowski einen Knallkörper in die Gesäßtasche seiner neuen Trainigshose, die er zu Weihnachten geschenkt bekommen hatte, steckte. Als der Knallkörper explodierte, wurde die Hosentasche abgerissen und eine Brandstelle auf dem Hintern hatte er auch. Heulend lief er nach Hause und bekam dort noch einmal Prügel.

Das waren früher rauhe Sitten. Es gab immer Prügel, in jeder Familie, wenn man etwas angestellt hatte, womit die Eltern nicht einverstanden waren. Ob man nasse Füße hatte, etwas verloren hatte, etwas kaputt gegangen ist oder zu anderen Leuten frech gewesen ist. Es gab immer Prügel. Da wurde nicht lange gefragt.
Meine Mutter hat mich einmal mit dem Wäscheknüppel so verhauen, daß ich drei Tage im Bett liegen mußte und nicht zur Schule gehen konnte. Und das bloß, weil ich mich an einen Lastwagen hinten angehängt hatte, der gar nicht so schnell fahren konnte, weil die Straße so schlecht war.

In dem großen Mittelbau hatte sich ein Maurer der Baufirma Jöhnk, eine kleine Wohnung ausgebaut. Sie hatten einen Briefkasten. Das war in unserer Gegend eine Seltenheit und reizte uns natürlich.

Da die Familie verreist war, bestand auch keine Gefahr, daß wir erwischt werden würden. Wir zündeten einen Kanonenschlag an und steckten ihn in den Briefkasten. Die Explosion war so stark, daß der ganze Kasten von der Wand flog. Was wir nicht bedacht hatten, der ganze Kasten war voller Briefe, die nun verbrannt waren.

Am nächsten Tag fand Frau Ulrich den Briefkasten und war wütend, weil sie den Auftrag hatte darauf zu achten. Trotz aller Bemühungen hat sie nicht herausbekommen, wer es gewesen war.

Das Schönste am Sylvesterabend war, daß wir nicht ins Bett mußten und lange bis nach zwölf Uhr draußen bleiben durften. Wir haben uns auch so wenig wie möglich drinnen sehen lassen, um nicht aufzufallen. Nur manchmal haben wir uns einen Berliner abgeholt, den es nur an diesem Abend gab.

Früher gab es kleine Zigarettenschachteln, in denen nur vier Zigaretten waren. So eine Schachtel kauften Günter Furche und ich. Wir wollten einmal ausprobieren, wie es ist, wenn man raucht. So ein tolles Erlebnis wurde es natürlich nicht, wie wir dachten. Als wir in der Fischerstraße ganz allein waren, steckten wir uns eine Zigarette an. Schon nach dem ersten Zug wurde mir schwindelig und ich fiel in den Knick. Günter Furche fing an fürchterlich zu husten. Wir haben es aber trotzdem geschafft, die Zigarette zu Ende zu rauchen. Es war unsere erste Zigarette und für lange Zeit auch die letzte. Wir brauchten fast eine Stunde, bis wir uns einigermaßen davon erholt hatten.

An diesem Abend war in vielen Familien etwas los. Viele hatten auch Besuch bekommen. Immer wieder gingen einige vor die Tür und zündeten Raketen oder andere Knallkörper an. Da aber manche schon sehr betrunken waren, klappte das nicht immer so. Wir paßten genau auf, wo die Blindgänger hingeflogen sind und haben sie dann eingesammelt. Wenn wir Glück hatten, war der Docht noch dran, und das waren eine ganze Menge.
Papa hatte sich ein paar Flaschen von seinem köstlichen Schlehenwein genommen und ist zu Familie Thode gegangen, wo er mit einigen Freunden feierte.
Mutti wollte nicht mitgehen. Einer mußte ja zu Hause bleiben, denn Hilde und Trautchen waren schon ins Bett gegangen. Ich wollte aber unbedingt noch bis um zwölf Uhr aufbleiben, obwohl ich auch schon sehr müde war.

Der Schneewinter

Immer wenn es draußen sehr kalt wurde, war es bei uns im Kinderzimmer auch sehr kalt. Dann hat Mutti Ziegelsteine genommen, sie auf dem Ofen heißgemacht, ins Zeitungspapier eingewickelt und in unser Bett gelegt. So war die Überwindung ins Bett zu gehen nicht mehr so schlimm.

Wenn man am Morgen aufwachte, waren die Fensterscheiben mit wunderschönen Eisblumen verziert, so daß man nicht hindurchsehen konnte. Um etwas sehen zu können, haben wir an die Scheibe gehaucht und mit der warmen Hand ein Loch in die Eisschicht geschmolzen.

Eines Nachts hatte es so viel geschneit, daß man auch durch das Schmelzloch nichts mehr sehen konnte. Mutti sagte, daß es mit der Schule an diesem Tag nichts würde, weil der Schnee so hoch läge, daß wir nicht durchkämen. Die Männer müßten erst einen Weg hindurchschaufeln und das würde bis zum Mittag dauern.

Der Weg bis zur Kieler Chaussee war siebenhundert Meter lang. Fast alle Männer der Ziegelei fanden sich ein, um mitzuhelfen. Der Schnee hatte in ganzer Länge fast eine Höhe von etwa einem Meter. Die aufgeschaufelten Seitenwände des Weges erreichten fast eine Höhe von 1,70 m. Das sah toll aus. Nun konnten wir wenigstens wieder zum Kaufmann kommen.
Noch schlimmer dran war Bauer Kähler. Er mußte den ganzen langen Moorweg freimachen, um seine Milch zur Meierei zu bringen. Für solche Katastrophen hatte er sich einen riesigen Schneepflug aus Holz gebaut. Der war einen Meter hoch und so breit wie der ganze Weg. Er hatte die Form eines Dreiecks. Obendrauf lag ein großer Stein, schon fast ein kleiner Findling, der den Schneepflug beschweren sollte. Gezogen wurde der Pflug von seinen beiden kräftigen Holsteiner Pferden. Kalli Kähler war ein fröhlicher Bauer und ließ uns Kinder auch auf dem Schneepflug mitfahren. Er machte auch den Weg, den die Männer schon geschaufelt hatten, breiter. So

konnte er auch mit seinem Milchwagen ins Dorf kommen.

Eine Straßenräumung wie es sie heute gibt, gab es früher nicht. Jeder mußte für sich selber sorgen. Was für die Eltern nur Arbeit war, war für uns die reinste Freude. Wir waren glücklich über so viel Schnee und dann noch schulfrei, was Schöneres gab es nicht.

Mit so viel Schnee konnte man schon etwas anfangen. Wir wurden uns schnell einig und wollten eine große Schneeburg bauen. In unserer Truppe waren wir aber nur fünf Jungs, darum beschlossen wir, daß jeder mitmachen konnte, der Lust dazu hatte. Der freie Platz am Eingang zur Ziegelei, vor Ulrichs Wohnung, erschien uns als sehr geeignet. Schon bald sah der Platz aus wie eine große Baustelle. Es mußte viel Schnee herbeigeschafft und gestampft werden. Einige waren auch damit beschäftigt, große Schneerollen herzustellen, die man gut aufeinanderstellen konnte.

Die Burg sollte fünfmal fünf Meter groß werden. Im unteren Teil bauten wir eine große Höhle, auf der man auch stehen konnte. Dann wurde ringsherum eine fünfzig Zentimeter breite Mauer gebaut, so daß über der Höhle ein großes Podest mit einer ein

Meter hohen Mauer entstand.

Alle waren mit großem Eifer bei der Arbeit und man konnte jedem ansehen, daß er große Freude hatte. Nach zwei Tagen war die Burg fertig und wir waren mächtig stolz darauf.
Natürlich haben wir auch in der Schule damit geprahlt. Das hätten wir lieber nicht tun sollen, denn die Lagerkinder prahlten damit, daß sie eine viel größere Burg hätten und zur Ziegelei kommen wollten, um unsere Burg zu zerstören. Wir haben uns ihre Burg angesehen. Sie war wirklich viel größer wie unsere. Es lebten aber auch viel mehr Kinder im Lager, vor allem auch größere Jungs. Nun hatten wir doch Angst um unsere Burg. Aber zum Glück war es mit der Zerstörung nicht so ernst gemeint. Es kamen zwar ein paar Jungs, aber die waren friedlich. So konnten wir uns noch bis zum nächsten Tauwetter an unserer Burg erfreuen.

Die Geburt unseres Bruders und Papas Kochkünste

Weil Mutti schwanger war, war das mit ein Grund, daß wir zur Ziegelei gezogen waren. Die neue Wohnung war nicht schöner, aber größer. Wir hatten nun ein eigenes Kinderzimmer. Wenn es auch nur ein Zimmer für alle zusammen war, so hatten wir doch unser eigenes Reich. Das war schon ganz schön.

Langsam rückte der Tag der Geburt immer näher und wir bekamen öfters Besuch von der Hebamme Frau Baasch, die Mutti untersuchte. Sie war eine große, kräftige Frau, die sehr nett war. Wir hatten ja schon einmal erlebt, daß bei uns im Haus ein Baby geboren wurde und wußten genau Bescheid, wie sich das abspielte. Die Zeit des Klapperstorchs war schon lange vorbei.

Papa bekam von Frau Baasch auch seine Anweisungen, wie er sich zu verhalten hatte, und seltsamerweise tat er auch, was sie sagte, denn sie war eine sehr resolute Frau und ließ nichts durchgehen. Endlich hatte Papa mal jemanden gefunden, vor dem er Respekt hatte.

An einem Abend, es war der 28. Januar 1948, sagte Mutti: „Ich glaub, daß es jetzt losgeht." Ich bekam den Auftrag, die Hebamme zu holen. Es war nicht sehr weit und Frau Baasch kam auch gleich mit. Als wir zu Hause ankamen, lag Mutti schon im Bett und Papa bemühte sich ziemlich hilflos um sie.

Er bekam dann auch gleich die Anweisung, heißes Wasser zu machen, und wir Kinder sollten ins Kinderzimmer gehen und dort warten. Papa war ganz schön nervös, aber ich glaube nicht, weil er sich so sehr Sorgen um Mutti machte, sondern eher, weil er Angst vor Frau Baasch hatte.

Wir warteten unterdessen voller Ungeduld auf das große Ereignis. Wußten wir doch nicht, was da vor sich ging. Es war nun eine große Geschäftigkeit zu hören.
Nach langer, quälender Warterei, endlich das Geschrei eines Babys!
Nun konnte es nicht mehr lange dauern, bis wir rüber durften zu Mutti, um das Baby zu bewundern. Als alles aufgeräumt war, kam Frau Baasch zu uns ins Zimmer und sagte: „So Kinder, ihr dürft jetzt rüberkommen und euer Brüderchen begrüßen." Mutti strahlte und sah ganz entspannt aus, wie wir sie lange nicht gesehen hatten. Das Baby lag an Muttis Brust und sah ganz schrumpelig aus, mit schwarzen Haaren. Nicht so schön, wie wir es erwartet hatten, aber Mutti meinte, daß Babies zuerst immer so aussähen. Das ginge bald vorrüber.
Der Name unseres kleinen Bruders stand noch nicht fest. Papa wollte, daß er Wulf heißen sollte, und Mutti war eher für Richard. Das wollte Papa aber nicht. Mutti war für den Namen Richard, weil der Nachbar Richard hieß und sie ihn gut leiden mochte. Das paßte Papa aber gar nicht, weil er eifersüchtig auf ihn war. Denn der Nachbar war immer recht freundlich zu Mutti. Darum sagte Papa: „Du willst den Namen nur, weil das Kind von ihm ist." Dann sagte Frau Baasch: „Dann nennt den Jungen doch Wulf-Richard." Das wiederum gefiel Mutti auch nicht und sie sagte: „Ich nenne ihn dann ‚Hardy', das ist eine Abwandlung von Richard." In die Geburtsurkunde wurde aber der Name „Wulf Richard" eingetragen. So blieb es dann auch, bis Hardy größer wurde und sich selbst „Wulf"

nannte. Daran haben wir uns dann auch gewöhnt.

Am nächsten Tag kam Frau Baasch wieder, um Mutti zu versorgen und Papa etwas zur Hand zu gehen.

Papa hatte aber den Auftrag, für das Essen zu sorgen, was er dann auch angeblich mit Begeisterung tat. Er machte sich daran, eine Gemüsesuppe zu kochen.

Weil er bisher noch nie im Haushalt mitgeholfen hatte, geschweige denn Essen gekocht hatte, hatten wir große Bedenken. Papa prahlte aber mit seinen Kochkünsten. Er sei der beste Koch und habe auch schon beim Militär für seine Kameraden kochen müssen. Naja, dachte ich, da kann was dran sein, sonst wäre er wohl nicht wieder aus dem Krieg nach Hause gekommen.

Wir haben Papa beim Kochen sehr genau beobachtet, denn wir trauten ihm nicht zu, daß er das hinbekäme. Mit der Zeit sah es einer Suppe auch immer ähnlicher, was er da kochte, aber mit dem Gemüse hatte er wohl einige Schwierigkeiten.
Es waren ziemlich große Stückchen. Die einen verkochten schon

langsam, während die anderen absolut nicht gar werden wollten. Es roch auch ganz gut, aber irgendwie schien es doch eher ein Brei zu werden. „Ist noch lange nicht fertig", sagte er, „ihr werdet schon sehen."

Da geschah etwas, was wir bisher noch nie gesehen hatten. Papa holte den Fleischwolf aus dem Schrank und schraubte ihn am Küchentisch fest. Was passierte nun? Papa drehte die ganze Suppe durch den Fleischwolf.

Voller Unverständnis schauten wir ihm zu. Wir hatten doch schon alle unsere Zähne, aber Papa meinte, daß die Suppe so viel besser verdaulich wäre.
Mutti hatte ihm aus dem Bett heraus zwar immer Anweisungen gegeben, aber nun wurde auch sie langsam unruhig.

Die Suppe sah nicht gerade appetitlich aus, aber sie schmeckte einigermaßen und roch besser als sie aussah. Das Schlimmste dabei war, daß Papa auf Vorrat gekocht hatte und wir seine Kreation drei Tage lang essen mußten. Wir sehnten den Tag herbei, an dem Mutti wieder das Kochen übernehmen würde.

Wo wir früher spielten

Unsere Nachmittage waren früher immer voll ausgefüllt und verplant. Langeweile hatten wir nie. Fernsehen, Computer und ähnliche Dinge wie die Kinder sie heute brauchen, um sich zu beschäftigen, wäre für uns vertane Zeit gewesen. Wenn wir aus der Schule kamen, wurde gerade mal zu Mittag gegessen und spätestens um vierzehn Uhr trafen wir uns schon wieder.

Schularbeiten wurden erst am Abend gemacht. Ich mußte manchmal extra früher aufstehen, um noch die letzten Schularbeiten zu machen, die ich abends nicht mehr geschafft hatte. Es war äußerst wichtig, nicht zu lange in Sichtweite der Eltern zu sein, um nicht für irgendwelche Arbeiten herangezogen zu werden.
Meistens war ich mit Günter Furche, Peter Eichentopf, Günter Ulrich und seinem Bruder Rudi zusammen. Wir hatten in unserer Nähe ein schönes Moor, das auch sehr gefährlich war, wenn man sich dort nicht auskannte. Mutti hatte große Angst, wenn wir unterwegs waren. Ich mußte ihr immer versprechen, daß ich nicht zum Moor gehen würde.
Wir sind dann in Richtung Augustenhofs Koppel gegangen, damit sie beruhigt war.

Eine Zeitlang hatten wir so viel Spaß am Feuer machen. Wir waren dabei aber sehr vorsichtig. Wenn wir mal einen Knick angesteckt hatten, taten wir es nur am unteren Ende und haben es genau unter Kontrolle gehalten. Sobald sich das Feuer ausbreiten wollte, haben wir es wieder ausgeschlagen. Das war manchmal ganz schön knapp, aber wir haben es immer wieder geschafft. Nur einmal ist es schiefgegangen.

Wir spielten oft in der Scheinwerferkuhle. Die hieß so, weil es hier während des Krieges eine Flakstellung gab und die Flugzeuge mit großen Scheinwerfern gesucht wurden. Die Kuhle befand sich auf der Anhöhe von Adlershorst und gehörte zu Augustenhofs Koppel. Entstanden ist die Kuhle, weil hier früher Kies gebaggert wurde. Nun war sie teilweise mit Buschwerk bewachsen und auf den Freiflächen stand meterhohes, trockenes Gras. Für uns ein idealer Spielplatz zum Indianerspielen. Da die Kuhle sehr tief war, konnte man uns auch nicht von außen sehen oder hören. Hier waren wir ganz unter uns. Auch die kleineren Kinder konnten uns nicht lästig werden, da die Kuhle viel zu weit von der Ziegelei entfernt war.

Wie das bei Indianern so üblich ist, haben wir uns auch immer ein Lagerfeuer gemacht. Unser Fleisch waren Kartoffeln, die wir auf einen Holzspieß steckten und in der heißen Asche geröstet haben. Das schmeckte viel besser als zu Hause.

Wenn wir die Kuhle verlassen haben, wurde das Feuer natürlich sorgfältig gelöscht. Als wir am nächsten Tag die Scheinwerferkuhle wieder besuchten, bot sich uns ein schreckliches Bild. Die ganze Kuhle war vollkommen ausgebrannt und völlig schwarz. Das war ein Schock, den wir nicht so schnell vergessen haben.

Mit dem Feuermachen war endgültig Schluß. In diesem Jahr war es mit der Scheinwerferkuhle auch gelaufen. Wir haben uns auch nicht mehr in der Nähe der Kuhle sehen lassen. Wahrscheinlich hat auch der Gutsbesitzer gar nichts gemerkt, denn gehört haben wir darüber nichts.

Das Dux-Moor war ein wunderschönes, wasserreiches Gelände, wo früher noch Torf gestochen wurde, dadurch sind viele Moorkuhlen entstanden, die mit Wasser gefüllt waren. Mit der Zeit hat sich auf der Wasserfläche eine dicke Pflanzenschicht gebildet, so daß die Kuhlen fast verschwanden. Manchmal war die Schicht so stark, daß man darübergehen konnte, aber manchmal war sie auch so dünn, daß sie eingebrochen wäre, hätte man sie betreten.

Wir kannten diese Stellen sehr genau und mußten trotzdem höllisch aufpassen, daß nichts passierte. Einmal hatten wir Peter Eichentopf mitgenommen, der das Moor noch nicht kannte, und wir haben nicht genug auf ihn aufgepaßt.
Da passierte es auch schon. Er lief auf eine zugewachsene Moorkuhle und wunderte sich, daß der Boden sich unter ihm bewegte. Erschrocken blieb er stehen und sank ganz langsam immer tiefer ein. Das Wasser stand ihm schon bis zu den Knien. Verzweifelt schrieen wir ihm zu, daß er dort verschwinden solle, aber er stand wie angewurzelt da und starrte auf das steigende Wasser. Wir wußten nicht, was wir machen sollten. Erst als wir ihn mit herumliegenden Zweigen bewarfen, kam er wieder zu sich und verließ seinen gefährlichen Standort. Uns fiel ein Stein vom Herzen, als wir ihn endlich wiederhatten. Wäre er durchgebrochen, hätte sich die Pflanzenschicht über ihm wieder geschlossen und wir hätten ihn nie wiedergesehen.

Der Name Dux für das Moor kommt von Dachs. Ganz in der Nähe gibt es auch einen kleinen Berg von 35 m Höhe, der Duxberg heißt. Der Moorweg begann bei der Ziegelei und führte an Bauer Kähler vorbei, direkt bis zum Moor. Es waren dann nur noch zwei Koppeln zu überqueren. Links vom Ende des Moorweges führte noch ein kleiner Weg hinauf zu einem alten Bauernhaus mit Scheune. Hier wohnte eine Familie Zörner, die auch den Torf ausgegraben hatte.

Es gab auch einen kleinen See in dem Moor. Er war nicht sehr tief und es wuchs darin auch viel Gestrüpp. Wenn im Sommer das Wasser sank, konnte man an den Algen, die an den Sträuchern wuchsen, erkennen, wie hoch das Wasser im Winter gewesen ist. Es war ein Paradies für Wasservögel und Frösche. Besonders die blauen Moorfrösche waren hier stark vertreten. Heinz Zörner hatte sogar ein kleines Ruderboot, das er zum Angeln brauchte.

Auf einer kleinen Insel mitten im Sumpf, hatte sich ein Jäger ein kleines Versteck gebaut. Es war eine kleine Grashütte, ganz

einfach gebaut. Die Spitzen einiger Sträucher waren im Bogen oben zusammengebunden und die Wände dann mit dem hohen trockenen Gras mit den Zweigen verflochten. So eine Hütte haben wir uns dann auch gebaut. Es machte viel Spaß.
Zu dieser Insel führte auch ein schmaler Weg über die Moorkuhlen hinweg. Hier hatte der Jäger eine Schicht Sträucher kreuz und quer gelegt, so daß man nicht einsinken konnte.
Auf der großen, freien Fläche, wuchsen große Grasdolden, die etwa einen Abstand von einem halben Meter hatten, und dazwischen war mooriger Morast. Dieses Feld zu überqueren, war nicht einfach. Man mußte von Dolden zu Dolden springen. Wenn man daneben trat, sackte man bis fast zum Knie ein. Wir hatten darin aber schon Übung, so daß es selten passierte.
Gleich hinter dem Moor war ein kleiner Stangenwald. Die jungen Bäume standen sehr dicht zusammen. Hier haben wir immer Tarzan gespielt. Wenn man an den dünnen Stämmen hochkletterte, konnte man hin- und herschwingen und auf den nächsten Baum springen. Manchmal brachen die Stämme auch ab und man flog herunter. Das war aber bei der geringen Höhe und dem weichen Waldboden nicht weiter schlimm. Außer ein paar Schrammen, hat sich nie einer verletzt.
Da manche Bäumchen noch sehr dünn, aber schon sehr lang und gerade waren, haben wir uns daraus Speere gemacht. Auf der anschließenden riesigen Kuhweide, die zum Gut Wulfshagen gehörte, haben wir dann Weitwerfen geübt.
So passierte es auch, als ich meinem weggeworfenen Speer hinterherlief, daß mich der Speer von Günter Ulrich direkt in den Rücken traf. Zum Glück traf die Spitze des Speeres genau auf meinen Ledergürtel. Außer ein bißchen Rückenschmerzen ist nichts passiert. Was ein Glück!

Auf dieser riesigen Wiese haben im Sommer fast zweihundert Kühe vom Gut Wulfshagen gegrast. Im Herbst sind wir schon am frühen Morgen hierhergegangen, um Champignons zu sammeln.
Am Ende dieser Wiese war der Duxberg, der im Winter unser Rodelberg war. Von der Ziegelei aus war der Weg hierher fast drei Kilometer lang. Aber das nahmen wir gerne in Kauf, weil es so einen großen Berg in Gettorf nicht gab.

Die Rodelbahn war so lang und steil, daß man schon fast eine gefährliche Geschwindigkeit erreichte. Wenn die Schneebahn schön festgefahren war, sind wir sogar mit Schlittschuhen heruntergefahren und erreichten noch eine höhere Geschwindigkeit. Daß wir uns dabei nicht die Knochen gebrochen haben, ist fast ein Wunder.
Einige Jahre später kamen angeblich schlaue Leute auf die Idee, unser schönes Moor zu entwässern. Es wurden breite Gräben durch das Moor gegraben, die das viele Wasser ableiten sollten. Im Winter war es für uns noch ganz gut, denn wir konnten auf den langen Eisflächen der Gräben prima Schlittschuhlaufen.
Aber im Sommer wurde das Moor immer trockener. Die schönen Wasserflächen und damit auch die vielen Wasservögel verschwanden für immer. Übrig blieben nur Gestrüpp und trockenes Gras. Wir fragten uns, wofür das Ganze. Für die Landwirtschaft war das trockene Moor nicht zu gebrauchen.
Dann geschah etwas, was viele schon befürchtet hatten. In einem langen und trockenen Sommer war eine so große Hitze, daß das Torfmoor über einen Meter tief austrocknete.
Eines Tages entzündete sich das trockene Gras im Moor und verursachte ein riesiges Feuer. Die Gettorfer Feuerwehr und alle Wehren der umliegenden Orte wurden eingesetzt, um das riesige Feuer zu löschen. Sie hatten aber wenig Erfolg, weil es nicht mehr genug Wasser gab. Die Gräben waren schnell leergepumpt und Teiche gab es auch nur wenige.

Das Feuer fraß sich tief in den Torfboden ein, wo es von dem wenigen Wasser nicht mehr erreicht werden konnte. Über eine Woche waren die Feuerwehren im Einsatz und schafften es nicht, die tief im Torf glimmende Glut zu löschen. Sie mußten es ausbrennen lassen. Für Gettorf war es damals das Ereignis. Es setzte eine regelrechte Völkerwanderung vom Dorf zum Moor ein und behinderte die Feuerwehr sehr. So konnte ich schon als Kind miterleben, wie menschliche Unvernunft ein so schönes Stückchen Natur zerstört hat.

Bei Dittmann gearbeitet und ein eigenes Fahrrad gekauft

Heute ist es allgemein üblich, daß Kinder ein Taschengeld bekommen, um zu lernen, wie man mit Geld umgehen muß und welchen Wert das Geld hat. Früher war es ganz anders. Da gab es so etwas nicht, denn alle hatten wenig Geld und mußten sehen, wie sie überhaupt über die Runden kamen. Wenn wir Geld haben wollten, mußten wir dafür arbeiten. Nur als Kind eine Arbeit zu finden, war auch nicht so einfach. Man mußte mindestens neun Jahre alt sein, sonst wurde es überhaupt nichts.
Alle meine Freunde hatten schon ein Fahrrad und auch Schlittschuhe von ihren Eltern bekommen, nur ich nicht. Das war schlimm für mich.

Die Ulrich Jungs, die schon älter waren, hatten eine Arbeit in der Baumschule von Dittmann bekommen. Eines Tages erzählten sie mir, daß Dittmann noch Helfer suchte. Ich war begeistert und ging gleich dorthin. Ich war nämlich gerade neun Jahre alt geworden und hoffte natürlich, daß ich angenommen würde.
Herr Dittmann war ein freundlicher Mann und sagte zu mir: „Ein bißchen klein bist du ja, aber wir können es ja mal versuchen." Ich war glücklich, aber nur, weil ich noch nicht wußte, wie schwer Arbeit sein kann.
Wir mußten neun Stunden am Tag arbeiten und bekamen dafür zwei Mark. Mittags hatten wir eineinhalb Stunden Pause und durften nach Hause gehen.
Um halb zwei mußten wir wieder da sein.

Für uns Kinder war Herr Dittmanns Vater zuständig. Er war zwar schon Rentner, aber er hat noch immer im Betrieb mitgearbeitet. Im ersten Weltkrieg hatte er ein Auge verloren, aber er konnte trotzdem sehr gut sehen. Ihm entging nichts. Schummeln konnte man bei ihm nicht. Er war sehr darauf bedacht, daß wir sauber gearbeitet haben. Für ihn mußte alles hunderprozentig sein, sonst war er nicht zufrieden, und wenn er nicht zufrieden war, mußte die Arbeit noch einmal gemacht werden, das wollte sich natürlich keiner nachsagen

lassen. Also gaben wir uns immer die größte Mühe.
Wenn Feierabend war, versammelten wir uns auf dem Hof bei der Pumpe und mußten unsere Arbeitsgeräte abwaschen. Dann wurde alles fein säuberlich im Schuppen an die Wand gehängt. Auch das hat Opa Dittmann kontrolliert.

Meistens kam auch Frau Ditmann auf den Hof, um sich von uns zu verabschieden. Manchmal hatte sie auch ihren kleinen Jürgen auf dem Arm, den wir dann bewundern durften.

In der Baumschule hat auch ein Verwandter mitgearbeitet, der hieß Hinnerk und hat mit dem Pferd die Maschinenarbeiten gemacht.
Wir haben nur mit dem Hacker das Unkraut zwischen den Pflanzen weggehackt. Das war manchmal ganz schön eintönig und der Tag wollte überhaupt nicht zu Ende gehen. Ganz schlimm war es, wenn wir die Rosen saubermachen mußten. Das war eine stachelige Angelegenheit, zu der keiner Lust hatte.
Die größeren Jungs durften auch schon beim Veredeln mithelfen, was schon mehr Spaß machte, aber leider war ich noch zu jung dafür. Aber beim Stecklingpflanzen war ich dabei, das machte auch viel Freude, besonders wenn man nachher die schönen geraden Reihen von kleinen Stecklingen bewundern konnte.
Zu trinken haben wir leider nie etwas bekommen, da sind wir auf die Idee gekommen, auf einem Stein zu lutschen, das hat sehr geholfen.
Das ganze Baumschulengelände war mit einem hohen Drahtzaum umgeben, aber manchmal verirrte sich doch ein Hase darin. Dann durften wir alle mithelfen, den Hasen in eine Ecke zu treiben, wo er dann gefangen werden konnte und für Dittmanns zu einem köstlichen Braten wurde.

Meine ganzen Sommerferien hatte ich in diesem Jahr bei Dittmann verbracht und konnte mir am Ende ein Fahrrad kaufen. Natürlich reichte es nur für ein altes Fahrrad und alte Schlittschuhe, die ich beim Schrotthändler bekommen hatte. Das machte aber nichts.
Für das Fahrrad habe ich zwanzig Mark bezahlt und dann schön angemalt. Selbst den Strahlenkopf habe ich hingekriegt. Nur der Lenker mußte erneuert werden, weil der Alte zu sehr verrostet war.

Ich war richtig stolz auf mein neues Fahrad, und das hatte ich selber verdient.

Schlittschuhlaufen

Früher, als wir noch keine Schlittschuhe hatten, haben wir uns selber welche gemacht und zwar aus Holz, und das ging so: Wir hatten uns zwei kleine Brettchen, in der Größe unserer Schuhe, zurechtgesägt. Dann wurden zwei Stücke eines dicken Drahts genommen und unter das Brett gelegt, nach oben umgebogen und mit Krampen festgenagelt. Der Draht mußte schön dicht anliegend am Brett befestigt sein. Oben auf dem Brett am vorderen Ende wurde eine Lederschlaufe befestigt, in die man den Fuß hineinstecken konnte. Es war so eine Art Gleitschuh.

Zum Abstoßen nahmen wir einen dicken Stock, in den an der Spitze ein dicker Nagel ohne Kopf eingeschlagen wurde. Damit zu laufen war ganz schön anstrengend, aber auf einer festgefahrenen Schneedecke oder auch auf dem Eis ging es prima. Auf die Dauer war das aber doch nicht das Richtige.

Wir sehnten uns alle nach richtigen Schlittschuhen. Nach und nach haben alle meine Freunde welche geschenkt bekommen, nur ich nicht. Mutti hatte kein Geld dafür und Papa war das egal. Erst als ich bei Dittmann in der Baumschule gearbeitet hatte, konnte ich mir welche kaufen.

Ich kriegte sie beim Schrotthändler. Es waren Hudoraschlittschuhe, nicht neu, aber noch sehr gut. Die Hackenhalterungen hatten runde Löcher. Dafür gab es Hudoranägel mit einem runden Kopf. Diese wurden in die Absätze der Schuhe geschlagen. Die Löcher in der Hackenhalterung paßten genau auf die Nagelköpfe, so daß die Schlittschuhe richtig fest saßen. Zum besseren Halt habe ich dann noch einen kleinen Lederriemen um die Schlittschuhe und das Fußgelenk geschnallt. Das war eine zusätzliche Sicherung, damit die Absätze der Schuhe nicht abreißen konnten.
Damit man beim Kurvenlaufen nicht wegrutschte, hat uns Schlosser Koch einen Hohlschliff in die Kufen geschliffen. Das war eine feine Sache.

Da früher die Wiesen der Bauern noch nicht dräniert waren, gab es immer genügend Wasserflächen, die im Winter schöne Eisflächen bildeten. Die Winter waren früher auch nicht so warm wie heute, deshalb brauchten wir uns auch nie Sorgen zu machen, daß es mal für längere Zeit kein Eis gab.
Die größten Eisflächen hatten wir auf Augustenhofs Koppel, nahe der Scheinwerferkuhle.
Selbst bei Tauwetter, wenn das Wasser schon auf dem Eis stand, sind wir noch Schlittschuhgelaufen. Schlimm wurde es nur, wenn man hingefallen war. Um das Einbrechen brauchten wir uns auch keine Sorgen zu machen, da das Wasser selten tiefer als dreißig Zentimeter war. Wenn wir einmal auf dem Eis waren, sind wir auch nie vor der Dunkelheit nach Hause gegangen.

Sehr oft hatten wir am Anfang des Jahres Glatteis. Da unser Schulweg zur Parkschule nur aus Feldwegen bestand, ist hier auch nie bei Glatteis gestreut worden. Das war natürlich schön für uns. Wir sind dann bis direkt vor die Schule mit den Schlittschuhen gelaufen und haben sie erst dort abgeschnallt. Die Freude an unserem schönen Glatteis haben uns oft die Erwachsenen verdorben, wenn sie Asche streuten. Sie brauchten einen sicheren Weg zum Kaufmann. Schon am frühen Morgen zogen sie mit ihren Ascheeimern los. Dagegen konnten wir natürlich nichts machen.

Unsere Bademöglichkeiten

Um Bademöglichkeiten war es in Gettorf sehr schlecht bestellt. Wir hatten das große Glück, daß es früher viel heftiger regnete als heute. Es gab oft sehr starke Gewitter mit kräftigen Wolkenbrüchen. Dann überschwemmten sogar die Straßen, weil es keine Kanalisation gab, jedenfalls nicht bei uns.

Ich erinnnere mich noch an den Tag, als selbst die Eichstraße im Dorf überschwemmt war, obwohl es dort eine Kanalisation gab. Es gab noch keine Gullideckel auf der Straße wie es sie heute gibt, sondern nur etwa einen halben Meter lange Öffnungen am Rinnstein, vor denen ich immer Angst hatte. Ich dachte immer, daß ich da mal reinfallen könnte. Aber so breit waren die Öffnungen natürlich nicht, nur sahen sie so gefährllch aus, weil man hineinsehen konnte.
Weil die Fischerstraße bei uns noch ein richtiger Feldweg war, konnte man hier auch nach einem Wolkenbruch mit dem vielen Wasser so spielen wie am Strand. Wir bauten kleine Dämme oder Teiche, um das Wasser so lange wie möglich auf der Straße zu halten.
Das Schönste aber waren die vielen Überschwemmungen auf den Wiesen. Auf manchen Wiesen war das Wasser manchmal über einen halben Meter tief, so daß man hier wunderbar baden konnte. Durch die Sonne wurde das Wasser auch sehr schnell warm.
Weil es in unserer Gegend überwiegend Lehmböden gab, konnte

das Wasser auch nicht so schnell versickern. Es hielt sich manchmal wochenlang und war auch sehr sauber, weil die Überschwemmungen auf den Wiesen waren. Wir mußten nur sehr aufpassen, daß wir nicht die Kuhfladen zerstörten, die es natürlich auch gab. Aber so lange das nicht passierte, hatten wir immer sehr viel Spaß. Es war für uns das schönste Schwimmbad der Welt.

Wir hatten sogar eine Rutsche. Auf Jöhnks Koppel war am Rande der Überschwemmung ein kleiner steiler Hügel. Den haben wir mit Wasser begossen und konnten dann auf dem Hintern direkt ins Wasser rutschen. Als wir das entdeckten, hatten wir natürlich keine Badehose mit. Nach Hause zu laufen erschien uns viel zu weit. Deshalb behielten wir dazu die Unterhose an. Die wurde ganz grün, aber ohne Hose ging es auf dem Gras nicht, das tat weh. So haben wir den Ärger in Kauf genommen, der uns sicher zu Hause erwarten würde, den es dann auch gab. Wir hatten sonst keine Probleme nackt herumzulaufen, das taten wir öfters, aber nur, wenn keine Erwachsenen in der Nähe waren.

Im Herbst, wenn es schon kalt wurde, waren die Überschwemmungen unser Meer, auf dem wir unsere Segelschiffe fahren ließen. Es waren natürlich keine richtigen Segelschiffe, sondern selbstgebaute. Da haben wir richtige Wettbewerbe veranstaltet, wer wohl das Schönste bauen konnte. Zuerst sahen sie etwas primitiv aus, aber sie wurden immer besser. Man brauchte dazu nur ein etwa fünfzig Zentimeter langes, dickes Brett, das am Bug spitz zugeschnitten wurde. Die Seitenflächen wurden aus dünnem Sperrholz mit der Laubsäge künstlerisch gestaltet, in der Form einer Hansekogge. Dann bekam das Schiff einen Mast mit einem Flächensegel, so etwa wie die Wikingerschiffe es hatten. Jeder war besonders stolz auf sein eigenes Schiff.

Eine weitere Bademöglichkeit waren die drei Feuerlöschteiche in Gettorf. Die waren aber sehr tief und nur für Schwimmer geeignet. Es gab einen in der Liebesallee an der Ecke der Kieler Chaussee mit einem Nichtschwimmerteil, der durch Pfähle abgegrenzt war. Es war ein Naturteich, bei dem das Wasser durch die schwarze Erde sehr dunkel war.

Der zweite Teich war in der Kirchhofsallee. Dieser Teich war in einem Betonbecken, das von einem hohen Drahtzaun umgeben war und nur bei sehr heißem Wetter zum Baden geöffnet wurde.

Der dritte Teich war in der Beekstraße neben der Kükenbrüterei. Das war auch ein Naturteich, also im Grunde nur ein dunkles Loch. In diesem Teich habe ich das Schwimmen gelernt. Zuerst hab ich mich über Eck von einer Seite zur anderen gehechtet, bis ich etwas mutiger wurde und schon mal einen Schwimmzug wagte. Mit der Zeit wurden es immer mehr Schwimmzüge, bis ich es dann wagte, ganz frei zu schwimmen. Das war eine Freude. Ich war zu der Zeit neun Jahre alt. Die Teiche waren im Sommer natürlich übervölkert, aber nur von Kindern. Die Erwachsenen trauten sich sicher nicht in so einer Brühe zu baden. Uns Kindern war das egal, Hauptsache das Wasser war naß.

Eines Tages entdeckten wir in Wulfshagenerhütten hinter dem Gutshof einen schönen, großen Teich, der ringsherum mit

Sträuchern und Bäumen bewachsen war. Der war ideal für uns, hier konnten wir wie Tarzan vom Baum direkt ins Wasser springen. Das Wasser war auch nicht so schwarz wie in Gettorf, sondern hell und etwas milchig, weil der Untergrund aus Lehm war.

Nach einigen Jahren passierte in Gettorf etwas Schreckliches. Es traten einige Fälle von Kinderlähmung auf und es verbreitete sich das Gerücht, daß es vielleicht von den dreckigen Teichen herkäme. Da wurde es verboten in diesen Teichen zu baden.

Weil wir alle sehr traurig darüber waren, plante die Gemeinde in Gettorf ein Freibad zu bauen. In der Süderstraße, gleich hinter dem Park, wo heute der Tierpark von Buhmann ist, gab es früher eine Kiesgrube. Dort hatten die Jungs vom Jugendaufbauwerk schon die Ausschachtung für das Schwimmbad vorgenommen. Leider konnten die Bauarbeiten nicht weiter durchgeführt werden, weil das Jugendaufbauwerk aufgelöst wurde und die Gemeinde nicht das Geld dafür aufbringen konnte.
Das Jugendaufbauwerk war nach dem Krieg ins Leben gerufen worden, um all die Jugendlichen zu beschäftigen, die keine Lehrstelle bekommen hatten. Es galt auch als eine Art Berufsvorbereitung. Alle, die ein Fahrrad hatten, mußten nun nach Altenhof zum Strand fahren. Für die kleineren Kinder und ihre Mütter gab es für Strandfahrten extra verbilligte Fahrkarten bei der Bundesbahn.

Die Lebensmittelmarken, die Tauschbörse und die Fahrt nach Kiel

Nach dem Krieg waren die Lebensmittel so knapp, daß dafür Lebensmittelmarken verteilt wurden. Man konnte nur das kaufen, wofür man auch Marken hatte. Damit wollte man sicherstellen, daß sich jeder etwas zu essen kaufen konnte und nicht nur die Leute, die viel Geld hatten. Es sollte ja niemand verhungern. Aber die Zuteilungen waren so gering, daß sie kaum für das Überleben reichten.

Es gab aber auch damals noch Menschen, denen es viel besser ging als den meisten. Sie konnten sich Marken von den Ärmeren kaufen. Da wir zu den kinderreichen Familien gehörten, hatten wir auch mehr Zuteilungen als die Kinderlosen. Wir hatten zum Beispiel Buttermarken, die wir nicht brauchten, da Mutti meinte, wir könnten auch mit Margarine auskommen. Darum hat sie jede Woche ihre Buttermarken verkauft und dafür etwas anderes zum Essen gekauft.

Wir kannten eine Familie Strizinsky, sie wohnten etwas außerhalb von Gettorf in Segendiek. Der Mann arbeitete bei dem Müller Söhl und kam mit einem Pferdewagen jede Woche zur Ziegelei und verkaufte Hühnerfutter.

Zu dieser Familie mußte ich immer mit Muttis Fahrrad hinfahren und fragen, ob sie Buttermarken gebrauchen könnte. Ich hatte zu der Zeit noch kein eigenes Fahrrad und mußte Muttis Fahrrad nehmen, auf dem ich natürlich nicht auf dem Sattel sitzen konnte und im Stehen fahren mußte. Weil es ein Damenfahrrad war, ging es auch ganz gut, es war aber sehr anstrengend.

Es war nicht mehr das jüngste Fahrrad und das Tretlager funktionierte nicht mehr richtig, es hakte immer etwas. Einmal passierte es dann. Es ging bergab und ich war gerade so schön in Fahrt gekommen, da blieben die Pedalen mit einem Ruck stehen und ich flog wie abgeschossen im hohen Bogen über den Lenker in die Brennesseln. Das war schlimm. Ich war zwar kaum verletzt, aber das Gesicht, die Arme und Beine waren total verbrannt. Das hat unheimlich wehgetan.

In der Eichstraße, an der Ecke zur Bergstraße, gab es das Herrentextilgeschäft „Hausschild". Weil sie keine Textilien mehr verkaufen konnten, machten sie aus ihrem Geschäft eine Tauschbörse. Hier konnte man alle Sachen, die man entbehren konnte, gegen andere nützliche Dinge eintauschen oder auch gegen Geld verkaufen, um sich dafür wieder etwas zu essen kaufen zu können. Denn die Lebensmittelmarken reichten nicht vorne und nicht hinten.

Das war eine tolle Idee der Hausschilds. Plötzlich war ihr Laden wieder voll, und vielen Menschen wurde damit geholfen. Denn wer braucht schon ein wertvolles Eßservice oder silbernes Besteck im Schrank, wenn man Hunger hat.
Die reicheren Leute waren natürlich auch hier wieder die Gewinner. Sie konnten sich viele schöne Dinge für billiges und wertloses Geld einkaufen.
Mutti und ich fuhren jede Woche mit dem Fahrrad nach Kiel zum Wochenmarkt, denn dort konnte man, wenn man Glück hatte, auch etwas ohne Marken bekommen. Es war zwar verboten, aber jeder mußte ja versuchen, irgendwie über die Runden zu kommen.

An einer Ecke am Wochenmarkt gab es einen Pferdeschlachter, bei dem das Fleisch besonders billig war. Ich machte mir damals noch keine Gedanken darüber, aber heute würde ich so etwas nicht mehr essen. Zur Belohnung, weil ich Mutti immer begleitet habe, bekam ich ein Würstchen. Das war für mich etwas ganz Besonderes.

Obwohl mir die Fahrt nach Kiel immer wie eine Weltreise vorkam, bin ich doch gerne mitgefahren, weil es unheimlich interessant war. Es gab kaum noch Häuser, alles war total zerbombt. Riesige

Trümmerhaufen lagen zu beiden Seiten der Staßen und ab und zu stand mal ein einzelnes Haus. Nur an den Straßen konnte man noch erkennen, wo man war. Wir konnten ja früher während des Krieges das große Feuer von Gettorf aus sehen, aber so schlimm hatte ich es mir nicht vorgestellt.

Papas Tabakgeschäft und seine Folgen

Tabak und Zigaretten waren in der Nachkriegszeit sehr knapp und teuer. Darum haben sich viele Leute, die einen Garten hatten, auch Tabakpflanzen angepflanzt.
Papa war auch im Kleingartenverein und hatte einen großen Garten auf der Frahmkoppel. Der Verein hat diese Koppel von Bauer Frahm gepachtet und das Gelände dann auch so benannt. Es wurde in einzelne Parzellen aufgeteilt, damit jeder, der es wollte, einen Garten bekommen konnte. Das war damals sehr wichtig für die Lebensmittelversorgung.
Papa war ein Blumenliebhaber und hatte viele schöne Blumen eingepflanzt, die konnte man zwar nicht essen, aber ein bißchen Freude mußte man ja auch haben.
Es gab jedes Jahr einen Wettbewerb, wer den schönsten Garten hatte. Einmal hat Papa den ersten Preis gewonnen.
Jedes Jahr hat der Gartenverein auch ein großes Fest mit Tanz bei Brügmann im großen Saal veranstaltet. Das war das einzige Fest, das Papa auch einmal besucht hat, obwohl er nicht tanzen konnte. Sonst ist er nirgends hingegangen.
Es war auch das einzige Mal im Jahr, daß er gutes Zeug angezogen hat. Wir haben uns immer darüber amüsiert, wenn er vor dem Spiegel stand und seine einzige schöne Hose, die noch von seinem Hochzeitsanzug stammte, bewunderte. Die Jacke war schon lange zu eng geworden.

Papa hatte in seinem Garten auch einen Teil mit Tabakpflanzen bepflanzt, das war zwar verboten, es wurde aber doch gemacht,

weil es keiner kontrolliert hat. Die Pflanzen waren sein ganzer Stolz, weil sie so groß und kräftig gewachsen waren. Sie waren mannshoch und hatten über einen halben Meter lange Blätter, die etwa fünfundzwanzig Zentimeter breit waren. Sie wurden erst abgepflückt, wenn sie schön goldgelb waren. Das geschah nicht auf einmal, sondern nach und nach.
Zu Hause wurden die Blätter auf eine Drahtleine gezogen und im Stall hingehänkt zum Trocknen, bis sie schön braun waren.

Unser Nachbar Herr Ellert, der Erfinder, hatte eine tolle Tabakschneidemaschine erfunden. Sie bestand aus einem dicken Wasserrohr aus Stahl, das etwa einen Durchmesser von acht Zentimeter hatte und vierzig Zentimeter lang war. An einem Ende war das Schneidemesser, welches von einer alten Brotmaschine stammte und mit einem Zahnkranz und einer Spindel, die bis zum anderen Ende des Rohres reichte, verbunden war. Das Rohr wurde mit Tabak gefüllt und jedes mal, wenn man das Messer herunterdrückte, wurde der Tabak durch die Spindel, an deren Ende ein Deckel befestigt war, ein Stückchen nach vorne in Richtung Messer gezogen und abgeschnitten. Das klappte hervorragend.

Wenn Schneidetag war, mußten wir alle mithelfen. Die Tabakblätter mußten erst einmal angefeuchtet werden, damit sie schön elastisch wurden. Dann mußten die dicken Strunken herausgeschnitten werden, weil sie im Tabak nicht gebraucht wurden. Diese Arbeit dauerte meistens einen ganzen Nachmittag, aber wir hatten viel Spaß dabei.

Die Maschine war in der ganzen Nachbarschaft begehrt, denn so etwas gab es nicht zu kaufen.

Mit dem Schneiden war der Tabak noch lange nicht fertig. Er hatte ja noch kein Aroma. Dafür hatte Papa sich ein besonderes Verfahren ausgedacht. Er kochte sich eine Brühe aus Backpflaumen und anderen geheimen Zutaten. In dieser Brühe wurde dann der Tabak einmal aufgekocht und ziehen gelassen. Nach ein paar Stunden wurde der Tabak wieder herausgenommen, schön ausgedrückt und getrocknet. Papas Tabak war sehr begehrt und hatte schon eine gewisse Berühmtheit erreicht.

Er füllte den Tabak in kleine Zigarettendosen, in der vorher fünfzig Zigaretten waren, und verkaufte sie in Kiel auf dem Schwarzmarkt für fünfzig Mark pro Dose. Es war natürlich noch altes Geld, aber er ist immer alles losgeworden, was er mitgenommen hatte.

Einmal ist fast ein Unglück passiert. Wir hatten einen weißen Emailletopf mit einer Ausbuchtung zum Gießen. Er faßte ungefähr drei Liter. Mutti kochte darin Kaffee für uns. Der Topf stand immer gefüllt auf dem Ofen, so daß wir uns immer etwas nehmen konnten, wenn wir Durst hatten.

Dummerweise hatte Papa gerade in diesem Topf seine Tabakbrühe aufbewahrt, die genauso aussah wie Kaffee. Als ich aus der Schule kam, hab ich mir eine halbe Tasse von dem vermeintlichen Kaffee eingegossen. Weil Mutti nicht da war, hab ich dann die Tasse ganz voll mit Dosenmilch aufgefüllt. Das war wohl mein Glück. Ich hatte nämlich einen ganzen Schluck von der Brühe getrunken. Es ist aber gutgegangen, wohl wegen der vielen Milch.

Mutti war sehr aufgeregt und hat ganz schön mit Papa rumgeschimpft über seine Unvernunft.

Eines Tages war Großalarm im Gartenverein. Über Nacht hatten Diebe eine ganze Menge Tabak geklaut. Das war ein großer Verlust. Damit das nicht wieder passiert, haben die Kleingärtner einen Wachdienst organisiert. Alle drei Stunden haben sie sich abgelöst. Das ging so lange, bis der ganze Tabak abgeerntet war. Welch ein Aufwand für so ein Kraut.

Papa hatte im Stall über dem Hühnerstall eine kleine Bodenfläche von einem Meter Breite, vier Meter Länge und einem Meter Höhe gebaut, um dort das Heu für seine Kaninchen zu lagern. Als das Heu verbraucht war, habe ich mir zusammen mit Günter Furche eine kleine Bude eingerichtet. Damit uns keiner sehen konnte, haben wir uns einen Vorhang aus Säcken gemacht. An der Giebelseite haben wir drei Bretter herausgesägt, damit es nicht so dunkel war. Seltsamerweise hatte Papa nichts dagegen. Es war sehr gemütlich da oben.

Über unseren Wohnungen gab es auch einen niedrigen Boden, den wir gerne mal untersucht hätten, aber leider gab es nur wenige Luken. In Eichentopfs Wohnung war so eine Luke im Flur. Als Peter Eichentopfs Eltern einmal nicht zu Hause waren, sind wir dort auf den Boden gekrochen. Es war sehr dunkel, aber in einer Ecke entdeckten wir eine ganze Menge Tabakblätter, die schon lange dort hingen und wohl vergessen worden waren.
Das war die Gelegenheit. Ohne Gefahr nahmen wir uns das Bündel mit und brachten den Tabak in meine Bude im Stall. Hier haben wir uns aus den Blättern Zigarren gedreht und geraucht. Den Rauch mußten wir aber aus dem kleinen Fenster pusten, damit Mutti nichts merkte, wenn sie mal in den Stall kommen würde. Sie hat es aber doch gemerkt, verraten hat sie es aber nicht.

Abriß unseres Ziegeleischornsteins

Wenn uns jemand fragte, wo wir wohnten, und wir sagten auf der Ziegelei, dann wußten sie gleich Bescheid. Denn wir hatten ja unser Wahrzeichen, den fünfunddreißig Meter hohen Ziegeleischornstein, der schon von weitem zu sehen war. Das erfüllte uns mit einem gewissen Stolz. Wir dachten, er würde ewig bleiben, aber eines Morgens kamen ein paar Arbeiter und sagten, sie hätten den Auftrag, den Schornstein abzureißen.

Wir konnten es zunächst gar nicht glauben, aber je länger die Arbeiter dablieben und alles vorbereiteten, desto mehr ging unsere Hoffnung langsam dahin. Der große Vorplatz wurde abgesperrt und zur Gefahrenzone erklärt.

Der Schornstein sollte nicht gesprengt werden, weil sonst die ganzen Gebäude beschädigt oder auch zerstört würden. Darum wollten sie ihn von oben her Stück für Stück abbauen. Dazu mußten sie sich innerhalb des Schornsteins ein Gerüst bis oben hin aufbauen. Unterhalb des Schornsteins wurde das Dach des großen Gebäudes mit Brettern abgedeckt, damit es durch die herabfallenden Steine nicht beschädigt werden konnte.

Innerhalb des Gebäudes im Bereich des Schornsteins war noch der recht gut erhaltene Brennofen der Ziegelei, in dem wir immer spielten. Der sollte auch mit abgerissen werden, das stimmte uns besonders traurig.

Wenn ich darüber nachdenke, hätte man so etwas heute bestimmt nicht gemacht. Es hätte für Gettorf sicher ein einmaliges Kulturdenkmal mit einem kleinen Museum sein können. So etwas hätte kein anderer Ort gehabt. Aber was soll man über vergangene Fehler nachdenken, was vorbei ist, ist vorbei. Zum Glück ist man heute nicht mehr so schnell dabei, die Vergangenheit zu zerstören. Das sehen wir an unserer Windmühle. Hier haben sich rechtzeitig Menschen gefunden, die sie vor dem Abriß bewahrt haben.

Jeden Tag, wenn wir aus der Schule kamen, war der Schornstein etwas kleiner, geworden. Ganz oben auf dem Schornstein standen zwei Arbeiter und warfen die losgeschlagenen Steine nach unten. Das sah sehr gefährlich aus. Wir hatten immer Angst, daß vielleicht ein Arbeiter herunterfallen könnte oder daß der Schornstein umfallen würde durch das Abstemmen der Steine. Der Schutthaufen unterhalb des Schornsteins wurde immer größer. Fast zwei Wochen haben die Arbeiter gebraucht, bis der Schornstein bis zum Dach des Gebäudes abgetragen war. Ohne das Wahrzeichen hatte die Ziegelei ihren Reiz verloren und sah aus wie andere Lager auch.

Drachenzeit

Jedes Jahr nach der Ernte begann für uns die Drachenzeit. Früher wurden die Felder nach der Ernte nicht gleich umgepflügt, weil die Bauern schon bei der Kornaussaat auch gleich Kleesamen mit ausgesät haben, der nun aufwuchs. So hatten sie gleich wieder Grünfutter für die Kühe.

Wir haben unsere Drachen selber gebaut. Es gab kaum Eltern, die dies für ihre Kinder gemacht haben. Bestenfalls bekam man hier und da mal einen Rat, wie das geht.
Ich hatte mir immer einen sechseckigen Drachen gebaut, weil der die beste Stabilität besaß und auch am besten flog.

Ich habe mir drei dünne Leisten vom Tischler Mißfeld geholt, die kosteten nichts. Die Leisten mußten sechzig Zentimeter lang sein, weil es bei Timm, einem Papierladen, keine größeren Pergamentbogen gab. Das reichte aber auch aus, weil diese Größe ideal war.

Die drei Leisten wurden genau in der Mitte übereinandergelegt und mit einem dünnen Nagel verbunden. Jetzt wurde an den Enden der Leisten eine kleine Kerbe eingeschnitten und dann zum Sechseck ausgerichtet. Mit einem zweiten Nagel in der Mitte wurde das Sechseck dann stabilisiert. Danach wurde ringsherum in die Kerben ein Segelband gespannt und fest verknotet. Schon war das Grundgestell fertig. Das Pergamentpapier wurde leicht angefeuchtet und das Drachengestell daraufgelegt. In zwei Zentimeter Abstand vom Drachengestell wurde das Papier passend zugeschnitten. Die überstehenden Papierstreifen mußten nun über dem Segelband umgebogen und verklebt werden. Den Kleber hat Mutti gemacht. Roggenmehl mußte in etwas warmem Wasser aufquellen, schon hatte man den besten und billigsten Kleber. Jetzt mußte das Papier erstmal trocknen, bis es sich ganz straff gespannt hatte.
Um die Flugstabilität des Drachens zu erreichen, mußte er noch einen Schwanz als Gegengewicht haben. Hierzu nahmen wir ein Stück Segelband und verknoteten kleine, zusammengerollte

Papierstückchen im Abstand von zehn Zentimetern, bis der Schwanz ungefähr drei Meter lang war. Wenn das Gewicht des Schwanzes nicht ausreichte, haben wir am Ende noch ein Grasbüschel angebunden.

Die Schrägstellung des Drachens konnte man erreichen, indem an der Vorderseite ein Stück Band von links nach rechts und von oben nach unten gespannt und in der Mitte verknotet wurde. Durch die Verschiebung des quer gespannten Bandes wurden die Schrägstellung und damit auch die Flughöhe bestimmt.

An diesem Knotenpunkt wurde dann das lange Segelband befestigt. Es war zwischen uns immer ein Wetteifern, welcher Drachen wohl am höchsten fliegen würde. Ich hatte immer zweihundert Meter Segelband, mehr konnte Mutti mir nicht kaufen. Das reichte aber schon, daß der Drachen nur noch ganz klein am Himmel zu sehen war.

Den Bandaufwickler haben wir uns auch selber gebaut. Er sah so aus wie der Aufwickler für die Wäscheleine, nur etwas kleiner. Wenn der Drachen einmal in der Luft war, blieb er dort auch den ganzen Tag.

Selbst wenn wir zum Essen nach Hause mußten, haben wir ihn mitgenommen. Das war nicht so einfach, weil von jeder Wohnung quer über den Weg zum Stall ein Antennendraht gespannt war. Bis zu unserer Wohnung waren es fünf Antennenleitungen, über die der Abwickler geworfen werden mußte.

Wenn das Wetter schön war, haben wir den Drachen auch in der Nacht oben gelassen. Ich hab ihn am Fenster unseres Kinderzimmers festgebunden. Günter Furche hatte sogar einmal seinen Drachen beleuchtet mit zwei kleinen Taschenlampenbirnen und einer Batterie, die er am Drachen befestigt hatte.

Es kam auch vor, daß der Drachen durch den Tau zu schwer wurde und am anderen Morgen nicht mehr in der Luft war.

Einmal war der Wind wohl zu stark, da ist mein Drachen abgerissen und zu Brügmanns Koppel rübergeweht und zwischen den Kühen runtergegangen Das war weiter nicht schlimm, denn Kühe sind im allgemeinen friedlich und eher neugierig.

Ich hab mir auch weiter keine Gedanken gemacht und bin zwischen den Kühen hindurch zu meinem Drachen gegangen. Da passierte etwas ganz Ungewöhnliches. Eine Kuh kam mit gesenktem Kopf und hoch erhobenem Schwanz auf mich zugerannt. Im ersten Moment wußte ich nicht, wie ich mich verhalten sollte. Eine Kuh machte doch so etwas nicht. Ich entschloß mich dann aber doch, lieber wegzulaufen. Das war richtig, denn die Kuh verfolgte mich wirklich. Ich lief so schnell ich konnte auf den Stacheldrahtzaun zu, und mit einem Hechtsprung unter dem Zaun hindurch brachte ich mich in Sicherheit.

Ich wußte, daß Kühe, wenn sie mal angreifen, was sehr selten vorkommt, die Augen nicht schließen, wie der Bulle es macht, sondern ihr Ziel genau sehen. Deshalb ist ein Angriff einer Kuh auch viel gefährlicher als der eines Bullen. Meinen Drachen konnte ich vergessen.

Heini Mordhorst und Hannes Matzen hatten ja immer schon besondere Einfälle. Diesmal hatten sie sich enen Riesendrachen gebaut, der zwei Meter Durchmesser hatte. Statt Pergamentpapier haben sie Packpapier genommen, und statt Segelband nahmen sie Sacksband. Mit dem Band wurden sonst die Strohklappen gebunden.

Ich durfte den Drachen zum Start hochhalten. Als die Jungs losliefen, stieg der schwere Drachen auch tatsächlich hoch in die Luft und erreichte eine beachtliche Höhe.

Ich fragte, ob ich auch mal die Leine halten dürfte. „Na klar", sagte Heini und gab mir das Band in die Hand. Es gab einen gewaltigen Ruck und ich fiel hin, aber ich ließ das Band nicht los. Der Drachen zog mich immer schneller werdend über die Wiese. Heini und Hannes liefen hinterher und versuchten mich wieder einzuholen, was sie dann zu meinem Glück auch schafften. War ich froh, als ich das überstanden hatte.

Manchmal haben wir auch Post zu unserem Drachen hochgeschickt. Das ging so: Man mußte ein kleines Stück steifes Papier nehmen, das ungefähr zehn mal zehn Zentimeter groß war. In der Mitte wurde ein ein Zentimeter großes Loch geschnitten und von der Seite her ein Schnitt im Bogen zum Loch gemacht. Nun konnte man das Papier auf das Segelband stecken und der Wind hat die Post bis zum Drachen hochtransportiert. Das ging manchmal sehr schnell, bis auf das letzte Ende, wo das Band zum Drachen schon sehr steil wurde, da ging es etwas langsamer. Es kam dann immer darauf an, wer seine Post zuerst oben hatte. Wenn wir kein Papier mithatten, haben wir es mit einem großen Blatt gemacht, das ging auch sehr gut.

Wie jeden Nachmittag kam Bauer Jöhnk auch an diesem Tag bei uns vorbei, um seine Kühe zu melken. Nur hatte er an diesem Tag einen großen Bullen an seinem Milchwagen angebunden. Dem Bullen hatte man einen großen Ring durch die Nase gezogen, an den ein Strick geknotet war. Nur so konnte man sicher sein, daß der Bulle auch dem Wagen folgte und keine Flucht unternahm. Der Bauer fuhr auch ganz langsam, um dem Bullen keine unnötigen Schmerzen zuzufügen.

Es war auch früher schon eher selten, daß ein Bauer sich seinen eigenen Bullen leistete, aber hin und wieder kam es noch vor. Darum mußte man sich immer erst davon überzeugen, bevor man eine fremde Kuhweide betrat, ob nicht doch ein Bulle unter den Kühen war. Einmal ist es bei Bauer Baasch auf der Kuhweide passiert, daß ein unvorsichtiger Mann, der beim Brombeeren pflücken war, von einem Bullen angegriffen und getötet wurde.

Der Bulle von Jöhnk gehörte wohl zu der gefährlicheren Sorte, denn er hatte vor den Augen eine Blechplatte. Dadurch konnte er nur nach unten sehen, um zu fressen. Das hat seine Gefährlichkeit schon erheblich eingeschränkt. Da wir die Koppel nun nicht mehr zum Drachensteigen benutzen konnten, haben wir den Bullen geärgert, indem wir ihn wütend gemacht haben.

Wir sind auf den Knick geklettert und haben so laut gebrüllt wie wir konnten. Es dauerte schon einige Zeit, bis der Bulle in Stimmung kam und auf uns zurannte. Wir waren aber auf dem Knick in Sicherheit, weil davor noch ein Stacheldrahtzaun war. Wenn der Bulle richtig in Fahrt kam, scharrte er mit den Vorderhufen den Boden auf und rannte immer wieder mit gesenktem Kopf gegen den Drahtzaun. Dabei brüllte und schnaufte er fürchterlich. Das war eine aufregende Sache. Wir kamen uns vor wie Stierkämpfer.

Die Freundschaft mit der Familie Ritter

Als unsere Nachbarn Rogowski ausgezogen sind, zog dort eine Familie Ritter ein. Der Mann und seine Frau haben als Schweizer auf dem großen Bauernhof von Frahm gearbeitet. Der Schweizer war früher ein Lehrberuf. Sie waren zuständig für alles, was mit Kühen zu tun hatte, wie melken, füttern, ausmisten, Geburten der Kälber und gesundheitliche Pflege.

Ich habe mich mit den Ritters angefreundet und durfte später auch mit zum Melken gehen. Es machte mir so viel Spaß, daß ich bald schon jeden Nachmittag im Kuhstall war. Wir hatten fünfundzwanzig Kühe zu betreuen.

Jede Kuh hatte einen Namen. Es dauerte auch nicht lange, bis ich jede Kuh mit Namen kannte, man mußte sich nur die Fellzeichnung merken. Es waren alles alte Frauennamen wie: Olga, Nanni, Klara, Luise, Betti, Marie usw. Die Namen waren sehr wichtig, weil man sich nur so merken konnte, welche Kuh nicht ganz gesund war oder wieviel Milch sie gab, wie hoch der Fettgehalt der Milch war und vieles mehr.

Im Kuhstall war es ziemlich einfach, weil über jeder Kuh eine Tafel hing, auf der alle wichtigen Daten aufgeschrieben waren. Aber wenn die Kühe auf der Weide waren, sah es schon anders aus. Manche Kühe konnten sich sogar ihren eigenen Namen merken. Wenn man sie gerufen hat, sind sie auch gekommen.

Einmal im Monat kam der Milchkontrolleur und hat von jeder Kuh eine Milchprobe genommen. Er brachte eine Holzkiste mit, die voll mit kleinen Glasröhrchen war, die zu einem Drittel mit einer gelben Flüssigkeit gefüllt waren. Er füllte die Röhrchen dann mit Milch auf, verkorkte und etikettierte sie. Die Ergebnisse der Untersuchung bekamen die Meierei und der Bauer.

Wenn wir am Nachmittag gegen 17:00 Uhr in den Kuhstall kamen, wurden zuerst die Kühe gemolken, weil sie schon darauf warteten. Ich habe vier Kühe gemolken, in der Zeit, in der Herr und Frau Ritter den Rest gemolken haben. Frau Ritter gab mir immer einen Kannendeckel voll Milch, den ich austrinken mußte. „Du bist so klein und dünn", sagte sie. "Dein Körper braucht das." Ich mußte mich erst daran gewöhnen, die warme Milch direkt von der Kuh zu trinken, aber mit der Zeit schmeckte sie sogar ganz gut. Der Kannendeckel hatte vier Löcher, die ich zuhalten mußte, bevor sie die Milch hineinschüttete. Es gingen dort zwei Liter hinein. Auf die Milchkanne wurde ein Trichter gesteckt, in dem drei sehr feine Siebe waren, bevor man die Milch hineinschütten durfte. Es wurde peinlich genau darauf geachtet, daß kein Schmutz in die Milch kommt, sonst gab es bei der Meierei Punktabzüge und damit weniger Geld für den Bauern.

Auch die Milchkannen wurden genau kontrolliert. Für die Reinigung der Kannen war die Köksch zuständig. Das war keine leichte Arbeit, besonders im Winter. Sie mußte nämlich draußen gemacht werden. Sie hatte immer ganz rote Arme von dem kalten

Wasser. Anschließend wurden die Kannen verkehrtherum auf den Milchblock gestellt zum Austrocknen.

Im Winter wurde die Milch erst am Morgen zur Meierei gefahren.

Nach dem Melken mußte der Kuhstall ausgemistet werden. Das war eine nicht so schöne Arbeit, aber es mußte sein. Den Mist fuhren wir mit der Schubkarre auf den Misthaufen, der gleich hinter dem Kuhstall war. Danach wurde alles wieder mit frischem Stroh ausgestreut, damit die Kühe zum Schlafen eine trockene Unterlage hatten.

Erst jetzt kam das Füttern an die Reihe. Die Hauptmahlzeit bestand aus Runkelrüben, Steckrüben und etwas Silage, die aus dem Kraut der Rüben hergestellt wurde. Kraftfutter gab es früher noch nicht. Die Rüben wurden grob abgewaschen und mit der Häckselmaschine zerkleinert. An der Heckselmaschine war ein großes Rad, das mit der Hand gedreht werden mußte. Als Nachtisch bekamen die Kühe Heu zu fressen. Das Heu und auch das Stroh waren auf dem Boden und wurden durch eine Luke heruntergeworfen. Gegen 19:30 Uhr war alles geschafft und wir gingen zufrieden nach Hause.

Eine Kuh muß jedes Jahr ein Kalb bekommen, damit sie auch fast das ganze Jahr über Milch bekommen kann. Sie wird ungefähr 25 bis 30 Jahre alt. Das waren also ganz schön viele Kälber, die eine Kuh bekommen mußte.

Die Kühe wurden auch schon damals nicht mehr von einem Bullen besamt. Das übernahm der Rucksackbulle, wie der Tierarzt genannt wurde. Der Tierarzt zog sich einen langen Kunststoffhandschuh an, der bis zur Schulter reichte, und leerte zuerst den Darm, damit bei der Besamung nichts passieren konnte. Dann nahm er die Kanüle mit dem vom Bauern ausgesuchten Samen und führte sie tief in die Gebärmutter der Kuh ein. Sein ganzer Arm verschwand bis zur Schulter in der Scheide. Die Kuh empfand bestimmt kein Vergnügen bei dieser Behandlung. Ich glaube, es war ihr eher lästig.

Eines Tages kam der Tierarzt, weil ein Kalb geboren werden sollte.

Ein Tierarzt mußte nicht immer dabei sein. Herr Ritter hätte das auch allein machen können, aber falls Schwierigkeiten auftreten sollten, war es doch sicherer, denn der Verlust eines Tieres kostete den Bauern doch viel Geld.

Bei einer normalen Geburt kommen die Vorderfüße immer zuerst heraus. Die Kuh blieb bei der Geburt stehen und stöhnte sehr. Es mußte nachgeholfen werden. Herr Ritter knotete ein Tau um die Vorderfüße des Kalbes, und der Tierarzt und Herr Ritter zogen mit einigem Kraftaufwand gemeinsam und ganz langsam das Kalb heraus. Es klatschte von oben auf den Zementboden herunter. Ich dachte, jetzt ist es passiert, das Kalb ist bestimmt tot. Das war aber nicht so. Herr Ritter hat es kräftig mit Stroh abgerieben und das Maul und die Nasenlöcher vom Schleim und der Haut befreit. Das Kalb hatte nur eines im Sinn, so schnell wie möglich auf die Beine zu kommen, um das Euter zu suchen. Das durfte es aber nicht, es wurde in eine Bucht gesperrt, die mit frischem Stroh ausgestreut war.
Frau Ritter hat inzwischen die erste Muttermilch abgemolken. Sie war ganz gelb und etwas dicker als die normale Milch wegen des hohen Fettgehalts. Man nennt die erste Milch nach der Geburt „Beestmilch". Von dieser Milch bekam das Kalb aber nur einen Teil, der mit warmem Wasser verdünnt wurde.

Die Milch wurde in einem Eimer fertiggemacht. Nun kann ein neugeborenes Kalb aber noch nicht aus einem Eimer trinken. Man mußte dem Kalb die Hand ins Maul stecken, woraufhin es sofort anfing kräftig zu saugen. Der Kopf des Kalbes wurde dann langsam zur Milch geführt. Es dauerte schon einige Zeit, bis es das begriffen hatte. Die Gier nach der Milch war so stark, daß man den Eimer ordentlich festhalten mußte. Als ich es das erste Mal versucht habe, hat mich das Kalb samt Eimer umgestoßen. Die fette Beestmilch der ersten Tage wurde an die Meierei verkauft. Dafür gab es mehr Geld als für normale Milch.

Wenn im Frühjahr das erste Gras so üppig und schnell wächst, ist es sehr eiweißhaltig und für die Kühe manchmal auch nicht so bekömmlich. Es kann schon einmal vorkommen, daß eine Kuh davon krank wird, wenn sie zu viel davon frißt. Wir hatten eine Kuh, die hatte eine Eiweißvergiftung bekommen.

Da mußte der Tierarzt kommen. Er brauchte einen Eimer voll Wasser und verrührte darin ein rotes Pulver. Das war die Medizin für die Kuh. Herr Ritter nahm die Kuh bei den Hörnern und drehte mit aller Kraft ihren Kopf herum. Dadurch blieb sie ruhig stehen und wehrte sich nicht mehr. Der Tierarzt steckte der Kuh eine Kanüle in die Halsschlagader und setzte darauf einen Trichter, den Frau Ritter festhielt. Dann kippte der Tierarzt die ganze Flüssigkeit langsam in den Trichter, bis der ganze Eimer leer war. Ich staunte nur, wie die Kuh das verkraften konnte, aber sie wurde davon wieder gesund.

Wenn die Kühe auf der Weide waren, war alles viel einfacher und viel schöner. Man brauchte nicht mehr auszumisten und auch nicht zu füttern. Die Weiden waren aber nie in der Nähe des Bauernhofes, so daß man erst dort hinfahren mußte.
Das machten wir mit dem Milchwagen, der von dem Milchpferd, so nannten wir es, weil es nur diese Arbeit zu machen hatte, gezogen wurde. Das Pferd war ein kräftiger Holsteiner und erst drei Jahre alt. Es kam dieses Jahr zum ersten Mal vor den Wagen und hat uns einige Probleme gemacht. Wenn es einmal bergauf ging und die Last des Wagens spürte, blieb es einfach stehen und war nur durch gutes Zureden bereit, wieder weiterzuziehen. Es gewöhnte sich nur langsam an seine neue Aufgabe.

Der Milchwagen war ein kleiner Kastenwagen mit eisenbeschlagenen Rädern und einem Kutschbock, auf dem wir sitzen konnten. Er war nur für diesen Zweck und mußte auch dementsprechend saubergehalten werden.

Ich habe in diesem Jahr die ganzen Sommerferien mit den Ritters bei den Kühen verbracht. Mutti war nicht sehr begeistert. Sie sagte immer, daß ich stinken würde, und ich mußte mich deshalb schon im Flur umziehen.

Ich war aber so begeistert, daß es mir nichts ausmachte, schon morgens um 4:30 Uhr aufzustehen. Das hatte auch zur Folge, daß

ich nun zweimal am Tag meine zwei Liter Milch trinken mußte. In diesem Sommer bin ich zum ersten Mal dicker geworden. Ich habe richtige Pausbacken bekommen, was mir überhaupt nicht gefiel.
Wenn wir bei der Weide ankamen, hatten sich meistens die Kühe schon am Tor versammelt, weil sie gemolken werden wollten. Man mußte immer zur gleichen Zeit kommen, sonst wurden sie schon unruhig und beschwerten sich laut, weil die Milch im Euter drückte.

Zuerst wurde das Pferd ausgespannt und ich durfte darauf reiten, um noch einige Kühe heranzuholen, die es nicht so eilig mit dem Melken hatten. Frau Ritter rief immer: „Komm Olsch, komm!" Die Kühe kamen dann auch wirklich.

Beim Melken brauchte die Kuh nicht angebunden zu werden. Sie blieb einfach stehen, wenn man mit dem dreibeinigen Melkschemel und dem Eimer in der Hand auf sie zuging. Im Sommer hatten die Kühe immer sehr unter den lästigen Fliegen zu leiden. Da kam es auch öfters vor, daß sie einem mit dem Schwanz um die Ohren geschlagen haben. Das war aber nicht weiter schlimm, weil die Kühe auf der Weide sehr sauber waren und nicht so dreckig wie im Kuhstall. Im Kuhstall mußten die Kühe darum auch öfters gestriegelt werden, was keine schöne Arbeit war.

Wenn wir mit dem Melken fertig waren, wurde das Pferd wieder eingespannt und ab ging es zur Meierei. Es war für mich immer eine besondere Freude, wenn ich kutschieren durfte. Eines Morgens bin ich mit Frau Ritter alleine gefahren, weil Herr Ritter etwas anderes vorhatte.
Die Meierei war mitten im Dorf und der Weg dorthin war mit Kopfsteinpflaster gepflastert. Das war mit den eisenbeschlagenen Rädern eine holprige Angelegenheit.

Als wir ungefähr auf der Höhe von Timm und Bäcker Reifenhausen waren, spielten Kinder mit einem Ball auf der Straße, der plötzlich dem Pferd zwischen die Beine sprang. Das Pferd bäumte sich auf und rannte im Galopp die Herrenstraße herunter. Der Wagen sprang hoch und runter und hin und her. Wir hatten Mühe uns festzuhalten.

Frau Ritter schrie: „Klaus, Klaus, halt das Pferd an." Ich zog die Zügel so stramm ich konnte, aber es wollte nicht stehenbleiben. Erst kurz vor dem Schaufenster von Ulli Bahrs Schlachterladen bekam ich das Pferd endlich zum Stehen. Wir zitterten am ganzen Körper und mußten uns erst einmal beruhigen, bevor es weiterging. Das letzte Stück, die Eichstraße hoch, sind wir ganz langsam gefahren. Zum Glück sind die Milchkannen nicht umgefallen, weil sie festgebunden waren. Mit der Zeit hat sich unser junges Pferd auch an den Wagen gewöhnt und war nicht mehr so schreckhaft.

Weil unsere Wohnungen doch sehr dunkel waren, spielte sich das Leben im Sommer viel vor der Haustür ab. Hier war einer am Kartoffeln schälen, dort einer am Gemüse putzen oder am Stricken oder Zeitunglesen. Immer blieb einer im Vorbeigehen stehen, um zu klönen. Wir waren wie eine große Familie. Jeder kannte die Probleme des anderen. Ich kann mich nicht erinnern, daß es jemals Streit unter den Nachbarn gab. Fast überall standen die Haustüren offen. Am Abend saß Frau Ritter öfters vor der Tür und spielte Mandoline. Dann kamen immer einige Nachbarn mit ihrem Stuhl

unterm Arm und setzten sich dazu.
Die Familie Ritter hat auch jedes Jahr im Dezember, wie viele anderen Nachbarn auch, ein Schwein geschlachtet. Früher war es so üblich, daß ein Schwein mindestens fünf Zentner wiegen mußte, damit es eine schöne, dicke Speckschicht hatte. Das war sehr wichtig.

Zum Schlachten kam immer der Hausschlachter Suhr. Für mich sah es eher grausam aus. Das Schwein wurde am Hinterbein festgebunden. Dann bekam es mit der verkehrtherum gehaltenen Axt einen kräftigen Schlag vor die Stirn, woraufhin es umfiel, aber noch zappelte.
Es war nur etwas benusselt.

Als der Schlachter dann das große Messer nahm und dem Schwein den Hals durchschnitt, fing es fürchterlich an zu schreien, bis das Blut langsam weniger wurde.
Das Blut wurde in einer Schussel aufgefangen und mit der Hand immer in Bewegung gehalten, damit es nicht gerinnt. Man brauchte das Blut, um daraus Schwarzsauer und Blutwurst zu machen.

Danach wurde das Schwein in eine große Badewanne, die sonst in der Waschküche stand, gelegt und mit viel kochendem Wasser übergossen, damit die Borsten aufweichen konnten. Zum Abkratzen der Borsten hatte der Schlachter kegelförmige Hörner, die sehr scharf geschliffen waren, und an der spitzen Seite war ein Haken, mit dem er die Klauen von den Füßen reißen konnte. Der Schlachter fand seine Arbeit wohl auch nicht so appetittlich, denn nach jedem Arbeitsgang mußte er erst einmal zwei bis drei Köhm zu sich nehmen.
Als das Schwein schön sauber war, wurde es mit dem Bauch nach vorne an eine schräggestellte Leiter gehängt. Jetzt wurde der Bauch von oben bis unten aufgeschnitten und die Innereien herausgenommen.

Die Därme wurden umgedreht und gesäubert und mit viel Wasser mehrmals gewaschen, bis sie richtig sauber waren. Dann wurden sie in eine Alaunlösung gelegt, wo sie mehrere Stunden weichen mußten. Danach wurden sie wiederum mit viel Wasser ausgespült.

Das Rückgrat wurde mit der Axt in der Mitte aufgeschlagen, damit es nach außen aufgeklappt werden konnte. So blieb das Schwein bis zum Abend zum Auskühlen hängen. Der Schlachter ging in der Zwischenzeit nach Hause, aber nicht, bevor er noch ein paar Köhm zu sich genommen hatte. Die Blase, die auch mitgereinigt wurde, wurde aufgepustet und zum Trocknen hingehängt. Die bekam ich später als Ball geschenkt.

Am Abend kam der Schlachter wieder, um das Schwein zu zerteilen. Frau Ritter hat indessen schon den großen Brühtopf angeheizt, in dem ein Teil des Fleisches gekocht und die Wurst gebrüht werden sollte. Die zum Räuchern bestimmten Teile, wie Schinken und Speck, wurden eingepökelt, das heißt, in eine mit Pökelsalz hergestellte Lake gelegt, wo sie sechs Wochen durchziehen mußten. Der Rest des Fleisches wurde mit dem Fleischwolf zerkleinert und kam in die verschiedenen Würste.
Das Filetfleisch wurde noch am gleichen Abend gebraten, weil es das Beste vom Schwein war. Frau Ritter nannte es Mürbebraten. Es war ein herrlicher Bratengeruch in der Luft und es schmeckte auch ebenso gut.
Wenn alles fertig war, machte Frau Ritter mit der Wurstbrühe noch die Grützwurst mit Rosinen, wofür die letzten Därme verwendet wurden. Weil ich die Grützwurst so gerne mochte, hat sie mir die ganze Wurst mitgegeben. Bei dem nächsten Schlachtfest hat Frau Ritter die Grützwurst erst gar nicht in den Darm gefüllt, sondern mir eine ganze Schüssel voll geschenkt. Ich habe dann eine ganze Woche lang, morgens, mittags und abends Grützwurst gegessen. Mutti dachte schon, daß ich davon noch krank werden würde. Das war aber nicht der Fall, im Gegenteil, ich war traurig, als die Grützwurst alle war.

Die Ritters hatten manchmal noch Arbeiten nebenbei angenommen. Zum Beispiel im Herbst zur Rübenernte, wo ich auch mitgeholfen habe. Die Runkelrüben sind bloß mit der Spitze in der Erde. Sie wurden immer paarweise herausgezogen und nur umgelegt und das in einer geraden Linie, genauso wie sie gewachsen waren. Das mußte so sein, damit man dann das Kraut mit einem Stecheisen fortlaufend abstecken konnte. Die Rüben wurden dann mit der

Mistgabel aufgestakt und auf den Anhänger geworfen. Dabei konnte ich nicht helfen, weil die Runkelrüben viel zu schwer waren.

Das Kraut wurde in eine riesige Betonmulde gebracht und mit dem Trecker festgefahren. Nach ein paar Wochen wurde daraus eine übelriechende Sillage, die aber für die Kühe sehr schmackhaft sein sollte. Herr Ritter sagte immer, daß es für die Kühe so ist wie für uns das Sauerkraut.

Der Winter war auch die Zeit, in der der Kuhmist aufs Feld gebracht werden mußte. Herr Ritter fuhr mit dem Trecker und dem großen Anhänger ganz dicht an den Misthaufen heran. Dann kletterten wir auf den Misthaufen und konnten so ganz bequem den Anhänger beladen. Auch bei der größten Kälte war es auf dem Misthaufen schön warm. Es dampfte richtig in der kalten Winterluft.

Auf der Koppel wurde der Mist in kleinen Haufen verteilt und diese wiederum mit der Mistgabel ganzflächig ausgestreut. Das war eine zeitraubende und schwere Arbeit.
Für all diese Arbeiten habe ich kein Geld bekommen. Ich habe es nur gemacht, weil ich Spaß daran hatte. Eines Tages kamen die Ritters auf die Idee, Sirup zu kochen, was natürlich verboten war. Sie hatten nämlich bei Bauer Frahm eine Rübenpresse entdeckt, die hatte nur einen Meter Durchmesser und war aus Holz, aber ideal für diese Zwecke. Nun brauchten nur noch die Zuckerrüben beschafft zu werden. Das kriegten sie aber auch hin, denn sie saßen ja an der Quelle. Als sie zwei Zentner zusammenhatten, ging es an die Arbeit.
Zuerst mußten die Rüben gründlich geschrubbt und zerkleinert werden. Im großen Waschkessel in der Waschküche wurden die Rübenstücke leicht angekocht, damit man sie leichter auspressen konnte. Die Presse mußte mit der Hand gedreht werden. Das war ganz schön schwer, aber es kam eine Menge Saft heraus.
Mutti bekam auch einen großen Topf voll. Ich konnte mir noch nicht vorstellen, wie daraus Sirup werden sollte. Aber Mutti sagte: „Wir müssen den Saft jetzt so lange kochen, bis das ganze Wasser verkocht ist." Das dauerte ein paar Stunden und der Saft im Topf wurde immer weniger, aber auch immer dunkler und dickflüssiger.

Zum Schluß war vielleicht noch ein Drittel im Topf. Es ist aber ein schöner, dunkler Sirup geworden, der auch herrlich schmeckte. Nun hatten wir für eine lange Zeit Sirup, der auch nichts gekostet hat.

Mein Kaninchenstall und das Meerschweinchen

Eines Tages kamen Peter Eichentopf und ich auf die Idee, daß wir doch gerne ein eigenes Kaninchen hätten. Aber wie? Dazu brauchte man auch einen eigenen Kaninchenstall. Schenken würde uns den sicher niemand. Also mußten wir uns einen bauen, das würden wir schon schaffen, nur die Bretter fehlten uns noch. Wir schauten uns um, ob vielleicht irgendwo ein paar alte Bretter herumlagen. Papa hatte noch ein paar in einer Ecke stehen, die er nicht brauchte. Mutti hat dann die Verhandlungen übernommen und erreichte es auch, daß ich sie bekam. Peter hatte auch einige Bretter bei seinem Vater im Stall gefunden. Der Anfang war gemacht, das stimmte uns schon zuversichtlich.
Die Bauern hatten so schöne Pforten vor den Zufahrten ihrer Koppeln, darin waren eine Menge Bretter verbaut. Die waren zwar nur von einer Seite glatt und von der anderen Seite rund, das machte aber nichts. Dadurch waren sie besonders stabil.

Nun war die Frage, wie wir an die Bretter kommen sollten, ohne erwischt zu werden.
Wir wurden uns einig, daß wir die Pforte am Abend wegschleppen mußten, um sie an einem sicheren Ort erst am nächsten Tag auseinanderzubauen. Wir nahmen uns eine Pforte von Augustenhofs Koppel und schleppten sie über drei Koppeln von Bauer Köpke bis zum Moorweg und ließen sie dort hinter einem Knick liegen.
Am nächsten Tag haben wir dann die Pforte mit einem Kuhfuß auseinandergebrochen, das machte keinen Krach. Nun hatten wir schon mal eine Menge Holz, aber es reichte immer noch nicht. Wir hatten bei dieser Aktion schon eine Menge Ängste ausgestanden. Noch einmal eine Pforte zu klauen, trauten wir uns nicht.

In der Fischerstraße wurde zu dieser Zeit gerade eine neue Schaltstation von der Schleswag gebaut. An der Straße lag ein ganzer Stapel Gerüstbretter. Da konnten wir nicht daran vorübergehen. Noch am Abend haben wir uns drei Bretter besorgt. Das war gar nicht so schlimm, weil es keine Straßenbeleuchtung gab.
Nun konnte es mit dem Bau losgehen. Es sollte ein Stall mit zwei Buchten werden. Meine Vorlage war Papas Kaninchenstall. Mein Stall sollte nur etwas größer und schöner werden. Von Papa bekam ich eine große Dose mit alten, krummen Nägeln, die noch geradegeklopft werden mußten. Ungefähr vier Wochen habe ich an meinem Kaninchenstall gebaut. In die Zwischenwand, die beide Buchten voneinander trennte, habe ich einen Durchgang mit einer Schiebetür gebaut, die man bei Bedarf auch schließen konnte. Mein Stall ist zwar größer und stabiler geworden, aber mit der Schönheit von Papas Stall konnte ich doch nicht ganz konkurrieren. Ich war trotzdem stolz auf mein Bauwerk. Papa schenkte mir nun zwei kleine Kaninchen, die mir ganz alleine gehörten.
Nun brauchte ich nur noch ein Meerschweinchen, das ich mir schon immer gewünscht hatte. Dafür brauchte ich aber noch eine Unterkunft. Es sollte ein kleines Häuschen werden mit einem spitzen Dach. In Gedanken hatte ich es schon fertig.
Ich machte mich also wieder an die Arbeit. Das Häuschen wurde sechzig Zentimeter lang, dreißig Zentimeter breit und dreißig Zentimeter hoch. Wenn es fertig war, sollte es auf dem Boden stehen, damit das Meerschweinchen frei im Hühnerhagen herumlaufen konnte. An der einen Giebelseite war der Eingang mit einem Vorhang, den ich senkrecht in Streifen geschnitten hatte. So war es vor Kälte geschützt und konnte trotzdem rein- und rauslaufen. Damit es drinnen nicht so dunkel war, habe ich in die Giebelspitze eine Scheibe eingebaut.
Mit dem Futter hatte ich keine Probleme, weil das Meerschweinchen das gleiche gefressen hat wie die Kaninchen. Es fraß aber auch das Futter der Hühner, die nichts dagegen hatten.

Wir hatten auch noch zwei kleine Katzen, die mit dem Meerschweinchen spielten und das Meerschweinchen mit ihnen. Das war immer sehr lustig, wenn sie sich gegenseitig jagten. Nur wenn die Katzen auf den Kirschbaum kletterten, der mitten im

Hühnerhagen stand, konnte das Meerschweinchen natürlich nicht hinterherkommen. Es stand auf den Hinterfüßen am Kirschbaum und versuchte vergeblich auch hinaufzukommen, es klappte aber nicht. Auch auf sein pfeifendes Rufen reagierten die Katzen nicht.

Zwischen unserer Wohnung und dem Stall war der Zuweg zu den Wiesen von Bauer Jöhnk. Eines Tages, als der Bauer wieder zu seinen Kühen fuhr, hatte er seinen Schäferhund mit. Gerade an diesem Tag hatte jemand vergessen, die Tür zum Hühnerhagen zu schließen. Als der Hund die Katzen entdeckte, hat er sie natürlich verfolgt. Die Katzen flitzten den Kirschbaum hoch und brachten sich in Sicherheit. Das Meerschweinchen schaffte es nicht in sein Häuschen zu flüchten und wurde vom Hund totgebissen. Das war ein trauriger Tag für uns alle. Ich habe mir wieder ein neues Meerschweinchen besorgt, denn das Häuschen mußte ja bewohnt werden und auf die Freude wollte ich auch nicht verzichten.

Meine Fahrraderlebnisse

Mit der Zeit hatten wir alle schon ein Fahrrad, wenn auch kein neues, so war es doch ein Fahrrad. Jeder hat sein Fahrrad gepflegt und angemalt. Wenn einer besondere Ideen hatte, haben die anderen es nachgemacht. Besondere Mühe gaben wir uns bei der Herstellung des Strahlenkopfes. Alle Aktivitäten spielten sich jetzt auf dem Fahrrad ab.

Eines Tages zog eine Familie Radek in den großen Mittelbau ein. Der Sohn hieß Peter und ging mit mir in eine Klasse. Er hatte noch kein Fahrrad, aber sein Vater hatte sich ein ganz neues „Meister"-Fahrrad gekauft. Er arbeitete als Zimmermann bei der Baufirma „Jöhnk" und kam meistens zum Mittagessen nach Hause. Das Fahrrad lehnte dann an der Wand neben der Haustür.
Eines Mittags konnte Peter nicht widerstehen und nahm das Fahrrad seines Vaters, um eine kleine Fahrt zu machen. Er fuhr die Fischerstraße hoch bis zur Kielerstraße. Auf der Rückfahrt ging es bergab und er fuhr freihändig und das auf einem Feldweg voller Schlaglöcher.

Ich fuhr auf meinem Fahrrad ihm entgegen zur Kielerstraße. Als er mich sah, rief er laut: „Klaus, du mußt ausweichen, ich kann es nicht." Er hätte ja bloß das Freihändigfahren aufgeben müssen, dann hätte er es gekonnt.
Ich wich dann auch aus. Er hatte aber gedacht, daß ich es nicht begriffen hätte und wich auch aus. Im Graben auf der anderen Straßenseite sind wir dann frontal zusammengestoßen. Wir – und auch beide Fahrräder – standen auf dem Kopf. Zum Glück ist uns dabei nichts passiert, aber den Fahrrädern.

Das neue Fahrrad von Peters Vater hatte im Vorderrad eine Acht. Bei meinem Fahrrad war nur der Lenker verdreht. Nun war für Peter Holland in Not. Er mußte ja mit dem Fahrrad nach Hause, weil sein Vater wieder zur Arbeit mußte.
Sein Vater war zwar verärgert, aber Prügel hat er nicht bekommen.

Vielleicht konnte er es ja verstehen, aber ich konnte es nicht verstehen, denn bei mir wäre die Sache doch viel schlimmer ausgegangen.

Um das große Mittelgebäude der Ziegelei führte ein Weg ganz ringsherum. Das war unsere Rennstrecke. Besonders wenn wir „Tick" spielten, war es schon ein ganz schönes Gerenne und das machte auch Lärm. Das gefiel Herrn Mattern, der an der hinteren Giebelseite im Erdgeschoß wohnte, überhaupt nicht. Da er immer besoffen war, regte er sich auch fürchterlich auf. Er stand jedes Mal vor der Tür und schimpfte, was das Zeug hielt. Wir sind dann immer ganz dicht an ihm vorbeigefahren, um ihn noch mehr zu ärgern.

Er bemühte sich sehr, jemand von uns einzufangen, was ihm natürlich nicht gelang. Aus lauter Ärger hat er dann Pappnägel auf den Weg gestreut, die wir im Sand nicht sehen konnten. Das war für uns dann sehr ärgerlich, weil drei Räder einen Plattfuß bekamen.

Als er wieder einmal so besoffen war, haben wir ihn auch geärgert, indem wir immer an sein Fenster geklopft haben und dann weggelaufen sind. Das hat ihn so wütend gemacht, daß er uns über die ganze Ziegelei verfolgt hat, aber es ist ihm nie gelungen, einen von uns einzufangen.

Neben Mattern wohnte noch so eine Chaotenfamilie. Die hatten sich fast jeden Tag in der Wolle. Das war auch sehr interessant. Als Günter Furche einmal am Fenster stehenblieb, um sich das Geschimpfe anzuhören, flog plötzlich ein mit Essen gefüllter Teller durchs Fenster. Das Eigenartige an diesen Leuten war, daß sie sehr gut singen konnten. Nach jedem Streit, wenn sie sich wieder vertragen hatten, haben sie sehr schöne Operettenlieder zweistimmig gesungen, und der Mann hat dazu mit der Gitarre gespielt. Das hörte sich so schön an wie im Radio. Die hatten bestimmt mal bessere Zeiten erlebt.

Weil eine Klingel am Fahrrad sich nicht so schön anhört, haben wir uns etwas anderes ausgedacht. Wir haben ein Stück Pappe im rechten Winkel gebogen und um die Halterung des vorderen Schutzbleches gelegt und mit einem Stückchen Band am Lenker festgebunden. Immer wenn man das Band strammzog, drückte der gewinkelte Teil der Pappe gegen die Speichen des Vorderrades. Das machte ein schönes schnarrendes Geräusch. Besonders laut war es mit einem Stück Blech. Wir hatten viel Freude daran, aber die Erwachsenen natürlich nicht. Das störte uns aber weniger.

Viel Spaß machte es auch, aus dem Fahrrad ein Pferd zu machen. Wir haben an beiden Seiten des Lenkers am Handgriff ein Band befestigt wie die Zügel beim Pferd. So brauchte man nicht mehr den Lenker anzufassen, sondern nur mit dem Zügel das Fahrrad zu lenken. Das war noch besser als freihändig zu fahren.
Viel Ärger machte uns immer wieder ein kleiner Foxterrier. Der konnte kein Fahrrad leiden. Sobald man losfahren wollte, kam er angeflitzt und versuchte in den Reifen des Vorderrades zu beißen. Selbst wenn man versuchte, ihn mit Fußtritten davon abzuhalten, ließ er nicht locker.

Der Hund gehörte Harald Brockwitz, der zwei Jahre jünger als ich war. Er liebte seinen Hund so sehr, daß er ihn auch noch verteidigte, wenn der uns angriff. Als ich einmal Ärger mit dem Hund hatte, ging Harald auf mich los, um mich zu verprügeln, obwohl er gar keine Chance hatte, denn ich war viel größer als er. Ich warnte ihn noch, aber das beeindruckte ihn keineswegs. Also bekam er die

Prügel, die er verlangt hatte.

Heulend lief er nach Hause zu seinem Onkel, bei dem er mit seiner Schwester Sonja lebte. Der Onkel hieß Roman Brockwitz und war schon ziemlich alt und blind. Der ging natürlich zu Mutti, um sich zu beschweren. Mutti nahm das aber wie immer nicht so ernst und sagte ihm, daß die Kinder damit alleine fertig werden müßten. Damit war für sie der Fall erledigt.
Der Onkel hatte einen Blindenstock und drei Punkte am Ärmel seines Mantels. Er ließ sich auch in den Bus führen, wenn er nach Kiel fuhr, um in der Holstenstraße zu betteln. Wenn er wieder mit erstaunlich viel Geld nach Hause kam, ging es ans Geldzählen, wobei Harald immer half. Frau Ellert kam einmal dazu und sah, wie Harald es abzählte. Das Geld wurde auf den Tisch geschüttet, sortiert und abgezählt. Dabei ließ Harald immer ein Geldstück in seinem Ärmel verschwinden.

Onkel Roman war gar nicht so blind wie er vorgab. Er konnte Harald sogar noch in dreißig Meter Entfernung erkennen. Das hat Mutti einmal beobachtet.

Haralds Schwester Sonja war schon etwas älter und hatte noch die Hitlerzeit miterlebt. Sie war noch im BDM gewesen, wovon sie immer noch schwärmte. Als sie hörte, daß es so etwas noch in der DDR gab, wollte sie unbedingt dorthin. Eines Tages ist sie dann auch wirklich in die DDR gefahren und auch dort geblieben.

Bauer Hammerich und der Rübenklau

Wenn wir aus unserem Kinderzimmerfenster sahen, war schon in eineinhalb Meter Entfernung der Drahtzaun von Bauer Hammerichs Koppel. Eigentlich hatten wir hier eine schöne Aussicht, aber manchmal auch Probleme. In einem Sommer hatte er dort Korn gesät. Das war auch weiter nicht schlimm, bis das Kornfeld zur

Blüte kam. Über das ganze Kornfeld verbreiteten sich Wolken von Blütenstaub. Unsere Augen tränten, in der Nase kribbelte es, so daß wir nur noch am Niesen waren. Nachts konnten wir nicht schlafen, aber wir mußten warten, bis der erlösende Regen kam.

Früher wuchs das Korn noch viel höher als heute, so daß man sich darin wunderbar verstecken konnte. Man mußte bloß aufpassen, daß man nicht dabei erwischt wurde.

In einem Sommer hatte der Bauer nur Gras gesät, um Heu für die Kühe zu ernten. Das gemähte Gras mußte ja längere Zeit trocknen. Dafür benutzte man früher dreibeinige Böcke, die etwa zwei Meter hoch waren. Um diese Böcke herum wurde das Heu aufgestapelt, so daß riesengroße Diemen entstanden, die im Inneren hohl waren.

Für uns waren es schöne Höhlen, in denen man ganz prima spielen konnte. Es war wie ein Naturzelt, in das es auch niemals hineinregnen konnte. Günter Furche und ich haben darin auch einmal übernachtet. Es war ein schönes Erlebnis, wie wir morgens schon ganz früh vom Gesang der Vögel geweckt wurden.
In einem anderen Jahr hatte Hammerich dort Steckrüben gepflanzt. Das war auch eine schöne Sache für uns, weil wir diese auch gleich essen konnten. Jeden Tag, wenn wir über die Felder zogen, haben wir uns ersteinmal eine Steckrübe geholt als Verpflegung für unterwegs.

Im Herbst hatte der Bauer eine große Miete für die Rüben angelegt, damit er immer frisches Futter für seine Kühe hatte. Der aufgehäufte Rübenberg wurde mit einer Strohschicht bedeckt und dann mit einer zwanzig Zentimeter dicken Erdschicht abgedeckt. So waren die Rüben vor Frost und Nässe bestens geschützt.

Als der Bauer später die Miete angebrochen hatte, hab ich mir dort auch das Futter für meine Kaninchen geholt, ohne daß es auffiel. Das ging so lange gut, bis ich eines Abends, es war stockdunkel, eine laute, dunkle Stimme rufen hörte. Ich bekam fürchterliche Angst und lief so schnell ich konnte nach Hause. Immer dachte ich, daß der Bauer hinter mir herwar. Zu Hause angekommen, beruhigte

Mutti mich und sagte, daß es nur ein Hirsch gewesen sein könnte, denn es war Brunftzeit.

Nach diesem Erlebnis bin ich dort nicht wieder hingegangen. Später habe ich es noch einmal bei Bauer Frahm versucht. Er hatte eine Rübenmiete direkt neben dem Kuhstall. Da ich den Hof und die Verhältnisse genau kannte, dachte ich, daß ich Glück haben würde. Das war aber ein Trugschluß.

Ich hatte unseren Schlitten mitgenommen, um die Rüben nicht tragen zu müssen. Als ich gerade dabei war, ein paar Rüben in meinen Sack zu packen, kam der Verwalter Lingen um die Ecke. Ich mußte die Flucht ergreifen und nahm aber meinen Schlitten mit. Weil Herr Lingen mich aber verfolgte, mußte ich den Schlitten stehenlassen, um schneller laufen zu können. Als er den Schlitten hatte, ließ er davon ab, mich weiterzuverfolgen.

Herr Lingen hat mich zum Glück nicht erkannt, sonst hätte er sich sicher bei meinen Eltern sehen lassen. Denn ich habe ja zu der Zeit in seinem Kuhstall den Ritters geholfen. Den Schlitten war ich los.

Als ich am nächsten Tag die Jungs von Lingen traf, konnte ich leider nicht sagen, daß es mein Schlitten war, mit dem sie da spielten. Das war mir eine Lehre für alle Zeiten.
Ich habe Bauer Hammerich als sehr netten Mann kennengelernt, der Peter Eichentopf und mich eingeladen hat, mit auf seinem Trecker zu fahren. Es machte ihm viel Spaß und wir waren sehr stolz darauf. Er war dabei, die Koppel hinter unserem Haus umzupflügen. Jeden Tag nach der Schule sind wir zu ihm hingegangen und durften immer mitfahren.

Eines Tages sagte er zu uns, daß er uns eine Lederhose schenken wollte. Das war eine Freude, denn so eine Lederhose wünschte sich jeder Junge, aber selten konnten sich die Eltern so etwas leisten. Als ich Mutti diese freudige Botschaft erzählte, wurde sie ärgerlich und sagte: „Das kommt überhaupt nicht in Frage. Du gehst auf keinen Fall wieder dorthin." Ich war erschrocken und konnte es überhaupt nicht verstehen. Sie wollte mir auch nicht sagen, warum sie dies von mir verlangte. Ich sagte: „Peter darf die Hose doch auch nehmen. Warum ich nicht?" „Das ist mir egal, was Peter darf, er ist ja auch weitläufig mit Hammerich verwandt", sagte sie. Peter hat dann auch seine Lederhose bekommen, die er stolz präsentierte. Ich war so traurig darüber. Erst viel später habe ich erfahren, warum Mutti so reagiert hatte. Der Bauer Hammerich war homosexuell und das war früher noch streng verboten. Man hat diese Leute sogar eingesperrt, wenn man es ihnen nachweisen konnte. Mutti hat ihn aber nicht angezeigt.

Zum Kartoffelsammeln in Wulfshagener Hütten

Der Sommer war für uns früher immer die Zeit, in der man Geld verdienen konnte. Bei Dittmann gab es immer noch nur zwei DM am Tag, darum war diese Arbeitsstelle auch nicht sehr gefragt. Bei den Bauern und auf den Gütern konnte man viel mehr verdienen. Allerdings mußte man hier auch viel mehr für das Geld arbeiten. Es ging fast alles im Akkord. Für uns Kinder war es manchmal ganz schön schwer. Es ging oft bis zur Erschöpfung. Ich muß mich heute noch wundern, wie wir dies alles geschafft haben und sogar noch Freude dabei empfunden haben. Wenn wir abends kaputt und mit Rückenschmerzen nach Hause kamen, haben wir nach einer Stunde Ruhezeit schon wieder draußen herumgetobt.

Es gab in Gettorf eine Frauengruppe aus Kriegerwitwen, die sich ihr Geld in der Landwirtschaft verdienten. Sie wußten immer Bescheid, wo es Arbeit gab. Die Bauern und Verwalter der Güter wendeten sich an diese Gruppe und diese verbreitete dann die Nachricht. Zu dieser ständigen Gruppe gehörten Frau Gazek, Frau Brand, Frau Wendt und noch einige mehr, an die ich mich aber nicht mehr erinnern kann.

Es gab morgens irgendwo einen Sammelplatz, wo die Bauern dann die Arbeitswilligen mit einem Trecker und großem Anhänger abholten. Es ging schon morgens um sieben los und nachmittags so um siebzehn Uhr waren wir wieder in Gettorf.

Bei der Kartoffelernte zog ein Trecker die Rodemaschine hinter sich her und die kleinen Grabeforken schleuderten die Kartoffeln aus der Erde ungefähr drei Meter weit. Jeder bekam ein abgestecktes Stück von ungefähr sechs Meter Länge, auf dem er alle herausgeschleuderten Kartoffeln aufsammeln mußte.

Dafür bekamen wir eine Kiepe, in die ungefähr zwanzig Kilo Kartoffeln hineingingen. Für eine Kiepe bekamen wir eine Karte, die aussah wie eine Straßenbahnkarte. Sie war vierzehn Pfennig wert. Die kleineren Kinder bekamen einen Kartoffelkorb, der nur sieben Pfennig wert war.

Ein Trecker mit einem großen Anhänger fuhr ständig um die Runde und zwei Männer leerten die vollen Kiepen und Körbe aus. Das ging alles ziemlich schnell. Wer es nicht schaffte, sein Stück rechtzeitig freizusammeln, dem wurde sein abgesteckter Streifen verkürzt. Der verdiente dann auch weniger. Es gab auch Leute, die besonders schnell waren, die bekamen dann ein Stück dazu.
Ich habe mein Ende immer rechtzeitig geschafft. Das ging aber ins Kreuz, die ganze Zeit so gebückt herumzulaufen. Meine Schwestern Hilde und Trautchen hatten gemeinsam ein Stück bekommen. Hilde war dauernd am Schimpfen, weil Trautchen so faul war. Sie mochte sich nicht so gerne bücken und stand ihr nur im Weg.
Herr Zupp, der zu den Abholern gehörte, hatte Mitleid mit Hilde und gab ihr zwischendurch auch mal zwei Karten für eine Kiepe. Es kann auch sein, daß er sie gerne leiden mochte, denn er war immer besonders freundlich zu ihr.

Am nächsten Tag wollte Hilde nicht mehr mit Trautchen zusammen sammeln. Darum mußte Trautchen zu Hause bleiben, das hat ihr überhaupt nichts ausgemacht. Ich glaube, sie war sogar froh darüber. Am Abend versammelten wir uns auf dem Hof zur Abrechnung. Ich hatte 12,60 DM verdient, das waren neunzig Kiepen Kartoffeln. Ich war stolz und die Rückenschmerzen waren mit einem Mal wie weggeblasen. Hilde hatte mit Trautchen zusammen nur 8,40 DM, das waren sechzig Kiepen Kartoffeln. Sie war sauer. Am nächsten Tag, als Hilde alleine gesammelt hat, hatte sie mit Hilfe von Herrn Zupp genauso viel verdient wie ich.

Einmal war ich für zwei Tage auf dem Gutshof in Grönwohld zum Kartoffelsammeln. Das war wesentlich schwerer, weil dort die Sorte Ackersegen geerntet wurde. Das sind besonders große Kartoffeln, die am besten im Lehmboden wachsen.
Zum großen Unglück regenete es auch noch an diesen Tagen. Der Lehm klebte in dicken Klumpen an den Kartoffel und mußte ersteinmal abgestreift werden. Das war sehr zeitaufwendig. Zum Glück waren die Kartoffeln so riesig, daß wir trotzdem noch auf unseren Lohn kamen.

Es war aber eine sehr matschige Angelegenheit. Wir sahen abends aus wie die Schweine, naß und dreckig. Aufhören konnte man auch nicht, weil wir ja mit dem Trecker gefahren waren. Wenn man einmal da war, mußte man auch arbeiten. Der Weg nach Hause war immerhin neun Kilometer weit, und das zu Fuß, war auch nicht der wahre Jacob. Also blieb man wohl oder übel. Das war bisher die schlechteste Arbeitsstelle, die ich gehabt hatte.

Nur einmal war es noch schlimmer. Das war im Frühjahr auf dem Gut Augustenhof. Man hat früher die Steckrüben schon im Vorjahr ausgesät und im Herbst die kleinen Pflanzen eingemietet. Wenn im Frühjahr die Miete geöffnet wurde, war alles ein Matsch. Dann mußte man mit bloßen Händen, und das noch bei Frostwetter, den Matschkram auseinanderpulen und die guten Pflänzchen aussortieren. Das kam mir vor wie Sklavenarbeit. Da habe ich zum ersten Mal die Landwirtschaft verflucht.

Nun, jetzt wieder zu den Kartoffeln. Wenn ein Kartoffelfeld abgeerntet war, wurde es vom Bauern oder Gutsherren sofort freigegeben. Das hieß, jeder, der wollte, konnte nun auf die Koppel gehen und die Erde noch einmal durchhacken, um nach den noch im Boden verbliebenen Kartoffeln zu suchen. Das konnte sich manchmal ganz schön lohnen.

Wir haben einmal auf einer Koppel von Augustenhof zehn Zentner Kartoffeln zusammenbekommen. Das war unser Vorrat für den ganzen Winter. Das Problem war immer der Transport nach Hause. Wenn man einen Sack voll hatte, mußte der ersteinmal mit dem Fahrrad nach Hause gebracht werden.

Es kam auch vor, daß die Maschinen nicht dicht genug an den Knick heranfahren konnten und ein Stück der Kartoffelreihe stehenließ. Das war natürlich ein großes Glück.

Auf den Kornfeldern haben die Bauern es auch so gemacht, daß ein abgeerntetes Feld für die Bevölkerung freigegeben wurde, damit sie die abgefallenen Ähren aufsammeln konnten. Diese Großzügigkeit der Bauern hat ihnen nicht geschadet, aber vielen Menschen geholfen und vor dem Hunger bewahrt.

Die Zeit des Rübenhackens

Früher wurden die Rüben noch in Reihen ausgesät. Wenn sie ungefähr zehn Zentimeter hoch waren, mußten sie gehackt und vereinzelt werden. Zwischen den Reihen hat der Bauer das Unkraut mit der Maschine beseitigt. Die Rübenreihen mußten mit dem Hacker bearbeitet werden. Es durfte im Abstand von ungefähr zwanzig Zentimetern nur eine Rübenpflanze stehenbleiben. Das war in etwa die Breite des Hackers.
Ich hatte schon so viel Übung darin, daß bei mir mit einem Hackerschlag nur eine Rübenpflanze stehenblieb. Das war schon ein großer Vorteil, denn ich brauchte mich kaum noch zu bücken und mit der Hand nacharbeiten.

Bei den meisten Bauern wurde das Rübenhacken nur tonnenweise vergeben. Das hieß, die Rübenfelder wurden vorher ausgemessen und in Flächen von einer Tonne abgesteckt. Für eine Tonne hacken und vereinzeln und nach drei Wochen noch einmal das Unkraut weghacken zahlte der Bauer 160,-- DM. Diese Vereinbarungen wurden aber nur mit Erwachsenen gemacht.

Mutti hatte mal wieder Schwierigkeiten mit dem Kaufmann. Sie war gezwungen, Lebensmittel anschreiben zu lassen, weil Papa ihr so wenig Wirtschaftsgeld gab. Sie bekam nur 25,-- DM die Woche. Damit konnte sie nicht auskommen und es gab oft Streit darüber. Papa interessierte das alles nicht. Er hat nur immer gefordert und ihr schlechtes Wirtschaften vorgeworfen.

In ihrer Not hat sie dann eine Tonne Rübenhacken angenommen, obwohl sie schwanger war und schon einen dicken Bauch hatte. Ich habe ihr dann dabei geholfen. Es war für Mutti sehr schlimm, sie machte oft eine Pause, wenn sie nicht mehr konnte. Ich habe mich bemüht, immer schneller zu arbeiten, um ihr etwas Freude zu machen. Nach ein paar anstrengenden Tagen, hatten wir es geschafft und Mutti konnte sich die Hälfte des vereinbarten Geldes abholen.

Nun konnte sie die Schulden beim Kaufmann bezahlen und der Gerichtsvollzieher hat den Kukuck wieder abgenommen, den er an die Rückseite des Kleiderschrankes angeklebt hatte. Das war nicht das erste Mal, daß der Gerichtsvollzieher bei uns war, aber er hat den Kuckuck immer auf die Rückseite geklebt, damit Papa davon nichts mitbekam.

Für Mutti war ich oft die letzte Rettung. Das Dumme an der Sache war nur, daß ich mein sauer verdientes Geld dabei loswurde. Es war ja nicht so, daß ich sonst mein Geld verjubelt hätte. Ich habe immer nur gearbeitet, um mir etwas zum Anziehen kaufen zu können, was ich sonst nicht bekommen hätte.
Einmal hatten wir Glück. Ich glaube, es war Uwe Söhl, der in Holtsee einen Bauern Ströh ausfindig gemacht hatte, bei dem wir im Stundenlohn die Rüben hacken durften. Da er keine Lust hatte, alleine dorthin zu fahren, fragte er uns in der Schule, ob wir nicht Lust hätten mitzumachen? Wir, das waren Peter Gazek, Günter Furche, Günter Ulrich und ich.

Wir fuhren immer gleich nach der Schule dorthin und mußten dann bis abends um 18:00 Uhr arbeiten. Ich glaube, daß wir für einen Nachmittag ungefähr 4,-- DM erhalten haben. Die Fahrt mit dem Fahrrad dorthin war neun Kilometer weit, das machte uns gar nichts aus, denn es gab damals schon eine Teerstraße bis Holtsee.
In diesem Sommer strahlte die Sonne sehr heiß vom Himmel, was uns natürlich auch sehr entgegenkam, weil wir mit freiem Oberkörper arbeiten konnten. Obwohl die Arbeiten bei der Hitze auch oft eine Qual waren, freuten wir uns doch, daß wir so schön braun wurden und dafür auch noch Geld bekamen.

Der Bauer hat mit uns zusammen auf dem Feld gearbeitet, aber seine Kontrolle haben wir als nicht so schlimm empfunden, weil er so eine lustige Art hatte. Nachmittags um vier Uhr kam immer die Köksch aufs Feld und brachte uns frischen Kaffee und köstliches Schmalzbrot. Schon von weitem rief sie den Namen „Ströh" immer in einem langgezogenen, eigenartigen Ton wie: „Herr Streu......". Wir amüsierten uns immer darüber.

Nach Feierabend brauchten wir natürlich noch eine Abkühlung. In Holtsee gab es zwar einen kleinen See, in dem man aber nicht baden konnte, weil die Meierei dort ihre Abwässer einleitete. Wir sind dann noch einmal fünf Kilometer weit nach Sehestedt zum Kanal gefahren, um dort zu baden. Die Straße dorthin war aber noch ein ziemlich schlechter Feldweg mit vielen Schlaglöchern, wo man nicht so schnell fahren konnte.

Eigentlich durften wir nicht im Kanal baden, deshalb sind wir immer ein Stück abseits vom Fähranleger ins Wasser gesprungen, wo wir nicht zu sehen waren. Wir mußten aber immer auf der Hut sein vor der Wasserschutzpolizei, die ab und zu vorbeikam. Nach dem Badespaß ging es dann wieder den weiten Weg nach Hause, wo noch die Schularbeiten auf uns warteten.

Die Fehlgeburt

Wir hatten einmal eine Hausärztin. Sie hieß Frau Dr. Frei und war eine kleine, zierliche Person, die sehr blaß war und so eine piepsige und quakige Stimme hatte. Sie war wohl schon über fünfzig Jahre alt und hatte einen guten Ruf. Auch war sie allgemein beliebt, weil sie gute Diagnosen stellte. Sie war aber nicht aus Gettorf und bemühte sich deshalb auch sehr, bekannter zu werden. Papa hat sie wohl auch deshalb als Hausärztin auserkoren, vielleicht auch, weil sie eine Frau war. Das weiß ich aber nicht so recht. Ich war auch einmal bei ihr in der Praxis und habe sie als sehr interessierte Frau kennengelernt.

Sie hatte auch kein Auto, sondern hat ihre Patienten mit einer 98er Herkules besucht. Das sah immer lustig aus, eine Oma in Lederklamotten auf ihrem knatternden Motorrad.

Eines Abends, es war schon dunkel geworden, erwarteten wir sie zu einem Hausbesuch. Als wir ihr Motorrad hörten, öffnete Mutti die Tür und ehe Mutti es so richtig begriffen hatte, drängelte sich die Ärztin mit ihrem Motorrad an Mutti vorbei in die Stube. Ehe noch jemand etwas sagen konnte, sagte die Ärztin: „ Es macht Ihnen doch wohl nichts aus, ich kann das Motorrad nicht draußen stehenlassen. Die Kommunistenjungs, die überall herumlungern, wollen mein Motorrad kaputtmachen." Wir waren alle so überrascht, daß keiner ein Wort dazu sagen konnte. Das ganze Zimmer stank mit einem Mal nach Benzin. Dreck hatte sie natürlich auch mit hereingebracht, das störte sie aber keineswegs. Sie machte ihre Arbeit und verschwand wieder. Es kam uns vor wie ein Spuk. So etwas hatte bestimmt noch keiner erlebt.

Es war wieder einmal Reit- und Fahrturnier in Gettorf und wie immer waren wir auch mal wieder dort. Mutti ist zu Hause geblieben, weil sie schwanger war und es ihr auch nicht gutging. Zum Mittagessen sind wir Kinder nach Hause gegangen, aber Papa blieb noch dort. Als wir zu Hause ankamen, war Frau Ritter dort und kümmerte sich um Mutti, sie hatte einen Blutsturz bekommen und brauchte dringend einen Arzt. Frau Ritter schickte die Mädchen wieder zum Sportplatz, um Papa zu suchen, und ich sollte die Ärztin holen. Sie hatte ihre Praxis in der Süderstraße.

Als ich dort ankam, war die Tür verschlossen und alle Fenster waren verdunkelt. Ich klopfte eine ganze Zeitlang an die Tür, bis endlich die Ärztin aufmachte. Sie hatte ein Nachthemd an und sah ganz verschlafen aus. Ich sagte ihr, daß sie ganz dringend zu Mutti kommen müsse, es ginge ihr sehr schlecht. Sie sagte, daß sie sofort käme, ich sollte man schon losfahren. Zu Hause angekommen, berichtete ich, was ich gesehen hatte und daß die Ärztin sofort kommen wollte.
Nach einer halben Stunde war sie immer noch nicht da. Ich mußte noch einmal hinfahren. Was ich dann sah, hat mich einigermaßen erschüttert. Die Ärztin war immer noch im Nachthemd und machte keinerlei Anstalten, sich auf den Weg zu machen. Sie schickte mich wieder nach Hause, mit dem Versprechen, daß sie sich sofort auf den Weg machen würde.

Zu Hause warteten schon alle voller Ungeduld auf die Ärztin. Als sie erfuhren, wie erfolglos auch mein zweiter Versuch gewesen war, schickte mich Papa zu Dr. Götsch, der im Tüttendorfer Weg bei Bauer Langholz seine Praxis hatte. Er war ein alter Landarzt, der nur noch gelegentlich gearbeitet hat. Zum Glück war er gerade zu Hause. Als ich ihm unsere Lage erklärt hatte, machte er sich sofort auf den Weg. Als er Mutti untersucht hatte, sagte er, daß sie eine Fehlgeburt hätte und sofort operiert werden müßte. Fürs Krankenhaus sei es aber zu spät. Wir Kinder wurden hinausgeschickt. Frau Ritter hat mir nachher alles erzählt. Der Doktor hat die Operation gleich zu Hause ausgeführt. Dazu wurde der Küchentisch als OP-Tisch hergerichtet und Frau Ritter hat die Arbeit als Schwester übernommen. Sie hatte ja schon einige Erfahrung durch die vielen Geburten im Kuhstall. Es ist alles gutgegangen. Mutti hat es überlebt und der Arzt hat sie wieder gesundgepflegt. Sie brauchte nicht mehr ins Krankenhaus.
Wenn man überlegt, wie schwierig früher alles war ohne Telefon. Ein Telefon hatte früher kaum einer, höchstens die Geschäftsleute, oder es gab die Telefonzelle auf der Post, die man während der Öffnungszeiten benutzen konnte.
Der Ärztin wurde die Praxis geschlossen und sie wurde in eine psychatrische Klinik eingewiesen. Sie wurde aber nicht mehr gesund und wurde ein Pflegefall.

Das Kinderfest

Das Kinderfest war jedes Jahr ein Großereignis in Gettorf und fand in den letzten Tagen vor den großen Ferien statt und begann mit einem langen Umzug durch Gettorf. Hierzu mußten die Mädchen einen Blumenbügel und die Jungs einen Blumenstock mitbringen.

Am Tag davor begannen die Vorbereitungen für das große Fest. Alle Kinder waren im ganzen Ort unterwegs, um nach schönen Gärten und Vorgärten Ausschau zu halten, wo es schöne Blumen gab. Die Leute waren im allgemeinen auch sehr großzügig und plünderten

ihren Garten, so weit es möglich war, denn sie hatten ja auch selbst viel Freude daran. Aber immer wieder hieß es auch: „Tut mir leid, hier waren schon ein paar Kinder, ich habe nichts mehr."
Darum bin ich lieber zu den Bauern gegangen, die nicht jeder so kannte. Besonders günstig war es in der Baumschule von Dittmann. Hier gab es viele schöne Rosen von den Pflanzen, die veredelt werden sollten, denn hier wurde nur der Wurzelhals gebraucht für die Veredelung. Das Strauchwerk wurde dann nach dem Anwachsen der neuen Reiser sowieso abgeschnitten und weggeworfen. Aber hier war auch der Andrang besonders groß. Wenn man nicht rechtzeitig kam, war auch hier nichts zu machen.

Als wir genügend Blumen zusammenhatten, wurden sie ersteinmal ins Wasser gestellt, denn sie mußten ja noch bis zum nächsten Tag frisch bleiben.

Jetzt brauchten wir noch einen geraden Stock von ungefähr 1,50 m Länge für mich und einen Stock von 2,50 m Länge, den man biegen konnte für den Blumenbügel der Mädchen. So etwas suchten wir natürlich im Knick, wo es genügend Auswahl gab. Aber einfach war es nicht, den passenden Stock zu finden.
Nun brauchten wir nur noch die bunten Bänder aus Krepppapier, die wir im Papierladen von Timm bekamen. Am Abend ging es dann an die Arbeit, unsere Kunstwerke herzustellen, wobei Mutti natürlich die meiste Arbeit machen mußte.
Zuerst wurde mein Blumenstock in Angriff genommen, weil der am wenigsten Arbeit machte. Mutti machte einen wunderschönen, großen Blumenstrauß aus den Blumen mit den längsten Stielen zurecht. In die Mitte der Stiele wurde der Stock hineingesteckt und festgebunden. Jetzt wurden die Blumenstiele und der ganze Stock mit den farbigen Krepppapierstreifen umwickelt. Im Bereich der Blumenstiele wurden noch ringsherum einige kurze Fähnchen aus dem Krepppapier befestigt, die im Wind flattern sollten. Schon war mein Prachtstück fertig.

Nun kam der Bügel an die Reihe. Das war schon etwas schwieriger. In der Mitte des Bügels machte Mutti zuerst einen kleinen Blumenstrauß fest, der sozusagen die Krone des Bügels sein sollte.

Danach wurde der Bügel zu beiden Seiten der Krone ganz dicht mit kürzeren Blumen in vielen bunten Farben fest verbunden. Da ist Mutti wirklich etwas ganz Tolles gelungen. Die Mädchen waren glücklich und meinten, daß es bestimmt der schönste Blumenbügel der ganzen Schule wäre.
Die größte Sorge war nun, daß die Blumen auch bis zum Morgen noch frisch blieben. Das Problem wurde aber auch gelöst. Die Kunstwerke wurden in die große Badewanne gelegt und in den Stall gestellt, wo es sowieso kühler war. Dann wurden die Blumen noch mit der Gießkanne kräftig mit Wasser begossen. „Das muß reichen", sagte Mutti.

Am nächsten Morgen war mein erster Gang zum Stall. Was ein Glück, die Blumen waren noch genauso frisch wie am Abend. Dann konnte es ja losgehen. Um 8:00 Uhr sollten wir uns auf dem Schulhof versammeln für den großen Umzug. Das war immer eine Aufregung und die Lehrer hatten alle Hände voll zu tun mit der Aufstellung der einzelnen Gruppen.

Wir mußten uns alle in Zweierreihen aufstellen. Ganz vorne stellte sich der Spielmannszug auf. Dahinter kamen die Mädchen mit ihren hübschen Blumenbügeln. Immer zwei der größeren Mädchen trugen einen Bügel und nahmen ein kleineres Mädchen in die Mitte, das unter dem Bügel gehen durfte.
Dann kamen wir Jungs mit unseren Blumenstöcken, die wir stolz präsentierten. Zuerst die kleineren Jungs und dann die größeren. Ein tolles Bild. Wir konnten es gar nicht abwarten, bis der Zug sich langsam in Bewegung setzte und der Spielmannszug anfing zu spielen.

Begleitet von den Lehrern und den Müttern ging es nun kreuz und quer durch Gettorf. Fast alle Bewohner des Ortes standen vor der Tür und bewunderten den farbenprächtigen Umzug. Durch alle größeren Straßen ging der Umzug. Das konnten wir auch gut schaffen, denn Gettorf war früher noch nicht so groß wie heute. Am Ende ging der ganze Umzug zum Sportplatz, wo die Wettkämpfe stattfanden.

Für jede Altersgruppe mußte ein König oder eine Königin ermittelt werden, die dann auch eine Krone dafür erhielten. Das war schon ein Ziel, wofür es sich lohnte, sich die größte Mühe zu geben. Die kleinen Mädchen und Jungs hatten ihre Wettkämpfe in Sackhüpfen, Eierlaufen, Topfschlagen und ähnlichen Dingen.
Die größeren Mädchen beschäftigten sich mit dem Fischstechen. Das war nicht einfach. Da waren schon eine ruhige Hand und ein gutes Auge vonnöten. Es war ein schwerer, hölzerner Fisch von ungefähr dreißig Zentimeter Länge, der an der Spitze einen Nagel hatte und an einem langen Band hing. Das Ziel war eine Zielscheibe wie beim Schießen mit dem Luftgewehr. Der Fisch wurde nach hinten hochgezogen, wobei das Band immer stramm gespannt bleiben mußte. Dann wurde das Ziel anvisiert und der Fisch losgelassen. Er flog dann in einem sanften Bogen auf die Scheibe zu und blieb, wenn sie Glück hatten, mit der Spitze genau in der Zwölf stecken.

Die großen Jungs hatten es dagegen schon schwerer. Sie mußten mit der Armbrust auf einen hölzernen Vogel schießen, der hoch oben auf der Mastspitze angebracht war. Der Vogel bestand aus verschiedenfarbigen Körperteilen, die mit einer Nummer gekennzeichnet waren. Hier galt es, einzelne Körperteile herauszuschießen, am besten das Herz, wenn man König werden wollte. Geschossen wurde mit sogenannten Bolzen aus Aluminium, die in die Armbrust eingelegt wurden und dann mit einem gespannten Bogen abgeschossen wurden. Das konnte schon eine gefährliche Sache sein, aber die Lehrer waren hier besonders aufmerksam.

Für Jungs in meinem Alter war das Schießen mit dem Luftgewehr auf Zielscheiben vorgesehen, was sehr spannend war. Wir mußten uns auf einen Stuhl setzen an den vor uns stehenden Tisch als Stütze für die Arme, um auf eine Zielscheibe zu schießen, die ungefähr zehn Meter entfernt war. Der Lehrer Schadewald stand neben mir und hat das Gewehr geladen. Alle mußten wir mit rechts schießen und das rechte Auge zum Zielen benutzen. Das konnte ich aber nicht, weil ich mit dem rechten Auge nicht sehen konnte. Darum zielte ich mit dem linken Auge und traf gleich beim ersten Mal die Zwölf. Ich sah mich schon als König, weil meine Schulfreunde gar nicht so gut waren. Das hat natürlich auch Herr Schadewald mitgekriegt und zwang mich, nur mit rechts zu schießen, obwohl ich versuchte, ihm meine Situation zu erklären. Er ging nicht darauf ein. Ich hatte noch zwei Schuß übrig und wußte schon, daß es schiefgehen würde. Als ich dann mit dem rechten Auge zielte, sah ich die Zielscheibe nur verschwommen und schoß beide Male daneben. Nicht einmal die Scheibe habe ich getroffen. Meine Enttäuschung war so groß, daß ich weinen mußte. Danach mochte ich den Lehrer überhaupt nicht mehr. Ich bin ihm immer aus dem Weg gegangen, wo ich konnte.

Dumm war nur, daß ich mit seinem Sohn befreundet war. Sein Vater hatte hinter der Schule einen Garten mit großen Apfelbäumen. Eines Tages kamen wir auf die Idee, uns mal ein paar von den schönen, großen Äpfeln zu holen. Leider hingen die Äpfel sehr hoch. Wir mußten schon raufklettern, um an die Äpfel zu kommen. Da Jürgen etwas ängstlich war, mußte ich es machen, was mir auch nichts ausmachte. Als ich gerade dabei war, ein paar Äpfel herunterzuwerfen, kam Herr Schadewald und sagte: „Was macht ihr denn da? Jürgen, du kommst sofort rein, und du gehst nach Hause", sagte er zu mir. So ein schlechtes Gewissen hatte ich gar nicht, denn es war ja Jürgens Idee gewesen. Bedenken kamen mir aber doch, weil ich ja am nächsten Morgen wieder zur Schule mußte. Als Herr Schadewald in die Klasse kam, hat er es mit keinem Wort erwähnt. Es ging alles weiter wie bisher.

Nach den Wettkämpfen ging es dann wieder zur Schule, wo die Lehrer auf vielen Tischen die Geschenke aufgebaut hatten, die von den Geschäftsleuten und auch von den Eltern gespendet worden waren. Die Geschenke waren nach Gewinngruppen in den betreffenden Klassen aufgebaut, so daß jedes Kind noch eine gewisse Auswahl hatte, was die ganze Sache noch interessanter machte. Das war schon eine gerechte Sache, bei dem kein Lehrer ein Kind bevorzugen konnte und keiner konnte sich vordrängeln, um das beste Geschenk zu erwischen. Es war auch gewährleistet, daß für jedes Kind ein Geschenk vorhanden war, je nach Leistung auf dem Sportplatz.

Danach gingen wir freudig nach Hause zum Mittagessen mit dem zerzausten und verwelkten Blumenstock in der Hand. Am Nachmittag sollten wir uns wieder um 16:00 Uhr in einem vorbestimmten Saal zum Kindertanz treffen. Es gab drei Sääle mit Gastwirtschaft in Gettorf. Ein Saal gehörte dem Bauern Brügmann, ein Saal war in der Eiche, wo heute der Drogistenmarkt von Roßmann ist, und ein Saal war in Kruses Gasthof, wo heute ein Cafè ist. Der Saal von Brügmann existiert heute immer noch.

In jedem Saal spielte eine Tanzkapelle zum Tanz auf. Wir konnten auch von Saal zu Saal gehen, je nachdem, wo es uns am besten gefiel. Bei den Jüngsten wurden die alten Volkstänze und Reigen gespielt, während bei den älteren schon richtige Tanzmusik gespielt wurde. Nur mit den Mädchen hatten wir unsere Probleme. Sie tanzten lieber miteinander als mit Jungs. Das wurde mit der Zeit langweilig. Ich kann mich nicht daran erinnern, daß ich jemals Jungs zusammen tanzen gesehen habe.

Deshalb entschieden wir uns später, lieber zum Strand zu fahren als zu tanzen. Einmal hatten wir einen schönen, warmen Sommersturm, der von Osten kam. Das war besonders günstig, weil dann das Wasser immer sehr warm war und die Wellen hoch waren. Das machte besonders viel Spaß. Diesmal ist Gerd Ulrich mit unserer Gruppe mitgefahren. Er war viel älter als wir und konnte leider nicht schwimmen. Da wir immer gerne zur zweiten Sandbank rübergeschwommen sind und Gerd auch gerne mal da drüben gewesen wäre, mußten wir uns etwas einfallen lassen. Zufällig fanden wir am Strand ein dickes Brett, das irgendwann einmal angespült worden war. An diesem Brett hat sich Gerd Ulrich festgehalten und wir haben ihn zur Sandbank rübergeschleppt. Für ihn war es ein besonderes Erlebnis und für uns ein riesiger Spaß. Zum Glück ist alles gutgegangen. Im nachhinein überlegte ich mir, daß es auch anders hätte ausgehen können.

Unsere Reise nach Kopenhagen

Für den Sommer 1948 hatte der dänische Verein geplant, mit uns Kindern eine Ferienreise nach Kopenhagen zu machen. Alle Mitglieder des Vereins waren begeistert von dieser Idee, denn keiner der Eltern hätte es sich sonst leisten können, ihre Kinder in die Ferien zu schicken. Finanziert werden sollte die ganze Reise durch Dänemark und wohnen sollten wir während unseres vierzehntägigen Aufenthalts in Kopenhagen bei Gasteltern. Herr David, der der Vorsitzende des dänischen Vereins in Gettorf und Umgebungen war, hat alles geplant und auch vorbereitet. Er sollte auch unser Reiseleiter werden zusammen mit Frau Scholz. Beide konnten perfekt dänisch sprechen und waren somit auch die besten Leute für diese Aufgabe. Bis zu den Sommerferien hatten wir noch ein halbes Jahr Zeit, die wir noch nutzen konnten, um uns mehr mit der dänischen Sprache zu beschäftigen. Einmal in der Woche gingen wir am Abend zum Dänischunterricht, wo Herr David versuchte, uns die dänische Sprache beizubringen. Es war nicht leicht, aber es machte auch viel Spaß.
Dumm war nur, daß es am Abend, wenn der Unterricht zu Ende war,

schon stockdunkel war. Ich ging meistens mit Peter Eichentopf zum Unterricht. Da wir beide Angsthasen waren, war die lange dunkle Fischerstraße immer die schwierigste Wegstrecke. Wir haben uns dann die Vornamen unserer Väter gegeben und uns laut unterhalten, als ob wir Erwachsene wären. Das hat uns sehr geholfen mit unserer Angst fertigzuwerden.

Um unseren künftigen Gasteltern etwas bieten zu können, gründete Herr David ein Mundharmonika Orchester. Darum bekamen wir alle eine Mundharmonika, auf der aber noch niemand spielen konnte. Ich mochte zwar gerne Musik, aber daß man sie erst mit viel Fleiß erlernen mußte, gefiel mir ganz und gar nicht. Ich hatte einfach nicht die Geduld dafür und habe mich auch nicht besonders bemüht. Später habe ich es bereut. Wenn Mutti etwas hinterhergewesen wäre, hätte es vielleicht doch gelingen können. So unmusikalisch war ich gar nicht, denn das Singen hat mir immer schon viel Freude gemacht.
Damit wir auch nach außen hin unsere dänische Gesinnung zum Ausdruck bringen konnten, sollten wir alle eine kleine gestrickte Mütze in den dänischen Farben rot und weiß tragen. Mutti mußte also drei Mützen stricken. Sie sollten nicht so groß sein, sondern nur ein kleines Käppchen, so ähnlich wie das des Papstes.
Als endlich die Sommerferien begannen, rückte auch unser Reisetermin immer näher. Am Montag in der zweiten Ferienwoche trafen wir uns alle morgens um 7:30 Uhr am Gettorfer Bahnhof. Wir waren ungefähr zwanzig Kinder mit ihren Eltern oder manchmal auch nur die Mütter. Herr David und Frau Scholz, die unsere Reisebegleiter waren, begrüßten uns und Herr David hielt eine kleine Rede. Er erklärte uns, wie es nun weitergehen sollte und wie wir uns verhalten sollten, denn keiner von uns hatte bisher so eine Reise unternommen und wir wußten daher auch nicht, was man alles bedenken muß.

Wir machten uns erst einmal untereinander bekannt. Mit dabei waren meine Schwestern, Hilde und Trautchen, Peter Eichentopf, Dirk Stürmer und Peter Gazek. Wir gingen alle zusammen in eine Schulklasse, bis auf Trautchen. Einige kannte ich schon vom Dänischunterricht her, aber die meisten Kinder kamen von außerhalb.

Herr David hatte eine Fahnenstange mit einer dänischen Fahne, die gab er mir und sagte: „Du sollst unser Fahnenträger sein. Das ist eine sehr wichtige Aufgabe. Wenn wir in Kopenhagen auf Besichtigungstour sind, mußt du immer mit der Fahne vorangehen." Ich war sehr stolz diesen Auftrag bekommen zu haben und konnte es kaum erwarten, daß es endlich losging.

Mutti freute sich auch sehr, daß wir so eine schöne Reise mitmachen durften. Sie war aber auch traurig und kam sich richtig alleingelassen vor. Als der Zug endlich kam, löste sich die allgemeine Spannung und alle strömten in den Zug, um möglichst einen Fensterplatz zu bekommen. Wir hatten einen ganzen Waggon für uns allein. Das war herrlich. Schnell wurden die Scheiben der Fenster heruntergedreht und jeder versuchte, einen Platz zu bekommen. Als der Zug sich langsam in Bewegung setzte, winkten wir unseren Eltern solange zu, bis wir sie nicht mehr sehen konnten. Erst jetzt überkam mich ein seltsames Gefühl des Alleinseins. Ich hatte mich doch so auf die Reise gefreut, trotzdem fühlte ich mich irgendwie verlassen. Ich konnte nicht mehr zurück. Es war wohl der Anfang von einem Heimweh, das später noch schlimmer werden sollte.

Aber jetzt begann erst einmal ein großes Durcheinander, bis jeder seinen Platz für die lange Reise gefunden hatte. Ich beschäftigte mich jetzt immer mehr mit unserem Ziel und was uns dort erwarten würde. Dadurch stellte sich auch bald die Freude wieder ein, die mich anfangs so sehr ergriffen hatte.

Es wurde auch langsam ruhiger im Zug, weil es doch so viel zu sehen gab. Es war hochinteressant. Zuerst fuhr der Zug durch Eckernförde, dann auf eine Brücke über die Schlei und durch viele kleine Orte bis nach Flensburg. Hier hielt der Zug zum ersten Mal, und wir mußten alle in einen dänischen Zug umsteigen.
Dann fuhr der Zug langsam weiter bis zur dänischen Grenze, wo Herr David unsere Ausweise vorzeigen mußte. Als alles erledigt war, ging die lange Reise durch Dänemark weiter. Was mir als erstes auffiel, waren die weiß oder gelb gestrichenen Bauernhäuser, die sehr gepflegt aussahen. Nicht so rumpelig und schmutzig wie bei uns. Manche Häuser hatten ein großes Schild mit der Aufschrift „Kro" auf dem Dach, was mich sehr verwunderte. Herr David erklärte mir, daß es „Krug" bedeutet. Die Bauern hatten also nebenbei auch eine Gastwirtschaft.
Unser erster Halt war in Haderslev, wo ein Eisverkäufer an den Zug kam und Herr David für uns alle ein Eis kaufte. Der nächste Halt war in Kolding und dann in Fredericia. Von hier aus ging die Fahrt über eine lange Brücke, die über den kleinen Belt führte, auf die Insel Fünen bis zur Stadt Odense und weiter nach Nyborg an der Ostsee.
Hier mußten wir alle aussteigen, weil nun die Fahrt mit der großen Fähre über den großen Belt weiterging. Zuerst durften wir aber zusehen, wie unser ganzer Zug auf die Fähre fuhr. Wir haben nur gestaunt, wie lang das Schiff war und daß es nicht unterging durch das Gewicht des schweren Zuges. Nun durften auch wir auf die Fähre gehen und haben erst einmal alles besichtigt. So ein riesiges Schiff hatte ich bisher noch nicht gesehen. Herr David vereinbarte mit uns einen Treffpunkt im Restaurant, wo wir ihn immer finden konnten, falls wir mal Probleme hatten. Danach durften wir auf dem ganzen Schiff frei herumlaufen, was wir natürlich auch ausnutzten. Es gab ja so viel zu entdecken.

Als das Schiff langsam aus dem Hafen herausfuhr, wurde es richtig stürmisch und es fing ordentlich an zu schaukeln. Das war natürlich eine tolle Sache für uns, die keine Langeweile aufkommen ließ. Es war ein Erlebnis zu sehen, wie das Schiff durch die großen Wellenberge hindurchfuhr und die Gischt über das ganze Deck spritzte. Man mußte sich überall festhalten, um nicht umzufallen. Das machte einen riesigen Spaß, an den ich noch lange denken mußte.

Wir sind aber glücklich in Korsör angekommen, wo wir dann das Anlegemanöver vom Schiff aus beobachten durften und wie unser Zug wieder vom Schiff herunterfuhr. Danach konnten auch wir das Schiff verlassen und in unseren Zug einsteigen. Alle schwärmten noch voller Begeisterung von dem großen Erlebnis dieser Schiffsreise. Davon hatte vorher niemand etwas erzählt. Es war eine richtige Überraschung.

Dann ging die Zugreise weiter über die Insel Seeland bis nach Kopenhagen, wo wir am Abend um ungefähr zwanzig Uhr auf dem Hauptbahnhof eintrafen. Hier wurden wir schon von unseren zukünftigen Gasteltern erwartet und begrüßt. Als wir nach einer

Weile alle den Zug verlassen hatten, versammelten wir uns um Herrn David herum und warteten darauf, was nun mit uns geschehen sollte. Ich hatte so eine ängstliche Unruhe in mir und versuchte mich mehr in die Mitte unserer Gruppe zu drängeln. Ich glaube, daß Hilde und Trautchen damit keine Probleme hatten, so sah es jedenfalls aus.
Herr David hielt eine kleine Ansprache und erklärte uns, daß wir nun unseren Gasteltern zugeteilt werden sollten. Dazu hatte er eine Liste und rief uns nacheinander auf und dazu die vorgesehenen Gasteltern. Danach sagte er uns noch zum Trost, daß wir keine Angst zu haben bräuchten, denn am nächsten Morgen würden wir uns alle wiedertreffen und etwas Schönes gemeinsam unternehmen.

Ich kam in eine Familie, die keine Kinder hatte. Das war zuerst etwas befremdlich für mich, aber sie gaben sich alle Mühe, mir die Angst zu nehmen. Sie hatten eine wunderschön eingerichtete Wohnung in einem Reihenhaus. Für mich hatten sie ein schönes Zimmer hergerichtet. Zum ersten Mal in meinem Leben mußte ich ganz alleine in einem Zimmer schlafen. Das war sehr ungewohnt für mich. Ich tröstete mich mit den Gedanken, daß ich meine Geschwister und Freunde ja schon am Morgen wiedersehen würde.

Am nächsten Morgen wurde ich geweckt. Der Frühstückstisch war schon gedeckt mit frischen Brötchen und vielen schönen Sachen, wie ich sie von zu Hause überhaupt nicht kannte. Zum Glück konnten meine Gasteltern sehr gut deutsch sprechen, so daß ich meine Ängste langsam verlor. Als wir uns dann aufmachten, um zu unserem Treffpunkt zu fahren, kam schon wieder Freude auf.
Nach einer kurzen Autofahrt in die Innenstadt kamen wir zu unserem Treffpunkt. Das war ein kleiner freier Platz, der ringsherum mit Bäumen bewachsen war. Der Platz war von allen Seiten durch eine Straße begrenzt, an der es viele kleine Geschäfte gab. Das erste, was mir auffiel, waren die vielen Fahrräder, die fast alle schwarz waren und am Hinterrad von beiden Seiten einen schwarzen Speicherschutz hatten, damit kein Rock schmutzig werden konnte. Als Beleuchtung hatten sie nur eine kleine Lampe mit einer Batterie, die auf einer Halterung steckte und abgenommen werden konnte. Auch sahen viele Fahrräder aus wie Dreiräder, weil sie statt des

Vorderrades, einen kleinen Wagen mit zwei Rädern hatten, der am Lenker befestigt war. Mit diesen Fahrradwagen haben Laufjungen die Waren der Geschäfte zu den Kunden gefahren. Das war sehr praktisch.

Mittlerweile waren auch alle Kinder unserer Gruppe eingetroffen. Wir hatten uns alle viel zu erzählen über unsere ersten Erlebnisse bei den fremden Eltern.

Für die Tagesverpflegung hatte jeder ein Eßpaket mit belegten Broten bekommen und auch etwas Geld. Ich hatte fünf Kronen und Hilde und Trautchen hatten je drei Kronen bekommen, damit wir uns etwas zum Naschen kaufen konnten oder auch etwas zum Trinken.

Herr David erklärte uns erst einmal, was für den Tag geplant war. „Den Vormittag werden wir in einem Lokal verbringen, wo wir unser Mundharmonikaspielen üben werden", sagte er, „und danach werden wir dann etwas besichtigen. Das erzähle ich euch aber später." Jetzt mußten wir uns in Zweierreihen aufstellen und ich durfte an der Spitze mit der dänischen Fahne unsere Gruppe anführen. Herr David ging neben mir und zeigte uns, wo es hinging. Es war nicht weit bis zu unserem Lokal, nur ein kleiner Spaziergang. Alle Leute blieben stehen und bestaunten unseren Umzug. Das war ein schönes Gefühl.

Zu der Gastwirtschaft gehörte ein großer Saal mit einer Bühne. Hier sollten wir jeden Vormittag erst etwas üben, bevor wir dann auf Besichtigungstour gingen. Unsere erste Tour führte zum Königsschloß Amalienborg zur großen Wachablösung, die um 12:00 Uhr stattfinden sollte. Es war ein großer, achteckiger Platz, der von vier Schlössern begrenzt wurde. Vor jedem Schloß stand ein Wachhäuschen, in dem ein Wachsoldat in blauer Uniform stand. In der Hand hatte er ein Gewehr und auf dem Kopf trug er eine große Bärenfellmütze. Die Soldaten sahen aus wie große Puppen, die sich überhaupt nicht bewegten und auch nicht geantwortet haben, wenn man mit ihnen sprechen wollte.

An zwei Seiten des Schloßplatzes, zwischen den Palästen, waren Torhäuser, in denen die Wachsoldaten ihr Quartier hatten. Genau um 12:00 Uhr kam ein Trupp Soldaten aus einem Torhaus und marschierte zu jedem Wachhäuschen und löste den dort stehenden

Wachsoldaten ab, und ein frisch ausgeruhter Wachsoldat nahm seine Stelle ein und stellte sich genau wieder so stumm und steif wie sein Vorgänger ins Häuschen.

Der ganze Schloßplatz war voller Menschen, um sich dieses große Schauspiel anzusehen. Als alles vorüber war, versammelten sich wieder alle Kinder um meine Fahne und dann marschierten wir auch in Reih und Glied zum anderen Torhaus hinaus zur Marmorkirche, die am Ende der Straße stand. Nun hatten auch wir eine Menge Zuschauer.

Die Kirche hatte eine riesige, runde Kuppel, die 46,00 m hoch war. Alle Wände, Treppen, Fußböden und auch die Kuppel bestanden aus blank poliertem, dunklem, norwegischem Marmor. Das sah gewaltig aus.

Danach sind wir noch zum Kongens Nytorv gegangen, um Eis zu essen und die Tauben zu füttern. Von hier aus sind wir dann mit der U-Bahn zu unserem Sammelplatz gefahren, wo schon die Gasteltern auf uns gewartet haben. Das war ein schöner ereignisreicher Tag, besonders die Fahrt mit der U-Bahn war ein Erlebnis.
Mit der U-Bahn konnte man schnell überall hinkommen. Immer wenn wir ein Ziel nicht zu Fuß erreichen konnten, haben wir die U-Bahn benutzt.
Als ich mit meinen Gasteltern nach Hause fuhr, sind wir noch in ein Textilgschäft gegangen, wo sie mir eine schöne Blusonjacke gekauft haben. Das war eine schöne Überraschung. So eine schöne Jacke hatte ich noch nie gehabt.
Am Abend durfte ich dabei helfen, die Dia-Bilder einzurahmen und dabei haben sie mir erzählt, daß sie ein Segelboot haben und mit mir eine Segeltour unternehmen wollten. Ich würde dann eine Woche nicht mit meinen Freunden zusammensein. Das war für mich ein Schock, da ich noch schwer mit meinem Heimweh zu kämpfen hatte. Nur zaghaft konnte ich ihnen sagen, daß ich Angst hatte und diese Schiffsreise nicht mitmachen mochte.

Sie wurden daraufhin sehr schweigsam und haben mich auch weiter nicht bedrängt. Am anderen Morgen haben sie mich wieder zu unserer Sammelstelle gebracht und sich längere Zeit mit Herrn David unterhalten. Dann sind sie einfach weggegangen, ohne noch einmal mit mir zu sprechen. Erst langsam habe ich begriffen, was ich da angerichtet hatte. Es tat mir auch sehr leid, aber meine Angst war doch größer.

Herr David hat auch dazu weiter nichts gesagt, nur, daß er sich darum schon kümmern würde. Ich empfand es wie eine Erlösung, daß ich wieder mit meinen Freunden zusammensein durfte. Zuerst habe ich mich natürlich immer mit meinen Schwestern über unsere Erlebnisse unterhalten. Sie hatten es sehr gut getroffen bei einer Familie, die mehrere Kinder hatte. Vielleicht hatten sie auch deshalb überhaupt kein Heimweh. Sie erzählten mir stolz, daß sie neue Unterwäsche bekommen hatten. Auf einer Postkarte an Mutti hatte ich geschrieben, daß Hilde und Trautchen neue Unterhosen bekommen hatten, worüber sie sich sehr amüsiert hat, wie sie später erzählte. Ich wußte gar nicht warum.
Nach unserem morgendlichen Musikunterricht erzählte uns Herr David, daß unser heutiger Ausflug zum Tivoli ginge. Der Jubel war natürlich riesig, denn wir hatten schon viel davon gehört. So richtig vorstellen konnten wir uns das natürlich nicht, denn wir wußten nur, daß er wie ein großer Jahrmarkt sein sollte, der den ganzen Sommer über geöffnet hatte und mitten in der Stadt lag.

Zuvor waren wir aber noch im Rathaus und haben die Weltuhr von Jens Olsen bewundert. Hier konnte man die Uhrzeiten der ganzen Welt ablesen. Danach gingen wir noch ins Panoptikum von Madame Tussauds, wo man viele berühmte Menschen wie Präsidenten, Könige und Künstler bewundern konnte. Sie waren aber alle aus Wachs und sahen doch so echt aus, als wären sie lebendig.
Herr David hatte inzwischen die Eintrittskarten für den Tivoli besorgt. Endlich konnte es losgehen, worauf wir schon lange gewartet hatten. Jeder von uns bekam zehn Kronen zur freien Verfügung, dazu kam noch das Taschengeld der Gasteltern. Das war damals viel Geld und es reichte, um uns die meisten Wünsche erfüllen zu können.
Ich war mit Peter Gazek unterwegs. Wir sind natürlich zuerst zur Achterbahn gegangen und zu dem kleinen See, auf dem man mit elektrischen Booten selber fahren durfte. Nur die lange Wartezeit

hat uns davon abgehalten, alles Geld hier auszugeben. Deshalb haben wir es auch einmal mit dem Riesenrad versucht. Das war unser Glück. Als der Besitzer hörte, daß wir aus Deutschland kamen, durften wir den ganzen Nachmittag umsonst mitfahren. Das haben wir natürlich ordentlich ausgenutzt, bis wir keine Lust mehr hatten.

Es gab dort auch eine Konzerthalle, in der gerade ein Orchester ein Geigenkonzert gab. Das hörte sich so schön an, daß wir gar nicht wieder weggehen mochten. So etwas Schönes hatte ich noch nie gehört. Gegen Abend marschierte die Tivoligarde mit toller Musik durch den riesigen Tivolipark. Es waren 110 Jungs, die die Uniform der königlichen Garde mit den großen Fellmützen anhatten. Zwischendurch sind wir immer wieder zur Freilichbühne gegangen, um dort die Vorführungen der Artisten anzusehen.

Der ganze Tivolipark war so schön, daß man ihn überhaupt nicht mit einem Jahrmarkt vergleichen konnte. Alle Fahrgeschäfte standen mitten im Grünen und waren umgeben von tausenden wunderschönen Blumen. Selbst als das Geld langsam zur Neige ging, gab es noch eine Menge zu sehen, was kein Geld kostete. Langweilig ist es uns nie geworden. Leider ging auch dieser Tag wieder viel zu schnell zu Ende.

Als wir uns wieder auf den Heimweg zu unserem Sammelplatz machten, sagte Herr David zu mir, daß er für mich neue Gasteltern gefunden hätte und daß es mir bestimmt dort gefallen würde. „Es ist ein Herr Sandal, bei dem auch schon der Mark Thiessen aus Holtenau wohnt", sagte Herr David. Ich war sehr froh, daß sich doch alles wieder zum Guten gewandt hatte.

Als wir auf dem Sammelplatz ankamen, begrüßte mich Herr Sandal und sagte zu mir: „Es ist schön, daß du auch bei mir wohnen möchtest, es wird dir bestimmt bei uns gefallen." Herr Sandal wohnte in einer Villa im Grünen. Es war aber noch in der Stadt, genau an einer Straßenecke, wo auch die Straßenbahn herumfuhr. Besonders in der Nacht hörte man immer das Quietschen der Räder, was mich aber nicht gestört hat. Mark und ich hatten beide für uns ein eigenes Zimmer bekommen.

Herr Sandal hatte eine Haushälterin, die uns alle versorgte. Seine Frau war wohl schon gestorben. Er hatte eine riesengroße Buchhandlung, die wir auch einmal besichtigen durften. Weil er täglich Post aus aller Welt bekam, hatte er auch eine große Briefmarkensammlung. Die Alben waren so groß und schwer, daß wir sie kaum tragen konnten. Am besten haben uns natürlich die vielen Comichefte interessiert. So etwas gab es früher bei uns noch nicht.

Eines Abends sind wir mit Herrn Sandal und seiner Haushälterin zur Langenlinie zum Eisessen gefahren und haben uns auch das damals größte Passagierschiff der Welt, die Queen Elisabeth, angesehen. Sie hatte dort für einen Tag ihre Reise unterbrochen. Das war ein gewaltiger Anblick. Wir haben nur gestaunt über das riesige Schiff.

Ein schöner Ausflug war auch die Fahrt nach Klampenborg, wo wir den Dyrehaven besuchten. Das ist ein riesiges Waldgebiet mit viel Wild. Die Hirsche waren so zahm, daß man sie fast anfassen konnte, obwohl sie ganz frei lebten und nirgendwo ein Drahtzaun war.

Weil das Wetter an diesem Tag so schön war, durften wir den Rest des Tages am Strand von Klampenborg verbringen. Das war besonders schön, weil es hier eine lange Holzbrücke gab, die bis ins tiefe Wasser hinausführte und wir viel Spaß hatten, von hier aus ins Wasser zu springen. Leider gab es hier auch viele Feuerquallen. Als Peter Gazek einen Kopfsprung ins Wasser wagte, ist er mit dem Gesicht genau in einer Qualle gelandet. Das ganze Gesicht war total verbrannt. Es war feuerrot und sehr schmerzvoll. Keiner von uns konnte ihm helfen. Es war schrecklich, das mitansehen zu müssen, bis endlich ein Arzt kam und ihm geholfen hat.

Interessant waren auch immer unsere Mittagspausen, wenn wir unser mitgebrachtes Brotpäckchen auspackten. Alles, was am Abend vom Essen übriggeblieben war, hatten wir am nächsten Tag auf dem Brot, wie Salat, Pellkartoffeln, Gurken, Bratkartoffeln, Fleisch, Fisch und sogar dünne Scheiben von Schokolade. Das war sehr ungewöhnlich, aber es schmeckte sehr gut.

In Charlottenlund haben wir das dänische Aquarium besucht, es war zu der Zeit das größe in Europa. So etwas Schönes hatten wir bisher noch nicht gesehen. Danach besuchten wir noch den ältesten Vergnügungspark in Bakken. Er war schon vor über 400 Jahren eröffnet worden und hatte eine riesengroße Berg- und Talbahn, die ganz aus Holz gebaut war. Mit dieser Bahn sind aber nur die wenigsten von uns mitgefahren, weil es so gefährlich aussah.

Einmal habe ich am Abend mit einigen dänischen Jungs zwischen den Etagenhäusern Versteck gespielt. Schon wegen den Häusern und Hinterhöfen machte es sehr viel Spaß, aber interessanter war es mit der Verständigung. Die dänischen Jungs sprachen natürlich dänisch, aber konnten auch alle fließend englisch sprechen. Ich konnte nur etwas dänisch und ein paar Worte englisch, trotzdem hatten wir keine Schwierigkeiten, uns zu verständigen.

In einem Haus im Kellergeschoß gab es einen großen Lagerraum für Bananen. Einmal in der Woche kam ein Lastwagen, der voll beladen war mit grünen Bananenstauden, die in den Keller gebracht wurden, um dort zu reifen. Die im Keller schon gereiften Bananen wurden dann auf den Lastwagen geladen. Wir Jungs durften dabei mithelfen, die abgefallenen Bananen einzusammeln und die Verpackung zu verstauen. Ich hatte bisher noch nicht gewußt, daß Bananen in so großen Stauden wachsen und daß es davon so viele gibt. Bisher wußte ich eigentlich nur, daß es Bananen gibt, weil ich schon einmal eine gegessen hatte. Die abgefallenen Bananen waren schon meistens überreif und sollten alle in einen Karton geworfen werden. Als Lohn für unsere Mithilfe durften wir danach so viele Bananen essen wie wir wollten. Ich hatte 12 oder 15 Bananen geschafft, die schmeckten phantastisch, aber danach wurde mir sehr übel.

Ein großes Erlebnis war auch der Besuch einer Schokoladenfabrik. Hier wurde uns gezeigt, wie die Schokoladenmasse hergestellt wird und wie die Maschinen daraus die Schokoladentafeln gemacht haben. Dabei sind auch einige Tafeln zerbrochen, die von Frauen aussortiert wurden. Sie wurden in einen Karton geworfen, wo wir uns nach Herzenslust bedienen durften. Leider mußten wir dabei feststellen, daß man gar nicht so viel Schokolade essen kann wie man gerne möchte. Uns wurde gesagt, daß wir keine Schokolade mitnehmen durften. Wir würden beim Verlassen der Fabrik

durchsucht, was natürlich die meisten von uns nicht geglaubt haben. Fast jeder hatte sich etwas in die Taschen gesteckt, aber nur so viel, daß es nicht aufgefallen ist. Als wir dann doch nicht untersucht wurden, waren wir enttäuscht, daß wir darauf reingefallen waren.
In der Carlsberg Brauerei war es auch sehr interessant, mit welcher Geschwindigkeit die Brause- und Bierflaschen abgefüllt wurden. Das machte einen höllischen Lärm. Als die Besichtigung zu Ende war, kam für uns der schönste Teil. Wir wurden eingeladen zu einem tollen Imbiß, bei dem wir so viel Brause trinken durften wie wir wollten. Besonders die kräftigen Farben der Brause hatten es uns angetan. Ich hatte gerade mal vier Flaschen Brause geschafft, während einige mehr als zehn Flaschen geschafft haben. Die Flaschen waren zwar klein, aber immerhin war das eine große Leistung.

Nun eine Aufstellung darüber, was wir noch alles besichtigt haben:
1.) Die kleine Meerjungfrau an der Langenlinie:
   Die kleine Bronzefigur ist aus dem Märchen von Hans-Christian Andersen und wurde 1913 von der Carlsberg Brauerei gespendet.
2.) Das Kastell:
   Ist eine militärische Anlage von 1662, die auch heute noch vom Militär benutzt wird.
3.) Der Gefionbrunnen, der 1908 von einem Künstler geschaffen wurde.
4.) Schloß Rosenberg von 1607, wo die Kronjuwelen aufbewahrt werden, konnten wir nur von außen besichtigen, weil es geschlossen war.
5.) Der runde Turm ist 36 m hoch und wurde 1642 als Observatorium und gleichzeitig als Kirchturm gebaut. Der Turm hatte keine Treppen, sondern nur einen 209 m langen und etwa 4 m breiten Wendelgang, der wie eine Straße aussah.
6.) Schloß Christiansborg ist der Sitz des dänischen Parlaments.
7.) Nyboder war eine der ersten Sozialsiedlungen Europas und wurde 1631 von König Christian dem IV gebaut. Es sind alles lange Häuserblocks, die mit einer kräftigen gelben Farbe gestrichen waren.

8.) Die Grundvigts Kirche wurde von 1921 bis 1940 von sieben Maurern aus 6 Millionen gelben Ziegelsteinen gebaut. Es ist eine riesige Kirche ohne jeglichen Schmuck. Alle Säulen und Gewölbe bestehen nur aus Ziegelsteinen. Unter der Kirche gibt es noch einmal das gleiche Kirchenschiff in fast gleicher Höhe
9.) Das Zeughaus wurde um 1660 errichtet für militärische Ausrüstung und dient heute als militärisches Museum.
10.) Erlöser Kirche: Gebaut im 17. Jahrhundert. Das Besondere ist die Wendeltreppe, die außen am Turm bis zur Spitze hochführte.
11.) Das zoologische Museum: In großen Schaukästen waren lebensnah die Darstellungen der ausgestopften Tiere in ihrem Lebensbereich gezeigt.
12.) Der zoologische Garten: War der sauberste Zoo der Welt und die Tiere lebten dort in größtmöglicher Freiheit.

Kopenhagen hatte auch viele schöne und große Parkanlagen, in denen es auch immer große Spielplätze mit vielen Spielgeräten gab. Wo immer wir auf unseren Besichtigungstouren durch einen Park kamen, haben wir erst einmal Rast gemacht und alles ausprobiert. So etwas Schönes gab es bei uns zu Haus überhaupt nicht. Manchmal gab es dort auch große Teiche, in denen man baden konnte. Jeden Tag erlebten wir neue Überraschungen. Langweilig ist es uns nie geworden.

An unserem letzten Ferientag hatten wir dann unseren großen Elternabend. Es sollte eine Abschiedsfeier und ein Dankeschön an unsere Pflegeltern sein. Herr David hielt eine Dankesrede und erinnerte noch einmal an die vielen schönen Erlebnisse, die wir durch die Großzügigkeit der dänischen Familien haben durften.

Für uns Kinder war dieser Teil des Abends weniger interessant. Uns beschäftigte vielmehr unser bevorstehender Auftritt als Mundharmonika Musikanten, wo wir doch glaubten, daß es ein Reinfall werden würde. Herr David war wohl nicht der Meinung. Mutig stellte er sich vor uns auf die Bühne und erzählte unserem

Publikum, was wir vorhatten und wieviel wir geübt hatten. Es hörte sich an, als wären wir perfekt, wir wußten es aber besser und hatten eher Angst, uns zu blamieren. Das störte Herrn David aber nicht. Er dirigierte freudig mit Begeisterung und kümmerte sich nicht um die Mißtöne. Ich glaube, unsere Gasteltern waren mehr begeistert von seinen Dirigentenkünsten als von unseren musikalischen Anstrengungen. Jedenfalls war der Beifall überwältigend. Im ganzen gesehen war es doch ein schöner Abend.

Am nächsten Morgen trafen wir uns alle wieder auf dem Bahnhof, beladen mit Koffern und Taschen. Irgendwie schien jeder etwas bedrückt zu sein. Es wollte keine rechte Freude aufkommen, daß es nun wieder nach Hause ging, hatten wir doch eine zu schöne Zeit erlebt, die nun leider zu Ende war. Der Abschied von unseren Gasteltern war sehr herzlich, man konnte spüren, daß auch sie ein wenig traurig waren und es ihnen nicht leichtfiel, uns nun wieder abgeben zu müssen.

Für uns begann nun die lange Heimreise, die aber nicht langweilig wurde, weil wir uns viel zu erzählen hatten. Jeder hatte etwas Neues zum Anziehen bekommen, was nun präsentiert wurde. Spielsachen haben uns früher weniger interessiert. Ein paar neue Schuhe oder eine neue Hose waren doch etwas viel Wertvolleres, über das man sich freuen konnte.

Erst am Abend kam der Zug in Gettorf an, wo schon unsere Eltern sehnsuchtsvoll auf uns warteten. Auf uns hat nur Mutti gewartet, was wir auch nicht anders erwartet hatten. Voller Freude hat Mutti uns in die Arme genommen. Es war doch schön, wieder zu Hause zu sein. Eine kleine Überraschung erwartete uns aber doch. Mutti und Papa hatten unser Kinderzimmer während unserer Abwesenheit neu gestrichen. Es roch richtig frisch. Selbst die Strohsäcke waren mit frischem Stroh neu gefüllt worden. Nur die eisernen Bettgestelle waren noch die alten und der alte Holzfußboden war mit Sakrotan geschrubbt und verbreitete einen frischen Geruch. Wir fühlten uns gleich wieder zu Hause. Vergessen waren die Federbetten und die schön eingerichteten Zimmer. Wir waren es einfach nicht anders gewohnt. Noch viermal habe ich so eine Ferienreise mitgemacht, bis es mir zu langweilig geworden ist. Hiermit möchte ich meine Kindheitserlebnisse beenden. Ich war nun ungefähr zwölf Jahre alt.

Unsere neue Wohnung in Gettorf bei Familie Clausen 9
Das Bauernhaus der Familie Clausen 12
Der Fotograf...19
Der Abschied von Papa..21
Wilhelmine, unser Hausmädchen 23
Wie ich den Krieg erlebte 25
Herr Schlüter, die große Hilfe von Frau Clausen 31
Der Buschhacker..33
Die Störche..35
Der Sturm und die Nägel im Baumstamm 37
Die Wäscheklammern...40
Das Katapult..41
Unser Spielplatz 43
Die Maler bei Frau Clausen 44
Papas Zigaretten und die Holzlieferung 46
Der Apfelhof..49
Unser Toilettenhäuschen 51
Der Kampf mit dem Ganter 53
Unsinn auf dem Eis 54
Der Fischfang..56
Das Luftgewehr...57
Der Hungerwinter...58
Unser Weg zum Kaufmann 61
Die Polen 64
Die Engländer auf der Ziegelei...65
Wohnungsbau auf der Ziegelei...67
Papas Rückkehr aus dem Krieg..69
Unser Baby Renate 72

Das Feuerwerk 74
Das Ersatzteillager der Engländer 76
Der Marder 77
Weihnachtsvorbereitungen 79
Vorbereitung für den Schulanfang 81
Mein erster Schulanfang 83
Ein Winter ohne Schule
  und die schönen Abende mit Elsa 86
Mein zweiter Schulanfang mit Hilde
  und das erste Schuljahr 89
Der Zigarettenapparat 93
Die wild gewordenen Kühe 94
Das Gespenst 95
Wie ich Fahrradfahren lernen wollte 97
Der dänische Verein 98
Unterwegs im Schneesturm 100
Die Wilderei, das schöne Essen
  und die Gerichtsverhandlung 103
Das Zugunglück 109
Der Umzug 112
Familie Ellert von nebenan 114
Alle Familien in unserem Wohnblock zu der Zeit, als wir
eingezogen sind 116
Kaufmann Hamann und seine Bonbons 128
Die Erlebnisse mit meinem Vater 131
1. Der Luftballon und der Haustürschlüssel: 131
2. Der Kampf mit Clausen: 133
Der Toiletteneimer und die Zigaretten 134
Die Fahrt nach Lebanks in Wulfshagener Hütten 135

Meine neuen Stiefel	136
Die Fahrt nach Ulsnis und Schleswig	136
Papas Weinexperimente	139
Große Wäsche	141
Reit- und Fahrturnier	142
Reiterspiele, Trudelreifen, Versteckspiel und der Spatzenfang	143
Unsere Höhle im Knick und im Strohdiemen	146
Das Manöver	149
Schlange stehen beim Bäcker und Kohlenhändler	151
Beschaffung von Brennmaterial	153
Die Sylvestererlebnisse	156
Der Schneewinter	159
Die Geburt unseres Bruders und Papas Kochkünste	161
Wo wir früher spielten	165
Bei Dittmann gearbeitet und ein eigenes Fahrrad gekauft	170
Schlittschuhlaufen	172
Unsere Bademöglichkeiten	174
Die Lebensmittelmarken, die Tauschbörse und die Fahrt nach Kiel	177
Papas Tabakgeschäft und seine Folgen	180
Abriß unseres Ziegeleischornsteins	184
Drachenzeit	186
Die Freundschaft mit der Familie Ritter	190
Mein Kaninchenstall und das Meerschweinchen	200
Meine Fahrraderlebnisse	203
Bauer Hammerich und der Rübenklau	206
Zum Kartoffelsammeln in Wulfshagener Hütten	210
Die Zeit des Rübenhackens	213

Die Fehlgeburt 216
Das Kinderfest 218
Unsere Reise nach Kopenhagen 224